개정판

매너지수를 높이는

글로벌 매너 글로벌 에티켓

이향정·오선미·김효실 공저

백산출판사

머리말

개인도 집단도 국가도 자신만의 색깔을 나타내는 고유한 문화를 가지고 있다. 각 문화 간에 필연적으로 상충되는 상이한 문화적 배경은 때로는 오해와 충돌을 불러일으킬 수 있다. 지구촌시대에 살아가는 지금은 현대인들은 국제사회의 이문화의 장벽, 즉 문화적 쇼크(Cultural Shock)를 넘어서고 세계무대에 당당히 설 수 있는 진정한 글로벌 인재가 되어야 하는 현실이다. 각 나라의 문화, 관습, 인사, 식사예절, 습관 등을 이해하고 함께 생활하며 문화를 교환해 배워나가는 것이 글로벌 매너의 기본이 된다고 볼 수 있다. 이러한 매너지수를 높이는 것은 개인의 인간관계의 질을 높여 줄 뿐만 아니라 문화적 자긍심의 뿌리가 되는 것이다.

이런 문화적 차이를 넘어 '비즈니스'란 상호간의 공통분모를 성사시키기 위해 전 세계인들이 보편적으로 지켜야 할 글로벌 에티켓의 필요성이 21세기 들어 대두됐다.

All doors open to courtesy(**예의는 세상 어디에서나 통한다**)

- Thomas Full M. D. -

이런 의미에서 글로벌 매너·글로벌 에티켓이란 한 국가나 한 문화의 지엽적인 특수적인 규범이 아니라 전 세계인들이 공히 지켜야 할 보편의 규범인 것이다. 그리고 국가나 인종과 문화 그리고 남녀노소와 지위고하를 막론하고 보편적으로 지켜야 할 세계인의 기본 에티켓이요, 기본 윤리들이다.

사회 각 분야에서의 경제적 발달과 문화 교류의 활발한 활동으로 인하여 국제화, 세계화, 개방화의 시대를 살면서 세계를 무대로 활동 할 수 있는 글로벌 인재가 되기 위해 반드시 알아야 하고 갖추어야 할 덕목이 바로 매너이며 세계화 속에서 나만의 경쟁력을 높일 수 있는 필수 요소가 바로 매너인 것이다.

21세기는 지능지수(IQ), 감성지수(EQ), 도덕지수(MQ), 일에 대한 열정(PQ)이 높은 사람이 성공하게 된다. 머리에서 나오는 전문 능력, 유연하고 열린 마음, 그리고 여기에 하나 더 추가하여 글로벌 에티켓과 글로벌 매너지수(MQ, Manner Quotient)로 가득 채워진다면, 세계화 시대에 사는 우리에게 꼭 필요한 인재가 될 수 있을 것이다. 이제 매너지수는 급변하는 변화를 적응하고 이끌어 나갈 글로벌 리더들의 핵심 역량임을 부인할 수 없을 것이다.

이에 따라 본 저서는 글로벌 인재들이 갖추고 학습해야 할 중요한 지침서로서 크게 Chapter 1. 매너와 에티켓, Chapter 2. 자기관리 매너, Chapter 3. 글로벌 비즈니스 매너, Chapter 4. 국제행사의 파티매너, Chapter 5. 생활 속 매너, Chapter 6. 해외여행 매너, Chapter 7. 식탁문화와 매너, Chapter 8. 음주 매너로 나누어 관련된 세부 내용을 정리하였다.

성공하길 원한다면 매너 좋은 사람이 되라는 말이 있다. 성공하는 사회인이 되기 위해서는 본 지침서를 중심으로 배우고 익혀 매너 지수를 높일 수 있도록 노력하라. 상대방을 먼저 배려해주는 여유, 자신의 몸가짐을 바르게 겸손한 태도로 생활한다면 당신의 매너 평가 지수는 더욱 좋아지고 성공하는 리더로 점점 다가갈 수 있을 것이다.

끝으로 시간적 여유가 없음에도 불구하고 이 책의 발간을 위해 애쓰신 백산출판사 사장님 이하 모든 직원 분들께 감사드립니다.

저자 일동

Contents

Chapter 01 매너와 에티켓 ······ 9

1. 매너는 성공으로 가는 지름길이다. ······ 9
2. 매너와 에티켓은 어떻게 다를까? ······ 10
3. 에티켓은 상식이다. ······ 18
4. 나라별 매너에 대하여 ······ 21
5. 나라마다 다른 제스처 매너 ······ 29

Chapter 02 자기관리 매너 ······ 33

1. 이미지를 연출하라 ······ 33
2. Voice Training ······ 49
3. 나를 돋보이게 하는 복장매너 ······ 54

Chapter 03 글로벌 비즈니스 매너 ······ 75

1. 소개와 악수매너 ······ 75
2. 명함 교환 시 매너 ······ 79
3. 호칭매너 ······ 82
4. 대화매너 ······ 88
5. 전화매너 ······ 91

Chapter 04 국제 행사에서의 파티매너 ······ 99

1. 파티 참석 시 지켜야 할 매너 ······ 99
2. 리셉션(Reception) ······ 100

3. 칵테일파티 ······ 100
4. 만찬파티 ······ 101
5. 티파티 ······ 103
6. 뷔페파티 ······ 103
7. 파티복장 매너 Ⅰ(남성) ······ 104
8. 파티복장 매너 Ⅱ(여성) ······ 105

Chapter 05 알아두면 유익한 생활 속 매너 ······ 107

1. 탈것에 대한 매너 ······ 107
2. 길을 걸을 때의 매너 ······ 109
3. 공연장에서의 관람매너 ······ 109
4. 박물관에서의 매너 ······ 110
5. 방문 및 선물 매너 ······ 110
6. 스포츠 관전매너 ······ 114

Chapter 06 해외여행 시의 매너 ······ 121

1. 공항 이용매너 ······ 121
2. 항공기 이용매너 ······ 136
3. 호텔 이용매너 ······ 147

Chapter 07 식탁문화와 매너 ······ 163

1. 요리의 상식 ······ 164
2. 테이블매너 ······ 175
3. 나라별 식사매너 ······ 190

Chapter 08 음주에 대한 매너 ······ 203

1. 술의 세계 ······ 204
2. 술에 대한 상식 ······ 206
3. 칵테일 매너 ······ 216
4. 와인 매너 ······ 221

부 록 ······ 263

1. 식음료 용어 ······ 263
2. 와인 용어 ······ 283

참고문헌 ······ 304

01
Chapter

매너와 에티켓

1. 매너는 성공으로 가는 지름길이다.

콜롬비아대학교 MBA과정에서 기업 CEO들을 대상으로 "당신의 성공에 가장 큰 영향을 준 요인이 무엇인가"를 조사한 결과 응답자의 93%가 대인관계의 manner를 뽑았다는 한 신문의 기사를 본 적이 있다. 나라의 질서를 유지하기 위해 사람들이 지켜야 하는 법이 있는 것처럼 우리의 일상생활, 사회생활, 사교생활에 있어서도 각자가 따라야 할 행동기준이 존재한다. 법을 여겼을 경우에는 처벌을 받지만 매너는 지키지 않았다고 해서 처벌을 받는 것은 아니다. 그러나 소홀하게 되면 나의 성공을 가로막는 커다란 짐이 될 수도 있고 무엇보다도 함께 살아가는 사회생활에 많은 불편을 초래하게 될 것이다.

상대방을 먼저 배려해주는 여유, 자신의 몸가짐을 바르게 겸손한 태도로 생활한다면 당신의 평가지수는 더욱 좋아지고 직장에서의 평판도 더욱 높아질 것이다.

사회 각 분야에서의 경제적 발달과 문화 교류의 활발한 활동으로 인하여 국제화, 세계화, 개방화의 시대를 살면서 우리는 '무한경쟁의 시대'에 살고 있다. 세계를 무대로 활동할 수 있는 인재가 되기 위해 필요한 자질은 무엇일까?

21세기는 지능지수(IQ: Intelligence Quotient), 감성지수(EQ: Emotional Quotient), 도덕지수(MQ: Moral Quotient), 일에 대한 열정(PQ: Passion Quotient)이 높은 사람이 성공하게 된다. 머리에서 나오는 전문 능력(IQ, PQ), 유연하고 열린 마음(EQ, MQ), 그리고 여기에 하나 더 추가하여 글로벌 에티켓과 매너지수(MQ, Manner Quotient)로 가득 채워진다면, 세계화 시대에 사는 우리에게 꼭 필요한 인재가 될 수 있을 것이다. 공동체 생활을 하는 데 반드시 알아야 하고 갖추어야 할 덕목이 바로 매너이며 세계화 속에서 나만의 경쟁력을 높일 수 있는 필수 요소가 바로 매너인 것이다. 성공하길 원한다면 매너 좋은 사람이 되라.

분명 여러분의 성공적인 인관관계와 사회생활에서의 성공을 약속하는 소중한 동반자가 될 것이다.

2. 매너와 에티켓은 어떻게 다를까?

1) 매너의 기본

매너에서 가장 중요한 원칙과 기준은 상대방에 대한 배려이다. 이에 비추어 'Do's(해야 하는 것)와 Don'ts(해서는 안 되는 것)'를 구분하는 것이 좋은 매너의 출발점이다.

상대방을 존경하는 마음을 가지는 것이 올바른 매너를 갖추기 위한 기초이며, 상대방에게 폐를 끼치지 않는 마음도 필요하다. 또한 상대방에게 친절을 베푸는 것도 호감을 얻기 위한 중요한 방법 중에 하나이다.

(1) 매너는 상대방을 존경하며, 배려하는 마음가짐이다.

나쁜 매너는 이성도 정의도 깨뜨리고 만다. 그러나 세련된 매너는 싫은 것도 잘 보이게 한다. - B.그라시안 -

원만한 인간관계 유지와 원활한 사회생활을 하려면 무엇보다 남을 존경하는 마음씨를 가져야한다. 타인을 진심으로 존경할 줄 아는 자만이 존경받을 자격이 있는 것이다.

대부분의 사람들은 자기를 좋아한다고 생각하는 사람을 좋아한다. '대접받고 싶은 대로 대접하라'는 서양 속담이 있다. 내 자신이 먼저 행동함으로써 상대방은 물론 나에게도 이득이 된다는 사실을 알아야 한다.

매너는 상대를 배려하는 마음을 통해 무에서 유를 창조하는 것으로, 사소한 몸짓 하나 또는 상냥한 말 한마디에도 나를 돋보이게 하는 요소가 내재되어 있음을 잊지 말아야 할 것이다.

(2) 매너는 역지사지(易地思之)다.

매너에 대한 가장 적합한 정의가 역지사지가 아닐까 생각한다.

무조건 입장을 바꿔 생각하는 것이 아니라, 그 사람의 처지가 되어 그 앞에 있는 '나'를 바라보는 것이다.

영국의 엘리자베스 여왕이 중국의 고위층 관리와 식사 시에 테이블에 놓인 핑거볼의 물을 중국 관리가 마셔 버리자, 엘리자베스 여왕 또한 아무렇지도 않는 듯 핑거볼을 마셨다는 일화가 있다. 여왕의 행동은 에티켓에는 어긋나는 행동이었으나, 상대방의 마음을 헤아려 주는 최상의 매너가 아닐 수 없다.

매너가 좋은 사람이 리더가 될 수 있으며, 그렇지 않은 이는 아무리 돈이 많고 지위가 높아도 결코 진정한 의미의 리더가 될 수 없다.

(3) 매너는 살맛나는 세상을 만드는 따뜻한 마음이다.

인도의 지도자 간디에 관한 일화이다.

막 출발하려는 기차에 간디가 승차하는 순간 그의 신발 한 짝이 벗겨져 플랫폼 바닥에 떨어졌다. 기차는 이미 움직이고 있었기 때문에 간디는 그 신발을 주울 수가 없었다. 그러자 간디는 얼른 나머지 신발 한 짝을 벗어 그 옆에 떨어뜨렸다. 함께 동행 하던 사람이 그의 행동이 의아해서 그 이유를 묻자,

"어떤 가난한 사람이 바닥에 떨어진 신발 한 짝을 주웠다고 상상해 보십시오. 그에게는 그것이 아무런 쓸모가 없을 겁니다. 하지만 이제는 나머지 한 짝마저 갖게 되지 않았습니까?"

매너란 남을 배려하는 마음이며 함께 살아가는 세상을 아름답게 만드는 우리 모두의 마음이며 행동이다.

매너가 좋은 사람은 사회생활을 하는 것이 행복하고 타인을 만나는 일이 즐겁다.

그 때문에 프랑스에서는 매너를 '삶을 멋지고 성공적으로 영위할 줄 아는 방법'이라고 정의하기도 한다. 매너가 좋은 사람은 자신을 존중하고 사랑하는 사람이다.

열등감에 사로잡힌 사람, 내가 잘 되기보다는 남이 못되기를 바라는 사람은 진정한 '신사'가 될 수 없다.

(4) 매너는 나를 사랑하는 일이다.

월드비전 구호팀장을 역임하였던 한비야 씨의 "그건 사랑이었네" 중에서 발췌한 아래의 글을 참고로 나를 사랑하는 것이란 어떤 것인가에 대해 생각을 해보도록 하자.

이런 말하면 웃을 지도 모르지만 난 내가 마음에 든다.
다른 사람과 비교해서 잘 났다거나 뭘 잘 해서가 아니라, 그냥 나라는 사람의 소소한 부분이 마음에 든다는 말이다. 우선 나는 내가 한 씨라는 게 마음에 든다.
공 씨거나 노 씨나 변 씨였다면 어쩔 뻔 했나? "공비야~~, 노비야~~, 변비야~~" 보다 한 씨가 백번 낫지 않는가!
내가 58년 개띠라는 것도 마음에 든다. 특징 없는 57년 닭띠나 59년 돼지띠보다는 말도 많고 탈도 많고 동호회도 많은 58년 개띠라서 좋다.
내가 셋째 딸이라는 것도 마음에 든다. 최 진사 댁 셋째 딸을 비롯, 셋째 딸은 선도 안보고 시집간다는 둥 셋째 딸에 대한 근거 없는 좋은 이미지 덕을 보기도 한다.
내 얼굴도 마음에 든다. 날 좋아하는 독자가 아닌 다음에는 두 번 쳐다 볼 일이 없는 평범한 얼굴이지만 웃는 모습이 밝고 환해서 좋다. 160cm에 50kg 남짓 크지도 작지도 않는 대한민국의 표준사이즈 몸집도 마음에 든다. 아담한 사이즈 덕분에 비행기를 탈 때 일반석도 일등석처럼 넉넉하게 앉아 갈 수 있는 장점도 있다.
나는 내가 대한민국사람이라는 것도 마음에 든다. 오지 마을에 가면 낯선 나라에서 왔다고 신기해 하고 개발도상국에 가면 부러운 나라에서 왔다고 해서 반가와 한다. 나는 예의와 상식에서 벗어나지 않는 한 이렇게 살기로 마음먹었다.
딱히 싫어할 이유가 없다면 좋아하면서 살기로 했다. 그리고 좋아하는 것을 적극적으로 '마음에 든다, 든다' 말하면서 마음껏 내색하면서 살기로 했다. 인생이 괴롭다고 몸부림치며 살기보다 재미있다고 호들갑 떨며 살기로 선택한 내가, 나는 제일로 마음에 든다.

– 한비야의 '그건 사랑이었네' 중에서 –

자기 자신을 사랑하고 자랑스럽게 여기라는 것이 이기주의가 되라는 뜻은 아니다. 항상 긍정적인 마인드로, 자신을 컨트롤 하며, 즐겁게 살아가라는 뜻이다.

긍정적인 태도는 긍정적인 마음을 가지게 하고, 긍정적인 마음은 이미지와 태도에 변화를 일으켜 우리를 변화시킬 수 있다. 매너를 실천함에 있어 가장 중요한 것은 먼저 긍정적 사고와 나를 사랑하는 일이다. 그런 다음에야 남을 사랑 할 수 있는 자격이 생긴다고 할 수 있다. 남을 배려하고 칭찬하고 아껴주는 마음은 나를 사랑하는 일에서부터 시작됨을 잊지 말도록 하자.

2) 매너란?

사람과의 만남에 있어, 열 마디의 말보다 매너로 뭉쳐진 행동하나가 그 사람의 됨됨이를 각인시키기에 오히려 적합할 것이다.

매너(Manners)는 라틴어 'manuarius'를 어원으로 한다. 즉 'manus'와 'arius'의 합성어이다. 'hand'라는 뜻의 'manus'는 행동이나 습관이라는 의미로 해석할 수 있으며 'arius'는 '방법' 또는 '방식'을 말한다.

따라서 매너란 사람들의 행동방식을 의미한다. 또한 매너란 어떤 일을 할 때 보다 바람직하고, 보다 쾌적하며 우아한 감각을 익히기 위해 생겨난 습관이다. 그것은 상대방에 대한 마음 씀씀이나 물건을 다루는 방법, 몸짓 등에 관한 것으로 이것은 오랜 기간 동안 많은 사람과의 교제를 통해 터득하여 개인의 몸에 익숙하도록 만드는 것이다.

예를 들면, 버스에서 경로석이 아닌 다른 자리에 앉았지만 손 윗어른이 서 계시거나 어린이를 안고 있는 사람을 보았을 때 내 자리를 기꺼이 양보해주는 것, 엘리베이터가 닫히는 순간 누군가가 달려오는 소리가 들린다면, 문을 다시 열어 주어 함께 이용 하는 따뜻한 마음, 셀프 서비스인 커피전문점에서 내가 사용한 컵을 반납 할 때 옆에 누군가가 그냥 놓고 간 컵이 있다면 그것마저 함께 반납해주는 것, 사소한 것이지만 남을 위한 배려하고 이해하려는 이러한 행동들은 인간관계를 원만하게 하고 나의 성공의 자산을 쌓아가는 밑거름이 될 것이다.

3) 에티켓이란?

프랑스어인 '에티켓(Etiquette)'은 '예의범절'이라는 뜻 이외에 '명찰'이나 '꼬리표'라는 의미도 지니고 있다. 에티켓이란 말은 프랑스의 루이14세가 살았던 베르사유궁전에 귀족들이 출입할 수 있는 출입증인 티켓(Ticket)에서 유래했다는 주장과 궁전의 정원사가 정원을 보호하기 위해 통로를 안내하는 '푯말'을 설치했는데, 이 푯말의 이름을 '에티켓'이라고 불렀다는데서 나왔다는 이 두 가지의 주장이 있다.

첫 번째 주장은 당시 귀족들이 이 에티켓을 통해서 부르주아지와의 신분상의 차이를 시도하고 싶어 해서 일종의 귀족신분을 나타내는 일종의 꼬리표가 되었다는 것이다.

두 번째 주장은 단순히 '정원 출입금지'라는 뜻뿐만 아니라 다른 사람의 '마음의 정원'을 해치지 않는다는 뜻으로 넓게 해석하여 '예의범절'이란 의미로 사용된 것이다.

지금도 프랑스어 'etiquette'은 '예의범절'과 '꼬리표'의 두 가지 의미로 쓰이고 있지만, 영어에서는 표를 ticket으로 바꾸어 쓰고 있다. 독일어로는 꼬리표를 etikett, 예의범절은 etikette으로 구별해서 사용한다.

루이13세의 비(妃)이며, 루이14세 초기까지 섭정한 안 도트리시의 노력으로 궁정 에티켓이 발달하여, 루이14세 때에 완전히 정비되었다. 그것이 시초가 되어 사람들은 예의에 맞는 행동을 "에티켓대로 행동했어"라고 말하게 되었다. 그러나 루이 16세 때 그 엄격성이 해이해지고 또한 프랑스혁명으로 인해 일단 쇠멸했으나 나폴레옹이 다시 부활시켰다고 한다.

이러한 궁정 예절은 후에 영국 및 스페인 왕실 등 서구사회로 파급되었으며, 결국 부르주아 사교계의 관례를 준수하기 위해 지급되었던 바른 행실을 적은 티켓이 오늘날 '옳다고 생각되는 행위'나 '바른 처신'이라는 어의로 변천되어 일반인에게까지 보편화 된 것이다.

4) 예절이란?

'예(禮)'란 인간이 지켜야 할 규범이며, '절(節)'이란 규범을 따라 실행하고자 하는 행위를 말한다. 예절이란 인간이 지키고 행하여야 할 규범, 즉 예의범절을 말하는 것이다. 서양의 예절이 주로 외적인 측면을 중시해 왔다면, 동양의 예법은 내면적 진실성에 더 많은 가치를 두어왔던 것 같다.

(1) 동양예절

동양예절의 기본은 실천 도덕인 유교에 바탕을 두고 있으며, 한국의 예절 또한 유교의 인(人), 의(義), 예(禮), 지(知), 신(新)에 기본을 두고 있다.

또한 동양예절의 근본은 자기를 낮추고 남을 높이는데 있으며 아울러 검소함과 진실함을 나타내는 데 있다.

예(禮)의 사상은 서양보다 앞서 동양에서 발달하였다. 지금으로부터 2천5백년 이상의 오래 전에 공자는 <예기(禮記)>라는 책에서 '사람을 바로 하는 법 가운데 예보다 필요한 것은 없다'고 강조하고 있다. 그러면서도 공자는 사회 관습상의 예의는 지켜야 하지만 그 때문에 인간 행동이 너무 번거로워져서는 안 된다고 '이 의례나 의식은 지나침이 없도록 간소하게 하라'고 경고하여 그 현명함을 오늘에까지 전하고 있다.

이러한 공자의 가르침을 충실히 지켜왔기 때문에 우리나라는 예로부터 '동방예의지국'이라 불렸던 듯하다.

(2) 서양예절

서양에서의 예절은 인간생활에 있어 인간과 인간이 연결수단인 언어와 동작의 형식을 가리키는 말로 에티켓 또는 매너로 표현하고 있다.

르네상스 이후 인간적인 향락을 추구하게 되면서 새로운 예법이 생겨났는데 르네상스 정신에 입각하여 의식주와 관련한 일상생활을 구체적으로 어떻게 해 나갈 것이며, 이웃과의 교제 시 인간 해방을 어떤 방식으로 실천해 나갈 것인지에 중점을 둔 예절로써, 당시 큰 환영을 받았다.

동양의 유교적인 예법과 같이 엄격하지는 않았으나 형식주의에서 크게 벗어나지도 않은 것으로 계급도 지키는 예절이었다.

5) 차이점

서양에서의 예절은 에티켓이고 동양의 에티켓은 예절이다.

에티켓이 17세기 프랑스에서 시작되었다면 동양의 예절은 공자로부터 시작되었으니 서양보다 훨씬 앞서는 것이다. 동양에서는 사회를 유지하는 가장 기본적인 규칙이 '예'다. 개인과 개인, 개인과 사회, 개인과 국가 사이에 일정한 규칙이 존재하고 그 규칙을 지킴으로써 사회가 유지된다고 보는 것이다. 그 '예'가 타인에 대한 배려와 존중이 실천되는 과정에 꼭 필요한 것이 있는데, 이것이 우리가 말하고 있는 매너이다. 매너인 배려와 존중이 스며있지 않은 '예'는 가식적이고 형식적인 것으로 오해를 받는다.

17세기에 좋은 매너를 가진 사람을 프랑스에서는 '오네뜨옴' 그 후 영국에서는 '젠틀맨'이라고 불렀듯이, 동양에서는 그들을 '군자'라고 불렀다.

'예'나 에티켓이라는 말을 현대적으로 해석하면 그것들은 사회생활에 필요로 하고 있는 관행, 관습을 형식화 하여, 이를 지킴으로써 사회생활이 원만하게 운영되며, 개인적으로 교양 있는 사람으로 평가받게 하는 것이다. 한마디로 에티켓은 사회생활에서 반드시 지켜야하는 언행규범이며 행동 기준인 것이다. 반면 매너는 에티켓을 행동으로 나타내는 것이다. 따라서 에티켓은 형식이며, 매너는 방법인 것이다.

'인사 한다'는 것은 에티켓이며, 그 인사를 경망하게 하느냐 공손하게 하느냐는 매너 문제이다. 따라서 아무리 에티켓에 부합되는 행동이라 해도 매너가 좋지 않으면 품위 있는 인간으로 대접받기는 어려울 것이다.

3. 에티켓은 상식이다.

1) 에티켓은 기초

우리는 흔히 '저 사람 매너 좋은데!'라는 말을 한다. 매너는 '좋다 나쁘다'라는 질적인 면의 의미를 내포하고 있으며, 에티켓은 '지킨다'라는 의무적, 규범적, 공공의 성격을 많이 내포하고 있다. 그러므로 에티켓은 반드시 지켜야 하는 의무적인 사회규범과도 같다고 할 수 있다.

건물을 지을 때 기초가 튼튼해야만, 고층으로 쌓아가는 동안 아무런 사고 없이 훌륭한 빌딩을 만들 수가 있다. 에티켓은 사람의 인성을 만들어 가는 기초재로로써 상대방을 존중하게 되고 이해하고 마음을 다치지 않도록 노력하는 행동이라 할 수 있다.

상대방을 기쁘게 하고 남과 원만하게 지낼 수 있는 기술, 바로 에티켓은 충분히 배울만한 가치가 있다. 살아가는데 있어 배울 수 있는 많은 것들 중에서 이만큼 유용하고 가치 있는 것도 드물 것이다.

2) 에티켓은 상식

(1) 에티켓은 친절 또는 따뜻한 마음

필립 시드니 경은 '이 세상에서 가장 훌륭한 기사'로 일컬어지고 있다. 1586년 주트펜 전쟁터에서 빈사상태에 있었을 때 그에게 물을 건네준 사람이 있었다. 그러나 그는 자신이 목을 축이는 대신 곁에 상처 입은 무명의 병사에게 "네가 나보다 더 필요할 것이다"라고 하면서 물을 마시게 했다고 한다.

에티켓의 기본은 상대방을 먼저 생각하는 친절한 마음에서 비롯된다. 친절한 감정이 솟아오르면, 상대방의 기분을 편안하게 해주려는 생각이 들고, 그렇게 되면 남에게 불쾌한 감정을 주지 않게 된다. 예를 들면, 옆에 있는 사람에게 소곤소곤 귀엣말을 하는 등의 예의에 벗어나는 일은 하지 않게 될 것이다. 편안한 의자를 권하거나, 대화에 끼지 못하고 있는 사람에게 말을 걸어주는 것 역시 친절에서 나온 호의의 표시이다.

(2) 공명정대한 정신, 관대함, 자제심, 성실한 마음과 적당한 유머, 자존심

에티켓에는 공명정대한 정신이 필요하다. 이러한 정신이 있다면 '그런 말을 하는 사람은 절대로 이해할 수 없어'라는 예의 없는 말은 하지 않게 될 것이다. 또 남의 말을 가로막는 일 없이 주의 깊게 경청하는 등 타인의 의견에 대한 관대함도 필요하다.

올바른 에티켓을 몸에 익히는 요소 속에는 자제심도 필요하고, 성실한 마음과 적당한 유머도 필요하다. 매력적이고 차분하게 예의를 지키기 위해서는 자존심도 없어서는 안 될 것 중의 하나이다.

올바른 에티켓을 알고 있으면 차분한 기분으로 있을 수 있으며, 나아가 다른 사람을 편안하게 해 줄 수 있다.

이러한 자존심은 자신에 대한 자신감과도 통하는 말이다. 자존심이란 체면을 세울 때와 장소를 분간하는 일로서, 자신감이 없는 사람일수록 순수하게 남에게 양보할 줄도 모르는 경우가 대부분이다.

(3) 에티켓은 곧 상식을 따르는 일

위에서 언급되어진 것처럼 성실한 마음, 친절, 공명정대함, 모두 에티켓에서는 중요한 것들이다. 여기에 또 필요한 하나를 더 보태자면 그것은 바로 상식이다. 여기서 말하는 상식이란 남다른 지성이나 전문적인 지식이 아니라 일반 생활개념에서 벗어나지 않는 올바른 판단과 센스이다.

예를 들면, 여성과 자동차에 같이 탄 남성은 차가 멈추면 여성을 위해 문을 열어주도록 되어 있다. 그러나 여성의 쇼핑을 위해 번화한 거리에 차를 세운 경우라면 교통방해가 되지 않도록 행동하는 것이 상식이므로, 남성은 차 문을 열어 주는 것보다 차에서 잠시 머무르며 다른 차량의 이동에 방해가 되지 않도록 하는 것이 에티켓이 될 것이다.

간혹 상식에 따르다 보면 에티켓의 규칙에 어긋나는 경우가 생기기 마련인데 상황에 따라 올바르게 판단하고 처신하는 자세야말로 바로 진짜 에티켓이 되는 것이다.

남에게 폐를 끼치지 않고 호감을 주려고 노력하는 일, 남을 존중하는 마음 등은 에티켓의 기본 정신에서 빠질 수 없는 것들이다. 이러한 것들을 염두에 두고 교제한다면 상대방을 기쁘게 할 수 있고, 역시 상대방으로부터 존중받을 수 있다. 올바른 에티켓은 인생의 즐거움을 얻는데 분명 도움이 된다.

미국의 모 대통령이 영국을 방문하였을 때 영국여왕을 알현할 기회가 있었다. 미국의 대통령은 친근감을 표시하는 행동으로 여왕의 등에 손을 가볍게 대었으며, 다음날 영국의 신문에서는 미 대통령의 무례함에 대하여 대서특필을 하였다. 이유인 즉 영국에서는 황실에 대한 존경심과 자긍심에 대한 한 지라 감히 여왕에 몸에 손을 대는 것은 에티켓이 어긋나는 행동이었기 때문이다.

에티켓이란 그 사회, 문화가 요구하고 있는 기본적인 사항을 사람과 사람 사이에 혹은 국가와 국가 간에 지켜야 하는 예절인 것이다. 과거에는 각 사회마다 그 차이가 심하였으나, 세계가 통합화되고 있는 오늘날에는 서로 문화전통과 다른 예절, 즉 에티켓을 이해하고 지키는 일이 상식이 되어가고 있다.

4. 나라별 매너에 대하여

악수로서 처음 만나는 기쁨을 표시하는 나라가 있는가 하면, 우리나라에서는 다소 어색한 인사법인 뺨으로 인사를 건네는 나라, 여성의 손등에 입맞춤을 함으로써 예의를 갖추는 나라, 손님에게 환영의 뜻을 나타내기 위해 자기의 코를 상대방에게 비벼대는 나라 등 어느 국가든 인간이 집단생활을 한 곳이라면 어디에서나 저마다 다른 풍습이 있다. 그러나 한 가지 명심해야 할 것은 우리의 관습과 다를 뿐 이런 일련의 행동들이 모두 감사와 환영과 예의를 표하는 방식이라는 것이다.

이러한 관습의 차이는 인사뿐만 아니라 다른 일상생활에서도 쉽게 발견할 수 있다.

최근 피지 섬의 생태를 조사한 한 사회학자의 보고에 의하면, 선반 위의 물건을 손을 올려 가져갔다고 해서 한 남자가 자신의 동료를 죽인 사실이 있었다고 한다. 이것은 남의 머리위로 손을 올릴 때는 사전에 상대편에게 허가를 받지 않으면 안 된다는, 그곳 원주민의 법도를 어겼기 때문이었다. 피지 섬에서는 상대편 머리위로 손을 올린다는 것은 적의를 품고 무기를 잡으려는 동작으로 간주되기 때문이라고 한다. 어느 나라에서나, 그 공동사회의 습관을 지키지 않고 터부를 가볍게 생각하는 사람은 처벌을 받게 되는 것이 일반적이며, 사회가 진화하였다 하더라도 문화적인 관습이나 습관은 변하지 않는 것이 사실이다.

1) 아시아권 국가

(1) 일본

본인을 소개할 경우에는 일반적으로 성만을 얘기하며, 어린아이에게도 경어를 사용한다. 예의 바르고 친절하고 질서를 잘 지키는 민족이며, 상대방에 대한 배려를 많이 하는 국가이다. 명함을 교환 시에는 우리나라처럼 아랫사람, 방문자가 먼저 건네는 것이 매너이며, 시간을 잘 지키는 것을 최대의 미덕으로 약속시간을 준수해야 하며 늦게 되는 경우에는 상대방에게 양해를 구하고 다시 조정을 하는 것이 좋다.

일본에서는 명함을 주고받는 일이 흔하므로 일본인을 만나게 될 경우에는 명함을 넉넉하게 준비하도록 한다.

고개를 숙이며 인사를 할 경우 상대방과 비슷한 높이로 하며, 인사 시 상대방보다 먼저 허리를 펴면 실례가 되므로 주의한다.

(2) 태국

불교숭배국가이므로 인사 시 두 손을 모으며 합장을 한다.

사원을 관광할 때에는 반드시 모자와 신발을 벗어야 하며, 왕실에 대한 자부심과 존경심이 상당히 강하므로 왕실을 모독하는 행동은 삼가한다.

공공장소에서 심한 애정 표현은 자제하는 것이 좋다. 머리에 손을 대는 것은 금기사항이며, 발로써 방향을 지시하거나 물건을 가리키는 것을 삼가야 한다.

현지인의 집을 방문 시에는 신발을 벗는 것이 에티켓이며 물건을 건넬 때에는 반드시 오른손을 사용한다.

(3) 중국

음주와 흡연은 사교의 한 수단으로 여기는 경향이 있어 비흡연자도 권하는 담배는 일단 받아 두는 것이 예의이며, 술을 좋아 하지 않는다 하더라고 함께 어울리는 것이 매너이다. 우리나라와 같이 건배를 한 후에는 잔이 비었음을 상대방에게 확인을 시키기도 하는데, 이는 친밀감의 표시로 받아드리면 된다. 박수 치는 것을 좋아하므로 만약 공공장소에서 박수를 받게 되면 답례로서 함께 박수를 치면 된다.

(4) 대만

빨간색을 좋아하며 죽음을 상징하는 흰색과 숫자 4를 싫어한다.

선물을 받았을 때는 그 앞에서 풀어보지 않는 것이 매너이며, 친근감을 표시하는 포옹이나 어깨를 감싸는 행위는 삼간다.

(5) 싱가포르

공공장소에서 껌을 씹거나 담배를 피우는 것은 범법 행위이므로 주의를 해야 하며, 술과 담배를 권하지 않는 것이 예의이다.

애완동물과 함께 대중교통이나 자가용을 이용할 수 없으며, 선물은 아주 친한 사이가아니라면 하지 않는 것이 좋다. 싱가포르에서는 주재중인 외국 공관을 함부로 촬영하는 것은 구속 대상임을 주지한다.

(6) 몽골

몽골에서는 손님이 오면 환영의 뜻으로 아이락(마유주)을 대접하므로 거절하지 않고 마시는 것이 매너이다. 사람을 가리킬 때는 바닥을 위로 향하게 하여야 하며, 동물을 가리킬 때는 손가락을 사용해도 무방하다. 몽골인과 인사 시 모자는 벗지 않아도 되며, 부득이하게 벗을 경우에는 반드시 높은 곳에 놓아두어야 한다.

악수를 좋아하며 가벼운 포옹과 함께 양쪽 뺨을 번갈아 맞대어 친근감을 표시하기도 한다.

(7) 파키스탄

왼손을 사용하는 것은 타인을 모독하는 행동으로 오인을 할 수도 있으므로 주의를 요하며, 여성을 응시하는 행위는 율법에 따라 금지되어 있다. 사원을 방문할 때는 반바지나 민소매 등의 노출이 있는 복장은 삼가는 것이 좋다.

(8) 이란

이슬람에서는 건강상의 이유로 남성도 앉아서 소변을 보도록 규정하고 있으며, 여성의 노출에 대한 제약이 많다. 여성들은 연중 스카프를 두르며, 외출 시에는 차도르를 착용하며, 원색을 피한다.

2) 유럽권 국가

(1) 영국

영국신사라는 말이 있을 정도로 공연장에서는 복장에 대한 규정이 까다롭다.

오페라나 발레, 연주회의 공연에는 반드시 정장을 착용하며, 그 밖의 경우에는 넥타이를 매는 정장으로 대체가능하다. 코를 푸는 행동은 예의에 어긋나는 것이 아니며, 길에서 침을 뱉는 것은 절대 금물이다. 뇌물에 있어서는 아주 엄격하므로 비즈니스시도 업무와 관련된 선물은 하지 않는 것이 좋다. 가정으로의 초대는 상당한 배려로 생각해야 하며, 방문 시에는 조그마한 선물을 반드시 준비한다.

(2) 러시아

초면일 경우에는 악수로서 인사를 청하지만 어느 정도 친해지면 껴안는 인사를 한다. 면담 시에는 금요일이나 월요일은 피하는 것이 좋으며, 비즈니스 상담 시에는 정장 복장을 해야 한다. 집으로 초대를 하는 일은 드물다.

(3) 독일

공공장소에서 껌을 씹는 행위나 상대방과 대화 시 주머니에 손을 넣은 채 얘기를 나누는 것은 결례가 된다. 여성을 존중하는 문화가 철저하므로 여성이 방에 들어오면 일어나는 것이 좋다. 식사 중에 코를 푸는 것은 예의가 벗어나는 행동이 아니지만 트림을 하는 것은 삼가는 것이 좋다. 독일인은 검소함이 몸에 배여 있는 민족으로 가식이나 과장을 싫어한다. 비즈니스일 경우에는 어느 나라보다 시간엄수에 좀 더 신경을 써야 할 것이다. 조금이라도 늦게 되면 상대방을 모욕하는 것으로 간주하기 때문이다.

(4) 오스트리아

준법의식이 높은 나라이므로 정해진 장소가 아니면 흡연을 해서는 안 된다. 건배 시에는 '스콜(Skal)'을 외치며 눈인사를 나눈 뒤 술을 마시고 다시 술잔을 부딪치며, 눈인사를 하고 내려놓는 특이한 풍습이 있다. 이는 술에 독이 없음을 확인 하는 절차이다. 남은 음식을 포장해 가거나 남기는 것은 요리사에 대한 실례이므로 주의한다.

3) 아프리카권 국가

(1) 이집트

상대방이 차나 음료수를 대접할 때 거절하는 것은 매너에 어긋난다. 선물을 주거나 받을 때는 반드시 오른손을 사용해야 하며, 여성이 음식을 권할 때는 일단 사양하는 것이 예의이다. 남의 아내에 대해 "부인이 아름답습니다"라고 하는 것은 부인을 갖고 싶다는 의미로 통용되므로 주의를 해야 한다. 이슬람 문화권에서 종교에 대한 논쟁을 하거나 다른 종교를 선교해서는 안 된다. 또한 여성에게 사진을 찍자고 하는 것은 결례가 되므로 주의해야 한다.

(2) 케냐

전통 사회는 일부다처제이며 주로 여성들이 경제를 부담하고, 부족에 따라서는 모계의 성을 따르는 경우도 있다. 모든 지폐에 현직 대통령의 사진이 들어가 있으며, President라는 호칭은 대통령에게만 사용한다.

4) 아메리카권 국가

(1) 칠레

선물을 좋아하는 민족이므로 좋은 인상을 심어 주고 싶을 때에는 조그마한 선물이라도 준비하는 것이 좋다. 밤늦은 시간의 소란은 금지이며 공중화장실이 적고 화장지나 비누가 없는 경우가 많다. 미국문화보다는 유럽식 문화를 더 존중하며, 자국 문화에 대한 자부심이 강하다.

(2) 아르헨티나

식사 시에 칼과 포크를 십자로 놓으면 식사가 끝났다는 것을 의미한다. 장례식에 있어서는 죽음이 하나님에게로 가는 축복이라고 하여 박수를 치는 관습이 있다.

시에스타 시간에 돌아다니다가는 돌멩이 세례를 받을 수도 있으므로 주의한다.

(3) 미국

줄서기가 생활화되어 있어 새치기는 금물이며, 시간관념이 철저하며, 실용성을 강조하는 나라이다. 회의나 상하관계에 있어서 격식과 형식에 얽매이지 않는다.

남성이 실내에서 모자를 쓰는 것은 실례이며, 여성 존중사상이 철저한 사회이므로 엘리베이터나 차량 이용 시 여성을 배려하는 것을 잊어서는 안 된다.

신발은 복장의 연장이라고 생각하기 때문에 실내에서도 신발을 신는다.

운전 중 경찰에게 적발되면, 별도의 요청이 있기 전까지는 손을 핸들에 올려놓고 기다려야 한다. 만약 면허증을 꺼내기 위해 주머니에 손을 넣으면, 총기를 꺼내는 것으로 오인을 받을 수도 있기 때문이다.

(4) 브라질

팁이 생활화 되어 있으며, 비즈니스에서는 정장보다는 편안한 복장을 선호한다.

교통체증이 심하므로 약속이 있을 경우에는 여유롭게 출발하는 것이 좋으며, 첫 만남에서는 선물을 하지 않는다. 거리에서 술주정을 하면 경찰에 체포되므로 주의한다.

5) 오세아니아권 국가

(1) 호주

비즈니스에서는 선물을 하지 않는 것이 예의이며, 특이하게도 식사 초대를 받았을 경우에는 약속 시간보다 10~15분정도 늦게 도착하는 것이 매너이다. 명함을 악수와 소개가 끝난 후에 건네는 것이 좋으며, 여성을 향해 윙크를 하는 것은 친한 사이라 할지라도 실례가 되는 행동이므로 주의한다.

결혼식에 축의금이나 답례품이 없다.

(2) 괌

해변에서는 음주를 하지 않으며, 야자의 일종인 삐루는 환각 성분이 있으므로 주의해야 한다. 산호나 소라 종류를 잡으면 벌금이 부과된다.

(3) 뉴질랜드

어린아이의 머리나 신체 부위를 만지는 것은 성추행으로 오인을 받을 수 있으므로 주의를 하며, 장례식장에서 매장을 하는 동안 금전이나 보석을 몸에 지니지 않으며 음주를 삼가거나 장례식이 종료되면, 축하만찬을 벌인다.

뉴질랜드는 성차별과 인종차별이 없고 뱀과 해충이 없으며, 산불이 없고 물건 값을 깎는 관습이 없어 가격 흥정이 없다고 하여 이를 5무(無)라 한다.

5. 나라마다 다른 제스처 매너

우리에게는 제스처가 익숙하지 않지만 외국의 경우에는 연설이나 사람들과의 만남에 있어서 기쁨이나 감사 혹은 위로의 의미로 많은 제스처를 사용한다. 이러한 행동들은 대화의 흐름을 방해하지 않고 상대방과 의사소통을 원활하게 하는 수단이 될 수도 있으며, 말로는 표현하기가 모호한 상황에서는 타인을 배려할 수 있는 좋은 매너로 비춰 질 수가 있다. 그러나 동일한 제스처라고 할 지 라도 나라마다 의미가 다소 상이한 경우가 있어 국제 사회에서는 자칫 잘못하면 내가 의도했던 바가 아닌 다른 의미로 전달되어 상대방을 불쾌하게 만드는 상황이 발생하게 된다.

가령 우리나라에서는 겸손함과 수줍음의 표시로 손으로 입을 가리는 행동을 하나, 유럽인들에게는 '내가 거짓말을 하고 있다'라는 무언중의 암시로 받아들여 질수도 있으며, 상대방과 이야기 할 때 눈을 깜박거리며 쳐다보는 행동은 우리나라에서는 무례하거나 건방진 모습으로 여겨지나 영국에서는 재미있게 잘 듣고 있다는 의미로 사용되어진다. 무안할 때 무심코 하게 되는 턱을 만지는 행동은 아랍 남성들이 여성에 대한 관심을 표현할 때 사용하는 제스처이며, 콜롬비아에서는 자신의 코에 손가락을 댄 채 OK사인을 하면 동성애자임을 표시하는 행동이다.

그 외에도 코를 파는 행동은 시리아에서는 '지옥이나 가라'는 의미로, 눈썹을 치켜 올리는 모습은 페루에서는 '돈을 달라'는 뜻으로 사용되며, 우리나라나 유럽, 라틴 아메리카 등에서 흔히 '미쳤다'는 의미로 사용하는 머리에 원을 그리는 행동은 네덜란드에서는 특이하게 '지금 전화중이다'라는 의미로 사용된다.

	의 미
엄지 세우기	대부분의 나라에서는 주먹을 쥔 채 엄지손가락을 위로 향하게 하는 것은 일반적으로 좋다는 몇몇 국가들에서는 다소 상이한 의미로 해석된다. 그리스에서는 '입 닥쳐!'라는 모욕하는 행동으로, 나이지리아, 중동, 파키스탄은 음란한 행위로 오스트레일리아에서는 거절, 무례함으로, 일본에서는 '5', 독일에서는 '1'의 의미로 통용된다.
귀를 잡는 행동	인도는 후회, 실수에 대한 사과의 의미하며 브라질에서는 '이해한다', '맛있게 잘 먹었다'는 의미로 사용된다.
V자 사인	우리나라, 유럽은 승리를 나타내며, 손바닥이 상대방을 향하게 한다. 그리스에서는 손바닥이 자신을 향하는 것은 승리의 표시이나, 그 반대의 행동은 욕설이 되며, 두 손을 다 사용하는 것은 최대의 모욕을 주는 행위이다. 영국, 프랑스에서는 그리스와는 반대로 손등이 상대를 향하면 꺼져 버리라는 의미가 된다.
엄지로 검지를 이용한 OK사인	우리나라, 일본에서는 돈의 의미로 사용되나 프랑스남부에서는 아무것도 없음 혹은 무가치함이라는 의미로 사용된다. 그리스, 터키, 중동, 러시아, 브라질에서는 동성애 등의 외설적이고 음탕한 사인으로 간주되며, 미국, 서유럽은 OK 표시로 사용된다.

	의 미
머리를 끄덕이는 행동	대부분의 나라에서는 긍정의 의미로 사용되나, 불가리아, 그리스, 유고슬라비아, 터키에서는 부정의 의미인 'No'로 사용된다.
윙크	나이지리아에서는 저속한 행동으로 여겨지며, 과테말라 등 일부 라틴 국가에서는 죽음을 상징한다. 인도나 호주에서는 모욕을 주는 행동으로 이해한다.
엄지로 코를 미는 행동	유럽에서는 조롱의 의미로 사용된다.
검지로 코를 때리는 행동	영국에서는 비밀을 의미하며, 이탈리아에서는 우정의 충고라는 의미이다.
손가락을 꺾는 행동	프랑스와 벨기에서는 천박한 행동을, 브라질에서는 상대를 위협하는 행동으로 비춰진다.
손가락으로 가리키기	중동에서는 손가락으로 사람을 가리키며 말하는 것은 무례한 행동으로 간주되므로 반드시 손가락을 다 펴거나 엄지를 이용하여 가리켜야 한다.
손가락을 교차하기	유럽에서는 행운을 기원하는 의미이나 파라과이에서는 상대를 모욕하는 의미가 된다.

02
Chapter

자기관리 매너

1. 이미지를 연출하라

Image의 어원은 라틴어 Imago에서 유래된 것으로 사람들의 마음속에 떠오르는 상(像)을 의미한다.

어떤 대상을 생각했을 때 직접 혹은 간접적으로 느껴지는 그 사람 혹은 사물에 대한 생각, 생김새와 말씨 태도, 형상이 만들어지는 것을 이미지라고 하며, 이미지 메이킹은 자신의 이미지를 상대방 혹은 일반인에게 각인시키는 일 혹은 자신이 원하는 대상이나 목표에 닮아가려고 노력하는 과정이라고 정의할 수 있다.

현대사회에서 이미지 메이킹은 경쟁력이다. 사람들은 이미지 메이킹에 시간과 돈을 투자하고 상대방에게 좀 더 좋은 이미지를 주기 위해 많은 노력들을 하고 있다. 그만큼 대인관계에 있어 실질적으로 이미지 메이킹의 중요성을 느끼기 때문이다.

이미지 시대에 살고 있는 우리는 자신의 삶을 성공적으로 이끌기 위해 자신의 이미지 관리에 좀 더 신중을 기해야만 한다.

개인의 이미지는 타고나는 것이 아니라 자신이 원하는 데로 보여주고 싶은 이미지를 스스로 만들어가야 한다.

Image란 실상과 허상, 균형과 조화이다. 즉 외형의 모습과 마음가짐, 매너가 조화를 잘 이루었을 대 가장 성공적인 이미지를 창출해 낼 수 있다. 성공을 위해서는 뛰어난 실력만 중요한 것이 아니라 그에 걸맞게 요구되는 이미지 연출 전략이 중요하다. 이미지 연출도 실력이다. 성공적인 이미지 연출이야 말로 성공에 도달하기 위한 가장 빠른 지름길이 될 수 있다.

이미지는 내적 이미지(Personality)와 외적 이미지(Appearance)로 구분되어진다. 내적 이미지는 인간관계, 상대방에 대한 이해력과 배려심, 개인의 성격 등으로 나누어 볼 수 있으며 외적 이미지는 표정, 목소리, 걸음걸이, 체형, 제스처, 헤어스타일과 메이컵 등으로 시각적으로 쉽게 판단이 가능한 요소들로 구분해 볼 수 있다.

1) 표정관리

'얼굴은 마음의 거울이며, 웃음은 그 사람이 살아 온 삶의 기록이고, 표정은 그의 신상명세서'라고 한다. 얼굴은 항상 다른 사람의 시선에 노출되고, 상대는 무엇보다도 우리의 표정을 보고 친절과 상냥한 마음을 판단한다. 상대방은 내 표정을 보고 여러 가지 심리적인 변화를 일으킨다.

표정이란 그 사람의 감정이 외형적 모습으로 나타나는 것을 의미하여, 의사소통에 있어서 말을 사용하여 자기의 의사표현을 하지만 표정을 통해서도 말하는 이의 마음을 읽을 수 있다.

좋은 인간관계의 형성을 위해서 본래의 자신의 표정과는 달리 좋은 느낌을 전달하도록 노력해야 한다. 지구상의 가장 무표정한 동물은 악어, 갑각류, 어류 등이라고 한다. 반면에 만물의 영장인 인간의 얼굴은 80여개의 근육으로 되어 있고 18가지 웃음을 갖고 7,000여 표정을 지을 수 있다고 한다. 그 중 미소는 친근한 관계나 무엇에 대한 긍정의 의미를 지닌 대표적인 비언어적 신호의 하나이다.

(1) 첫인상과 관련된 심리학 용어

심리학자이자 커뮤니케이션을 연구하는 Albert Mehrabian 교수에 의하면 사람과의 커뮤니케이션에서 시각적인 요소, 즉 체형 표정 옷차림 태도 제스처 등 외적인 요인이 55%를 차지하고, 청각적 요소 38%, 언어적 요소가 7%를 차지한다고 하였다.

첫인상이란 '첫눈에 느껴지는 한 사람에 대해 마음에 남는 느낌'을 말하며 이러한 첫인상이 결정되는 데 걸리는 시간은 보통 3~8초 정도라고 한다. 그런데 이렇게 받은 첫인상을 바꾸는 데는 많은 노력과 시간이 필요하다고 한다.

첫인상이 중요한 것은 처음에 각인된 이미지가 오랫동안 기억 속에 남기 때문이다. 첫인상이 좋지 않을 때 다시 좋은 인상으로 바꾸려면 적도 연속해서 7시간 내지 40시간을 투자하고 노력하여야 회복할 수 있다는 실험결과가 있다.

① 초두효과(Primacy Effect)

심리학에서는 한 사람의 첫인상이 잘못 입력되면 그 사람의 좋은 면까지도 거부하게 되는 현상을 초두효과라고 한다. 다시 말하면 첫인상을 갖는데, 앞선 정보가 뒤따르는 정보보다 더 큰 영향력을 발휘한다는 것이다. 그리고 이러한 첫인상을 갖고 우리는 상대방을 평가한다. 따라서 얼굴표정관리를 통해 첫인상을 상대에게 좋게 심어 놓으면 서로 간에 신뢰가 형성되어 좋은 관계를 계속 유지할 수 있다. 그러므로 좋은 첫인상은 우리를 성공의 지름길로 안내할 것이다. 좋은 첫인상의 시작은 부드러운 눈빛으로 얼굴에는 미소를 보이는 것으로부터 시작된다. 그리고 꾸준한 훈련을 통해서 습관이 되도록 하여야 한다.

② **맥락효과**(Context Effect)

먼저 제시된 정보가 나중에 들어온 정보보다 전반적인 인상 형성에 강력한 영향을 미치는 것을 말한다. 어떤 사물이나 인물에 대해 먼저 들은 정보가 긍정적이면 나중에 제공된 정보가 부정적이다 하더라고 먼저 제시된 정보에 더 의존하게 된다는 것이다.

③ **후광효과**(Halo Effect)

광배효과(光背效果)라고도 하며, 인물이나 사물 등 일정한 대상을 평가하면서 그 대상의 특성이 다른 면의 특성에까지 영향을 미치는 것을 말하며, 어떤 사람이 갖고 있는 한 가지 장점이나 매력 때문에 다른 특성들도 좋게 평가되는 것이다.

후광효과는 한 번 내린 긍정적인 혹은 부정적인 인상이 다른 영역의 대인평가에도 영향을 미치는 것이다. 첫 번째 만났을 때 어떤 사람이 호감 간다면 그 사람은 또한 매력적이고 지적이고 관대하다는 등등의 평가를 받는다. 첫눈에 반했다는 것이 흔한 예이다. 그러나 그 반대인 경우, 그 사람은 남을 속이고 추하고 바보 같을 것 같다는 평가도 덤으로 얻을 수 있다. 매력적인 사람이 못생긴 사람에 비해 거의 모든 영역(대인관계, 자신감, 적극성, 지적능력, 성실성)에서 유리한 평가를 받는다.

④ **현저성 효과**(Vividness Effect)

이빨에 고춧가루가 낀 사람은 아무리 예쁘게 생겨도 매력 없는 것처럼, 두드러진 특징이 인상형성에 큰 몫을 차지하는 것으로 이미지에 있어서 시각적 요소의 중요성을 알려주는 말이다.

⑤ **부정성의 효과(Negativity Effect)**

부정적인 특징이 긍정적인 것 보다 인상형성에 더 강력하게 작용하는 것을 말한다.

(2) 호감 가는 표정 만들기

얼굴에서의 '얼'은 영혼을 뜻하고, '굴'은 통로라는 뜻을 가지고 있다. 즉 내 얼굴은 나의 영혼까지도 보여줄 수 있는 중요한 것이다.

특히 얼굴의 표정은 얼굴 생김새 보다 더 중요한 커뮤니케이션의 수단으로서 상대에게 호감을 주느냐 못주느냐를 결정하기도 한다. 밝고 호감 가는 표정을 짓는 것은 타인에게 주는 가장 기초적은 배려이다. 매너가 다른 사람의 배려에서부터 시작하듯이, 미소를 띤 아름다운 표정은 상대방을 기분 좋게 하는 매너의 시작이다.

웃으면 복이 온다는 옛말이 있듯이 밝은 표정을 하는 사람에게는 늘 복이 함께 찾아 든다. "행복하기 위해서 웃는 것이 아니라 웃다보니 행복해지더라"라는 누군가의 말처럼, 웃음은 밝고 아름다운 삶을 책임져 주는 든든한 후원자다.

건강한 웃음은 사람과의 유대관계를 높여주고 긴장감을 풀어 준다. 희망을 불어 넣어 주기도 하며, 행복감을 선물하기도 한다. 흔히 웃음을 돈 들이지 않는 먹을 수 있는 종합 비타민이라고 하는 이유가 여기에 있다 할 수 있다.

① 눈

사람의 눈은 혀만큼이나 많은 것을 이야기해준다.

더욱이 시각적인 대화에는 사전이 필요 없으며 세계 어느 곳에서도 통용이 된다는 이점을 갖고 있다. 시선은 사람과 사람을 맺어주는 중요한 커뮤니케이션의 수단이다. 거의 모든 커뮤니케이션의 정보를 눈을 통해 받아들이고 있다. 눈(EYE)과학자들에 의하면 문화적 배경에 따라 표정읽기 방법이 다르다고 한다. 감추고 통제해야하는 문화권 사람들은 '눈'을 바라보고 표정을 읽는데 반해, 감정표현이 자유로운 곳에서는 '입'이 표정읽기의 열쇠가 된다는 사실이다.

동양 네티즌들은 메일이나 메신저에 사용하는 이모티콘도 다르다고 한다.

가령 미국에서의 행복한 표정은 :) :-), 슬픈 표정은 :(:-(으로 표현되나,

일본에서의 경우는 ^_^ 행복한 표정, ;_;이 슬픈 표정이다.

여기서 가장 큰 차이는 각각의 눈의 모양과 입의 모양이다.

눈모양이 웃음의 진정성을 가르는 열쇠가 되기 때문이라는 사실을 확인할 수 있다.

일반적으로 우리는 사람을 처음 대할 때 제일 먼저 눈을 보며 서로의 마음을 읽고 대화를 풀어 나가기 때문이다. 실제로 한 실험결과에 의하면 인간의 두뇌는 사람을 떠올릴 때 한 사람의 전제 이미지 중 60% 이상을 눈의 이미지에 의해 기억한다고 한다. 이와 같이 커뮤니케이션에 있어 눈빛은 호감을 표시하기도 하고 적대감을 보이기도 하며 무의식 중에 나의 감정을 전달하게 되므로 '마음의 창'이라고도 한다. 상대방에게 호감과 신뢰감을 줄 수 있는 시선연출을 할 수 있어야 한다. 그러기 위해서 항상 긴장을 잃지 않으며 자신 있고 당당하게 자신을 표현할 수 있도록 늘 긍정적이고 능동적인 사고를 가져야 하며 상대방에 대한 배려와 삶에 대한 여유로운 마음 자세를 지녀야 한다. 표정을 부드럽게 하는 간단한 방법들을 익혀 보도록 하자.

먼저 두 눈을 감는다.

눈을 크게 뜬 상태에서 눈동자를 천천히 상하좌우로 움직여 준다.

눈동자를 오른쪽으로 천천히 한 바퀴 다시 반대로 한 바퀴 천천히 돌려준다.(2~3회 반복) 최대한 오른쪽으로 눈동자만 보낸 뒤 5초 머문다.

다시 왼쪽으로 최대한 보낸 뒤 5초 머문다.

② 눈썹

상대방과의 대화중 눈썹을 올리면서 말하는 사람이 그렇지 않는 사람보다 심리적 우위에 선다고 한다. 눈썹은 상대방과의 만남을 자신감 있고 호감 있게 만들어 주는 역할을 한다. 눈썹을 한 번 위로 올려 주면 표정이 밝아지고 목소리도 활기차게 되어 긍정적인 자기표현을 할 수 있다. 찡그린 표정의 눈썹과 웃는 표정의 눈썹을 번갈아 만들어 본다.

양손의 검지손가락을 눈썹에 살짝 갖다 댄다(혹은 볼펜이나 자를 이용해도 무방하다). 검지손가락을 기준으로 아래로 내렸다 위로 힘껏 당겨 올린다(5회씩 반복).

손가락을 떼고 위에서 5초 머물고 아래로 내려서 5초 머문다.

③ 입

입 꼬리 주변이 아래로 처져 있으면 늙어 보이거나 표정이 어두워 보이기가 쉽다. 밝은 표정을 연출하기 위해서는 거울을 보며 입 꼬리가 올라가는 단어들을 중심으로 연습을 많이 하는 것이 좋다. 예를 들면, 위스키라는 단어를 "솔~" 정도의 톤으로 말한 뒤 10초 동안 그 표정을 유지 하는 것이다. 물론 위스키라는 단어가 아니더라고 주로 "이" 발음으로 끝나는 단어들을 찾아 입모양 연습을 하면 효과적일 것이다.

또한 입 주변의 근육을 부드럽게 하기 위해서는 입안에 공기를 가득 넣어 최대한 부풀린 후 공기를 오른쪽 왼쪽 위 아래로 움직여 주고 마지막에는 가글을 하듯이 굴린 후에 터뜨려 준다. 그 다음엔 큰 소리로 "아, 예, 이, 오, 우"를 발음해 본다.

아침마다 하마 웃음을 연습을 해 보라. 웃을 때 가장 많이 쓰이는 근육은 대협골근, 소근 등으로 입 주위 하마 웃음법은 굳어진 근육을 조금은 과격하게 찢어주는 웃음법이다. 하마가 힘껏 하품을 하고 있는 장면을 떠올린다면 이 웃음법을 쉽게 이해할 수 있다. 먼저 앞에서 배운 얼굴 스트레칭을 연습한 후에 입을 가능한 크게 벌린 상태에서 잠시 10~15초 정도 멈춘다.

이번에는 자연스럽게 옆으로 입술을 벌린다. 이때 가능하면 한숨으로 숨을 쉬면 좋다. 얼굴근육을 자극해주면 하루 종일 웃는 것이 자연스럽게 된다. 그리고 한번 활성화된 근육은 자꾸 웃으려고 하기 때문에 한 번이라도 더 웃게 된다고 한다.

웃음과 관련된 명언

1. 웃는 사람은 실제적으로 웃지 않는 사람보다 더 오래 산다.
   건강은 실제로 웃음의 양에 달려 있다는 것을 아는 사람은 거의 없다.
   – 제임스 월스 –

2. 웃음은 전염된다. 웃음은 감염된다.
   이 둘은 당신의 건강에 좋다. – 윌리엄 프라이 –

3. 유머 감각이 없는 사람은 스프링이 없는 마차와 같다.
   길 위의 모든 조약돌 마다 삐걱거린다. – 헨리 와드비쳐 –

4. 오늘 가장 좋게 웃는 자는 역시 최후에도 웃을 것이다. – 니체 –

5. 웃으면 사람의 몸과 마음을 이롭게 하는 온갖 경이로운 일들이 일어난다. – 앤드류 매튜스 –

6. 가정의 웃음은 가장 아름다운 태양이다. 〈새커리〉

7. 나를 좋아하거나 존경하는 사람들의 공통된 특징을 나는 전혀 가늠할 수 없다. 하지만 내가 좋아하고 애정을 가지는 사람들의 공통된 특징은 그

들 모두가 나를 웃게 만든다는 것이다. 나에게 밤낮으로 무서운 긴장이 생겼기 때문에, 만일 내가 웃지 않았다면 나는 이미 죽은지가 오래 되었을 것이다. - 링컨 -

8. 많이 웃는 사람은 행복하고, 많이 우는 사람은 불행하다.
- 쇼펜하우어 -

9. 사람은 누구나 자신의 웃는 모습에 주의해야 한다.
웃을 때는 그 사람의 결점이 그대로 보여 지기 때문이다. - 에머슨 -

10. 사람의 성격이 가장 잘 나타날 때는 마주 대하여 말하고 듣고 웃을 때다. - 괴테 -

11. 사람의 웃는 모양을 보면 그 사람의 본성을 알 수 있다.
누군가를 파악하기 전 그 사람의 웃는 모습이 마음에 든다면 그 사람은 선량한 사람이라고 자신 있게 단언해도 되는 것이다.
- 도스토예프스키 -

12. 사람의 웃는 얼굴은 햇빛과 같이 친근감을 준다. - 위게너 벨턴 -

13. 아름다운 의복보다는 웃는 얼굴이 훨씬 인상적이다.
기분 나쁜 일이 있더라도 웃음으로 넘겨보라.
찡그린 얼굴을 펴기만 해도 마음은 한결 편해질 것이다.
웃는 얼굴은 좋은 화장일 뿐만 아니라 피의 순환을 좋게 하는 효과가 있다. 웃음은 인생의 약이다. -알랭 -

14. 웃어라, 그러면 세상도 그대와 함께 웃는다.
울어라, 그러면 그대 혼자 울게 된다. - 엘라 윌러 윌콕스 -

15. 웃음은 인간관계의 도로상에 있는 청신호이다.
그것은 암흑 속을 안내하는 손이요, 폭풍우 속에서 용기를 안겨주는 것이다. - 더글라스 미돌 -

16. 햇빛은 누구에게나 따뜻한 빛을 준다.
그리고 사람의 웃는 얼굴도 햇빛과 같이 친근감을 준다.
인생을 즐겁게 지내려면 찡그린 얼굴을 하지 말고 웃어야 한다.
-- 슈와프 --

2) 태도관리

(1) 인사

인사(人事)의 말뜻을 살펴보면 사람이 행하는 가장 기본적인 일이라고 정의를 내릴 수 있다. 인사는 마음과 인격의 표현이며, 우애의 상징이요, 존경의 표현이며, 예의 으뜸이요, 인간관계의 시작이다. 기본적으로 국적과 세대를 막론하고 통용되고 있는 인간관계의 가장 기본적인 절차이고 관습이지만 나라마다, 또 지위에 따라서 그 방식과 절차에 조금씩 차이가 있다. 생활 속에 은연중 습관처럼 배어있기 때문에 자칫 잊고 지나치기 쉬운 격식과 방법 등을 좀 더 세밀히 알아둔다면 어디에서건 기본부터 세련된 사람으로 가치 있게 인정받을 수 있을 것이다.

사람들이 인사를 잘 하지 못하는 이유 중 가장 큰 이유는 적절한 인사 시기를 놓쳤기 때문이다. 일반적으로 인사 시기는 30보 내외이며, 가장 적절한 인사 시기는 6보 정도가 가장 적당하나, 갑자기 인사 상대가 나타났을 때에는 즉시 하는 것이 좋다.

① 인사의 단계

가. 상대방의 눈을 보며 미소를 짓는다.(Eye Contact & Smile)
- 여성의 경우 손을 가지런히 모아 앞쪽으로 둔다.(공수(拱手))
- 남성의 경우 주먹을 가볍게 쥔 후 재봉선에 자연스럽게 둔다.

나. 인사말을 실시한다.

- 음성은 계이름의 솔 정도의 톤이 가장 듣기에 좋으므로 밝고 명랑한 목소리로 인사말을 실시한다.

다. 상체를 정중히 굽힌다.

- 이때 등이 굽혀지지 않도록 주위하며, 시선이 땅으로 내려가지 않도록 유의한다.
- 인사 받을 상대방의 신발 앞쪽을 응시하는 각도로 인사를 한다.

라. 잠시 1~2초간 멈춘다.

- 인사를 한 후 바로 상체를 펴는 것보다, 잠시 Pause를 취함으로써 정중함을 표시한다.

마. 천천히 상반신을 올린다.

바. 바로 서서 상대방의 눈을 보며 환한 미소를 짓는다.

(Eye Contact & Smile)

인사에 있어서도 가장 기본은 미소이다. 예의 바른 인사와 함께 미소로서 마무리하는 것을 반드시 기억하도록 하라.

인사의 단계

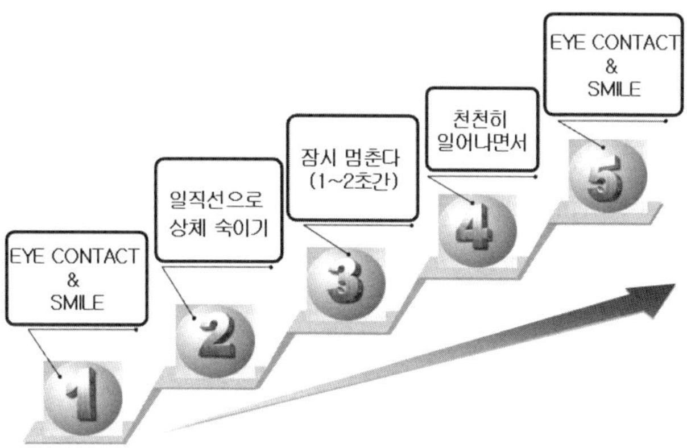

공수(拱手)란?

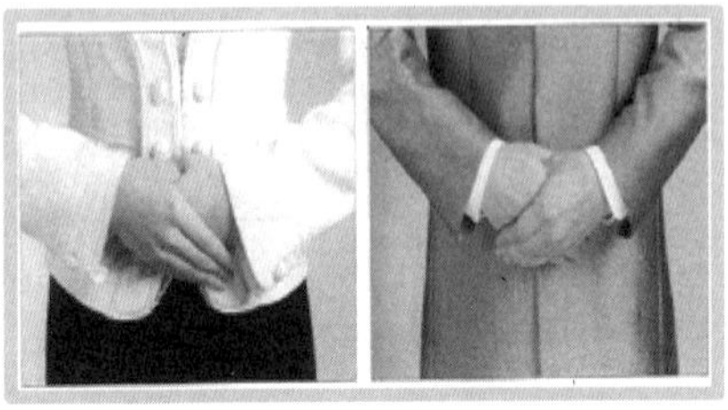

두 손을 마주잡고 정중한 자세를 취하는 것을 공수라 한다.

일반적으로 공수의 위치는 남좌여우(男左女右)이다.

동양에서는 해가 뜨는 동쪽을 양이라 하고, 해가 지는 서쪽을 음이라 한다.

태양을 등지고 섰을 때 왼쪽이 동(左), 오른쪽이 서(右)가 되므로 남자는 양의 방향인 왼손을 위로 향하게 되고, 반대로 여자는 음의 방향인 오른손이 위로 향하게 된다.

그러나 공수의 남좌여우(男左女右)는 평상시에 해당하는 것으로 흉사 시에는 손의 위치를 반대로 하면 예법에 어긋나지 않는다.

② 인사의 종류

인사에는 목례(目禮), 보통례, 정중례가 있다.

가. 목례(目禮)

목례는 목(neck)으로 하는 인사가 아니라 눈(目)으로 하는 인사를 의미한다.

인사를 하기 부적합한 장소이거나 인사하기에 적절한 상황이 아닐 경우에 주로 사용가능하며, 눈을 마주치며 가볍게 허리를 굽히는 인사이다.

일반적으로 5도에서 15정도의 인사이다.

나. 보통례

윗사람에게 하는 일반적인 인사로 30도 정도가 적절한 인사 각도이다.

다. 정중례

행사장이나 상대방에게 경의를 표할 때 혹은 큰 실수로 인하여 사과를 표하고자 할 때 하는 인사로 허리의 각도가 45°까지 내려가는 인사이다.

인사의 종류

나라별 인사법

1) 악수(Hand Shake)

- 미국 : 손을 힘 있게 잡고 두세 번 흔든다.
- 독일 : 강하고 짧게 흔든다.
- 프랑스 : 프랑스식 악수는 손에 힘을 많이 주지 않는다.

악수 이외에 비주(Bisou)라는 인사법이 있다. 친근감을 나타내는 것으로 양 쪽 뺨에 교대로 상대방에게 대는 것으로 엄격한 상하 구분이 있는 경우를 제외하고는 일반적으로 통용되는 인사법이다. 남녀노소 누구에게나 가능하다.

2) 뺨때리기

에스키모족은 서로의 뺨을 때린 후, 친한 경우엔 서로 마주보며 코를 비빈다.

3) 살람(Salaam)
중동지역의 전통인사로 오른손으로 가슴과 이마를 순서대로 만진 후 손을 더 높이 바깥쪽을 향해 올리고 머리를 살짝 숙이며 인사를 하기도 한다. 동시에 "Salaam Alaykum(살람 알라이쿰, 평화가 함께 하기를)"이라고 말한다.

4) 입맞춤(Kissing)
- 이탈리아, 포르투갈, 프랑스 등의 지중해 연안의 국가들은 주로 양쪽 뺨에 입맞춤을 한다. 연인이 아닌 경우에는 실제로는 하지 않고 소리만 낸다.
- 러시아: 키스를 하고 포옹을 한다.
- 사우디아라비아: 악수를 한 후 양쪽 뺨에 입맞춤을 한다.
- 중남미: 여성의 손등에 입맞춤을 하는 경우가 있다.

5) 혀 바닥 내밀기
티벳에서는 상대방의 귀를 잡아당기며 혀 바닥을 길게 내밀어 친근감을 표시한다.

6) 와이(Wai)
태국의 전통인사로 두 손을 모으고 팔과 팔꿈치를 몸에 붙인 채로 '와이'하고 말하면서 고개를 숙이는 인사법이다. 이때 합장한 손이 위로 올라갈수록 공경의 정도가 커진다. 생활 최고의 규범이자 존경 또는 고마움의 표시이며, 상황에 따라 미묘한 차이가 있다.
상위자가 하위자의 와이에 응할 때는 양손을 합장하되, 머리는 숙이지 않는다.
같은 서열 사이의 인사인 경우에는 양손 끝이 목 근처로 올라오되 코 높이를 넘지 않도록 하며 서열을 알 수 없을 때는 양 손 끝이 목 근처로 올라오되 코 높이를 넘지 않도록 한다.

7) 코비비기(Nasengruss)
뉴질랜드의 마오리족의 인사법을 '홍이'라고 한다. 우선 악수를 하고, 손을 잡은 채로, '키오라!' 하면서 서로 마주보며 코를 2번 부딪친다. 그런데 주의할 점은 실수라도 해서 세 번 부딪치게 되면 그건 청혼의 뜻이므로 주의를 요한다.

8) 침 뱉기
아프리카 동부의 일부 부족과 탄자니아의 마사이족의 인사법으로 만나거나 헤어질 때 상대방에 대한 존경과 친근감을 나타낸다. 갓 태어난 아기에게도 축복의 의미로 침을 뱉는다.

9) 아브라쏘(Abrazo)
아르헨티나, 콜롬비아 등 중남미 국가들의 인사법으로 껴안고 키스를 한 후 친근감의 표시로 상대방의 등을 문지른다.

(2) 자세

서서 있을 경우에는 밝은 표정과 함께, 시선은 정면을 향하도록 한다. 등과 허리는 곧게 펴고 손은 가지런히 공수자세를 취한다. 남자는 바지 재봉선 옆으로 가볍게 주먹을 쥔 채로 자연스럽게 아래로 내리며, 여자의 경우에는 공수 후 어깨에 힘을 빼고 배꼽 약간 아래에 손은 둔다.

발꿈치를 붙이고 여자는 30도 정도 남자는 45도 정도로 벌려서 안정감 있게 하며, 앉아 있을 경우에는 등과 등받이 사이는 주먹 하나가 들어갈 정도의 공간을 두고 허리를 편 후, 양발을 자연스럽게 벌리고 양손을 쥔 채로 허벅지위에 놓는다.

이 때 턱을 너무 들게 되면 거만해 보이고 너무 아래로 향하게 되면 소심한 사람으로 비쳐지므로 주의한다.

여자의 경우에는 등받이에 기대지 말고 의자 안쪽으로 깊숙이 앉는다. 앉은 때는 먼저 의자와의 거리를 측정한 후 한 발을 뒤로 하고 스커트의 한쪽으로 쓸어내리며 앉는다. 양 발을 붙인 후 다리를 비스듬히 내려놓음으로써 다리가 길어 보이는 효과가 있다. 양손을 모은 후 무릎 안쪽에 둔다.

자리에서 일어날 때에는 한 발을 먼저 앞으로 내민 후 손으로 무릎을 누르면서 반동으로 일어난 후 다른 한 발을 가지런히 모은다.

인사 시 발모양

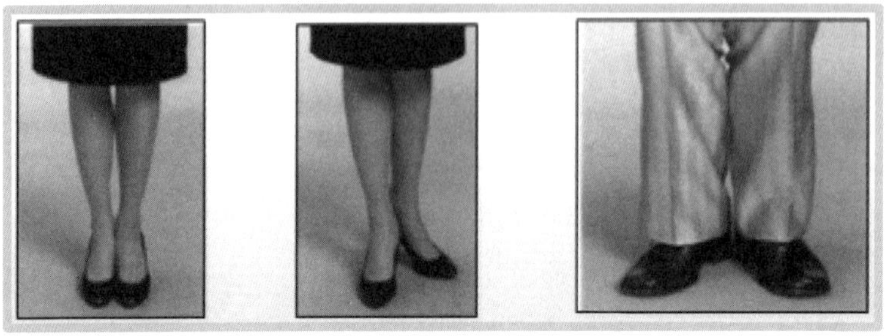

이럴 땐 이렇게

방향을 안내할 때에는 손가락을 가지런히 모은 채, 가리키는 방향을 보며 "이쪽입니다"라는 말과 함께 안내한다.
물건을 전달할 때는 상대방이 받기 편한 방향으로 전해 주는 것이 좋다.
장소를 안내할 경우에는 상배방의 오른쪽에서 2보 정도 앞서서 정중하게 안내하는 것이 좋으며 상대방이 오는지를 확인하면서 걷는다.
계단을 이용할 경우에는 남자가 앞쪽에 서서 올라가며 여자가 뒤를 따른다. 내려 올 때는 반대로 하면 된다.

인간관계를 잘 맺는 6가지 방법

1. 다른 사람들에게 순순한 관심을 기울여라.
   (Become Genuinely Interested in other people)
2. 미소를 지어라.
   (Smile)
3. 이름을 잘 기억하라.
   당사자들에게는 자신의 이름이 그 어떤 것보다도 기분 좋고 중요한 말임을 명심하라.
(Remember that person's name is to that person the sweetest and most important sound in any language)

4. 경청하라.
남의 말을 잘 들어 주는 사람이 되어라.
스스로에 대해 말하도록 다른 사람들을 고무시켜라.
(Be a good Listener. Encourage others to talk about themselves)

5. 상대방의 관심사에 대해 이야기하라.
(Talk in terms of the other person's interests)

6. 상대방으로 하여금 중요하다는 느낌이 들게 하라.
단 성실한 태도로 해야 한다.
(Make the other person feel important and do it sincerely)

발췌: 카네기 인간관계론

2. Voice Training

"기도를 할 때에는 애정 없는 말보다 말없는 애정이 더 효과가 있다." 라는 간디의 명언이 있듯이, 같은 말을 하더라도 그 사람의 마음과 정성을 담아서 말을 전달하게 되면 공감할 수 있는 부분이 많게 될 것이다.

시각적 이미지가 노력에 의해서 변화되어 질 수 있는 것처럼 목소리 또한 본인의 노력여하에 따라 좋은 방향으로 전환이 가능하다.

1) 표정 있는 목소리 관리(Voice Training)

TV에서 보는 성우나 아나운서를 떠 올려 보자. 정확한 발음, 적당한 속도, 표정이 묻어나는 목소리로 시청자나 청취자들로부터 공감과 감동과 신뢰를 준다.

듣기 좋은 목소리란 듣기에 밝고 건강하며, 자신감이 묻어나고 전달력이 있는 목소리이다.

대화를 할 때에 나를 돋보이게 하는 목소리의 관리법으로 Voice Training에 대하여 알아보도록 하자.

(1) 복(腹)식 호흡

Voice Training의 기본은 복식 호흡이다. 복식호흡은 가슴(胸)이 아닌 배(腹)로 호흡하는 것으로, 숨을 쉴 때 가슴에 공기가 들어가 어깨가 움직이는 것이 아니라 아랫배에 힘이 들어가는 호흡법이다. 코로 숨을 들어마시면서 7초 정도를 세고, 잠시 숨을 정지한 상태로 다시 7초 정도를 센다. 마지막으로 아랫배에를 수축하여 숨을 입으로 내뱉으며 7초 정도를 센다.

(2) 좋은 목소리를 내기 위한 발성법

좋은 목소리를 발성하기 위해서는 먼저 마음의 안정이 중요하다. 그래야만 떨림이 없는 목소리를 낼 수 있다. 말을 할 때의 자세는 다리를 벌리고, 시선은 약간 높은 곳을 바라보는 것이 좋으며 조음기관인 혀, 입술, 턱의 운동을 주기적으로 실시하는 것이 좋다. 혀의 운동은 혀를 내밀고 좌우로 힘껏 뻗어주는 것을 교대로 실시하며, 입술은 앞쪽으로 쭉 내밀어 오른쪽으로 왼쪽으로, 턱은 아래턱만 움직여 '가'음을 소리 내어 연습을 해본다.

자극성이 강한 음식을 피하는 것이 좋으며, 충분한 수분공급도 좋은 목소리를 내기 위한 방법이다.

적당한 말의 속도는 1분에 100단어 정도이다. 말의 속도가 너무 빠르면 상대방이 알아듣기가 힘들고 매우 불안한 느낌을 주게 되며, 속도가 너무 느리면, 지루함과 산만해지기 싶기 때문이다.

일반적으로 복잡한 사건이나 사고를 요하는 내용을 말하고자 할 때에는 평소보다 약간 느린 속도를 말을 하는 것이 효과적이며, 쉬운 편이한 얘기나 나의 주변 얘기를 할 때에는 조금 빠른 속도로 얘기를 하는 것이 좋다.

(3) 발성 연습표

가	구	거	고	그	기	게	개	갸	교	겨	규
나	누	너	노	느	니	네	내	냐	뇨	녀	뉴
다	두	더	도	드	디	데	대	댜	됴	뎌	듀
라	루	러	로	르	리	레	래	랴	료	려	류
마	무	머	모	므	미	메	매	먀	묘	며	뮤
바	부	버	보	브	비	베	배	뱌	뵤	벼	뷰
사	수	서	소	스	시	세	새	샤	쇼	셔	슈
아	우	어	오	으	이	에	애	야	요	여	유
자	주	저	조	즈	지	제	재	쟈	죠	져	쥬
차	추	처	초	츠	치	체	채	챠	쵸	쳐	츄
카	쿠	커	코	크	키	케	캐	캬	쿄	켜	큐
타	투	터	토	트	티	테	태	탸	툐	텨	튜
파	푸	퍼	포	프	피	페	패	퍄	표	펴	퓨
하	후	허	호	흐	히	헤	해	햐	효	혀	휴

연습방법은 먼저 위쪽에서 아래쪽으로 읽은 후 왼쪽에서 오른쪽으로 읽는다.

그 다음은 반대로 아래쪽에서 위쪽으로, 오른쪽에서 왼쪽으로 읽는 연습을 한다.

(4) 발음 연습법

동평화 3층 상설 할인매장.
안병휘 대통령 특별 보좌관.
대한관광공사 곽진관 관광과장.
뇌성이냐 노성이냐 소리 높여 외치던 뇌물 먹은 농촌진흥청 농예인이 뇌성 뇌일혈로 논길에서 즉사했다.
작년에 온 솥 장수는 새 솥장수고, 금년에 온 솥장수는 헌 솥장수다.
앞집 팥죽은 붉은 팥 풋 팥죽이고, 뒷집 콩죽은 햇콩죽이고, 우리 집 깨죽은 검은깨 깨죽인데 사람들은 팥죽콩죽깨죽 먹기를 워낙 싫어하더라.
한영양정점 옆에 한양양장점, 한양양장점 옆에 한영양장점.
내가 그린 그림은 못 그린 기린 그림이고, 네가 그린 기린 그림은 잘 그린 기린 그림이다.
저기 저 깡통은 깐 깡통인가, 안 깐 깡통인가.
강원도 양양군 양양면 양양리 양양 양장점네 양양양.
경찰청 철창살은 새 철창살인가 헌 철창살인가.
칠월 칠일은 평창 친구 친정칠순 잔칫날 대우로얄뉴로얄.

출처: 목소리 누구나 바꿀수 있다, 우지은(著)

2) 낭독 연습

(1) 기상정보 아나운싱

날씨를 전해 드립니다/
남북 정상회:담이 열리는 오늘부터√ 10:월4일:까지 사흘동안(사흘똥안)/ 한반도는 흐리고 비가 자주 올 것으로 보입니다/
오늘은 평양을 비롯한(평양을 비로탄)북한 전역에√비가 조금 내릴 것으로 예:상되고/ 내일은 북한과, 서울 경기,√강원도에 비가 오겠습니다./
정상회:담 마지막날인(마지막나린)목요일에는√ 함경도 지방(함경도 찌방)을 중심으로 비가 오겠고,/평양은 낮부터 점:차 개:겠습니다./
다음주(다음쭈)부터 10월:말까지는 건조한 날이 많:겠으며(만:켄쓰며)/11

월 초순에는 내:륙과 산간지방에/서리가 내리고 얼음이 어는 곳도 있겠습니다.
서울지방 현:재기온은 15:도입니다.(시:보돕니다)

출처: YTN 기상정보, 2007.10.2 한국어 아나운싱과 스피치

(2) 교통 캐스터

강변북로(강변붕노) 타고 일산 가는 길, 마포 조금 지나 다시 정체가 시:작됐습니다.
한:강대:교 아래서 마포쪽으로 속도(속또)가 뚝 떨어지는데요,
올림픽대:로(올림픽때:로)는 아직 공항 가는 길은 괜찮습니다.
대:신 반:대 동작대교 조금 못미쳐서
4:차로 막아놓고(마가노코) 보수 작업하고 있기 때문에 여의도 벗어나려는 차들이 수산시:장 일대에서 정체를 보이고 있는 상태입니다. 교통정보센터에서 ○○○이였습니다.

출처: 목소리 누구나 바꿀수 있다, 우지은(著)

(3) 쇼 호스트

네, 요즘 트렌드는 웰빙이죠. 거기에다가 건강 열풍, 그래서 여성분들뿐만 아니라 남성분들도 몸매 가꾸기에 굉장히 열을 올리시는 데요, 그래서 덩달아 같이 판매가 많이 되고 있는 것 중에 하나가 바로 닭 가슴살입니다. 몸짱 열풍에 물 만난 닭 가슴살, 매출이 쑥쑥 상반기 때 굉장히 많이 판매가 되었다고 합니다. 또 여름이 다가올수록 이제 점점 노출이 심해지잖아요.
그래서 오늘 저희가 무항생제 인증을 받은 닭 가슴살을 준비했습니다.
이렇게 건강한 닭, 신선한 닭을 오늘 굉장히 푸짐하게 만나보실 수가 있습니다.

출처: 목소리 누구나 바꿀수 있다, 우지은(著)

3. 나를 돋보이게 하는 복장매너

깨진 유리창의 법칙(Broken Window)은 작은 범죄를 예방하면 큰 범죄를 막을 수 있다는 범죄학 이론을 비즈니스에 접목시킨 것으로 깨진 유리창은 사소한 우리들의 실수를 대표하는 것으로, 미약한 실수나 결점이라도 바로 고쳐지지 않으면 치명적인 결과를 가져온다는 이론이다. 우리나라 속담 중 "하나를 보면 열을 안다"는 것과 일맥상통하는 것으로 사소한 것 작은 것이라도 꼼꼼히 살펴보는 것이 중요하다는 것이다.

복장에 있어서도 이 깨진 유리창의 이론은 접목이 가능하다. 가령 멋지게 Business Suit을 차려입은 남성의 양말이 흰색스포츠 양말이나 빨간색의 양말이라고 가정해 보자. 바로 이 양말 부분이 깨진 유리창으로 상대방에게는 비춰 질 수가 있으며, 그 사람에 대한 전반적인 이미지에 부정적인 인식을 줄 수 가 있게 된다.

쇼펜하우어가 말하기를 "복장이나 스타일은 마음의 인상이다"라고 하였다.

T(Time), P(Place), O(Object)에 맞게 나를 돋보이게 하는 복장은 내가 아닌 회사를 대표하는 이미지이며, 타인으로부터 나를 신뢰할 수 있도록 하는 매개체가 되기도 한다.

1) 남성 비즈니스 정장(Business Suit)

(1) 남성 비즈니스 정장(Business Suit) 종류

① 아메리칸 스타일(American Style)

한 개의 뒷 트임이 있는 스타일로 싱글 벤티드(Single Vented Style) 스타일이라고도 하며, 실용성과 캐주얼을 기본으로 한다. 품이 다소 넉넉하여 체형을 보완해 주는 스타일이긴 하나, 체격이 크고 엉덩이나 배가 나온 사람에게는 적합하지 않는 스타일이다.

② 유러피언 스타일(European Style)

1950년대 이후에 나타난 스타일로 소매도 좁고 바지의 품도 몸에 붙는 듯한 느낌이 난다. 뒷 트임이 없어 노 벤티드 스타일(No Vented Style)로 불리며, 마른 체형에게 잘 어울리는 스타일이다.

③ 브리티시 스타일(British Style)

고전적인 이미지의 스타일로 뒷 트임이 두 개로 나뉘어져 있어, 더블 벤티드(Double Vented Style)로 부르기도 한다. 아메리칸 스타일과 유러피언 스타일의 중간형이며 실루엣의 자연스러움을 강조한다. 앉거나 손을 넣을 때 옷의 구김을 적게 하며, 엉덩이를 가려주는 장점은 있으나, 배가 나온 사람에게는 적합하지 않다.

(2) 올바른 슈트 착용법

정장(Suit)은 같은 소재의 상의와 하의를 일컫는 말로서 비즈니스 모임에 참석할 경우에는 상하 한 벌인 슈트(Suit)를 착용하는 것이 좋다.

먼저 상의는 단추를 잠근 후 당겨 보았을 때 주먹하나가 들어갈 정도가 있으면 적당하다. 앉아 있을 경우에는 풀어도 상관은 없으나 일어날 때는 반드시 단추를 채우도록 한다. 어깨너비는 어깨의 선에서 바닥으로 수직선을 만들었을 때 팔이 선 바깥쪽으로 나오지 않을 정도가 되어야 한다. 상의의 길이는 엉덩이를 완전히 가려주는 정도의 길이가 적당하며, 팔을 내려놓았을 때 아랫단이 손에 잡히는 정도면 맞는 상의라고 할 수 있다.

소매는 팔을 자연스럽게 내려놓았을 때 셔츠가 바깥으로 나오도록 착용한다. 바지의 길이는 구두의 굽을 3분에 2 정도를 가리는 길이라면 적당 하며, 단을 접어 올린 Turn-Up 스타일인 경우는 구두의 앞부분을 4분의 3정도 덮어주는 길이면 된다.

조끼는 몸에 꼭 맞도록 입는 것이 상의를 착용했을 시에 옷의 맵시를 살려주게 된다. 상의와 마찬가지로 항상 맨 아래쪽의 단추는 풀어주고, 위의 있는 나머지 단추들은 모두 잠근다.

(3) 드레스셔츠의 착용법

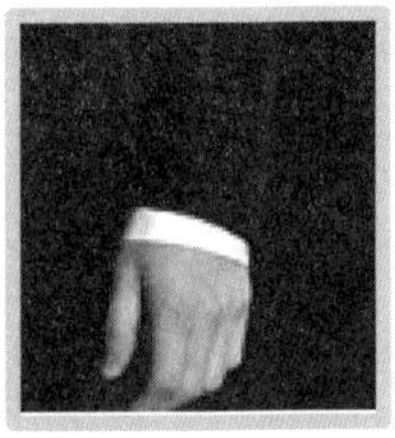

드레스 셔츠(Dress shirt)는 우리나라에서는 와이셔츠라고 불려지지만 정식 명칭은 드레스 셔츠로, 서양에서는 드레스 셔츠를 속옷의 개념으로 착용하므로 Inner Wear(속옷)을 입지 않는 것이 원칙이다. 긴팔 드레스 셔츠가 비즈니스 슈트의 기본이므로 여름이라 할지라도 상의를 탈의 하거나 반소매의 드레스 셔츠를 입는 것은 매너에 어긋난다.

셔츠의 소재는 땀 흡수력이 좋은 면 소재가 가장 좋으며, 셔츠 칼라가 상의 보다 1.5cm 정도 올라오게 입으며, 길이는 상의 보다 1~1.5cm 바깥으로 보이도록 착용한다.

목둘레는 0.5cm 정도의 여유가 있는 것이 안정적으로 보이며, 셔츠는 항상 바지 안으로 잘 정리하여 빠져 나오지 않도록 한다.

(4) 셔츠 칼라의 종류

■ 레귤러 칼라(Regular Collar)

남성 정장에 있어서 가장 기본적인 셔츠이다. 대부분의 사람들에게 잘 어울리며, 어떤 스타일의 슈트와도 잘 어울리는 플레인 칼라(Plain Collar)이다.

■ 윈저 칼라(Winsor Collar or Half Wide Collar)

영국의 귀족인 윈저 공이 직접 제작한 칼라로서 깃의 각이 110~140 정도로 벌어져 있다. 파티에 어울리는 칼라이며, 각이 넓으므로 넥타이를 할 경우에는 폭이 넓거나 매듭을 넓게 매는 것이 좋다.

■ 버튼 다운 칼라(Button-Down Collar)

클래식한 정장보다는 세미 정장이나 캐주얼 차림에 잘 어울리는 칼라로 셔츠 깃을 단추로 고정시켰다. 다소 젊은 느낌이 나는 칼라이다.

■ 와이드 칼라(Wide Spread Collar)

깃의 각도가 140~180도로 윈저칼라보다 좀 더 벌어져 있다. 멋스러운 분위기와 개성을 살리기에 좋은 칼라이다.

■ 탭 칼라(Tap Collar)

넥타이를 한 뒤 탭으로 고정시켜 깔끔하고 단정한 느낌이 나며, 고급 비즈니스맨들에게 널리 애용되고 있다.

■ 핀 칼라(Pin Collar)

구멍을 만들어 금속제질의 핀을 사용하여 고정하는 형태의 칼라로 세련되고 드레시한 느낌을 준다.

■ 차이나 칼라(Chinese Collar)

이름에서 느껴지듯이 중국의 전통의상을 변형시킨 형태이며, 넥타이를 할 필요가 없어 편리하나, 비즈니스 등 공식적인 자리일 경우에는 착용하지 않는 것이 좋다.

(5) 타이에 관한 모든 것

넥타이는 cravate라고 불리는 레이스가 달린 흰색 스카프가 변형된 것으로 크레바트는 목 또는 칼라의 둘레에 감아서 앞에서 매는 폭이 좁은 띠 모양을 총칭하는 불어이다.

타이는 남성정장에 있어서 변화를 줄 수 있는 유일한 패션 아이템으로 흔히 V-Zone이라 일컬어지는 슈트와 셔츠의 칼라, 그리고 넥타이에 의해 형성되는 이곳은 시선이 가장 먼저 가게 되는 곳으로 옷차림의 가장 중요한 부분을 차지하고 있다.

넥타이를 착용할 경우 타이의 길이는 허리 벨트를 약간만 가리는 정도로 하여, 슈트와 드레스셔츠의 색상을 고려하여 조화를 이룰 수 있는 타이를 선택하도록 한다.

① 넥타이의 종류

■ 포 인 핸드 타이(Four In Hand Tie)

매듭을 지어 아래로 길게 내려뜨리는 것으로 매듭에서부터 아래까지의 길이가 주먹 4개 정도의 길이로 하여 포 인 핸드 타이라 하며, 가장 일반적으로 착용하는 넥타이다.

■ 에스코트 타이(Ascot Tie)

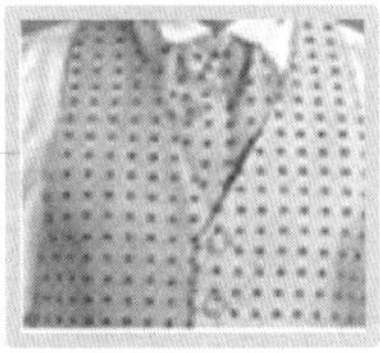

마치 스카프를 두른 듯한 느낌이 나는 폭이 넓은 넥타이로 영국의 경마장인 Escort에서 귀족들이 맨 것이 시초가 되었으며, 산뜻한 느낌을 연출한다.

■ 보우 타이(Bow Tie)

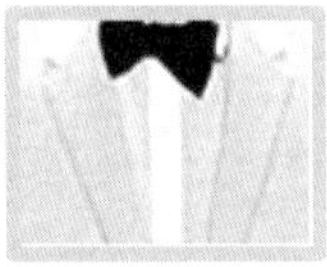

나비 모양으로 만들어 매는 것으로 정식 예장에 사용된다. 최근에는 Ready Bow Tie라 하여 처음부터 매듭이 만들어져 있어 뒷부분에 걸게 되어 있는 간편한 타이를 이용하기도 한다.

■ 스턱 타이(Stuck 타이)

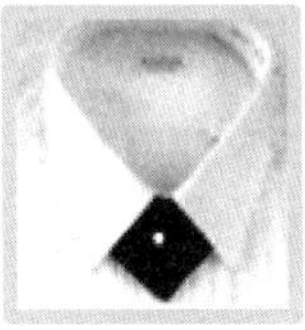

턱시도를 입을 경우에 사용하는 타이로 양쪽을 목 앞에 걸어 셔츠의 깃과 깃 사이를 겹치게 한 후 고정하여 정면으로 볼 때 역삼각형 모양의 타이이다.

② 디자인 모양에 의한 타이의 종류

- 도트(물방울무늬)
  물방울무늬로 이루어져 있으며, 밝고 활발한 느낌을 준다.

- 올 오버(All Over)
  타이 전면에 동일 유형의 무늬가 배열되어 있는 형태이다.

- Paisely
  흔히 아메바라고 하는 곡옥 형태의 무늬로 화려한 느낌을 전달해 준다.

- 솔리드(Solid)
  무늬가 없는 단순한 형태이며, 단정하고 깔끔한 분위기를 만들어 준다.

- 레지멘탈 스트라이프(Resimental Stripe)
  영국 군대의 심벌 컬러를 바탕으로 만들어진 줄무늬 패턴으로 비즈니스 정장에 많이 사용된다.

넥타이의 문양의 종류

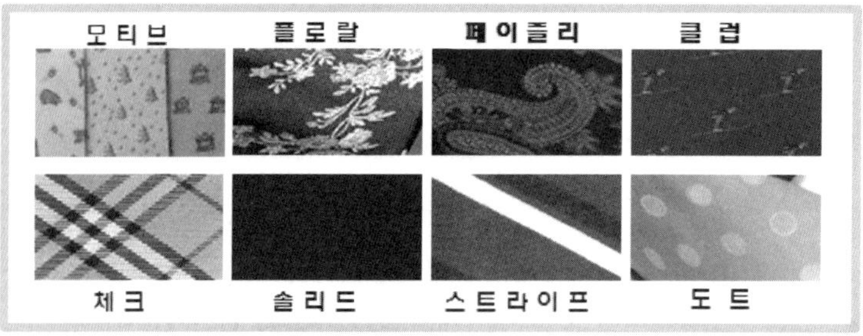

일부 패션 전문가들은 '국제 비즈니스의 현장을 비롯해 외국인이 많은 장소에서도 한국 남성은 눈에 띈다'고 전한다. 자신의 어깨보다 한참 큰 양복상의, 구두 굽을 모두 덮는 긴 바지, 어울리지 않는 넥타이는 30대 후반 한국 남성의 일반적인 정장 스타일이라 말하기도 한다. 몸에 꼭 맞는 사이즈를 권해도 "이게 편해"라며 맞지 않는 옷을 입고 출근하는 남자도 있다. 편할지는 몰라도 자신의 커리어마저 평가 절하시키는 모습이다. 배우 ○○○의 스타일리스트인 ○○○ 씨는 "애써 젊어 보이기 위해 유행 아이템을 좇는 것보다 나이에 맞는 당당함을 표현하는 것이 좋다"고 말한다. 정장은 콤비 스타일을 피하는 것이 좋다. ○ 씨는 "색이 통일된 한 벌로 입는 것이 키가 커 보이며 상의는 브이존이 깊게 파이고 버튼이 위에 있는 원 버튼 스타일이 적당하다"고 조언한다. 요즘 정장은 재킷 길이가 짧고 바지도 슬림하게 나오지만, 유행에 따르기보다는 점잖아 보이고 위트 있는 디자인이 세련되어 보인다. 넥타이는 슬림한 것을 매도록 한다. 아우터는 우스꽝스럽게 보일 수 있는 긴 코트 대신 패딩 베스트(조끼)를 추천한다. 일반 광택 패딩과는 달리 겉감이 모직인 패딩 베스트를 고르는 것도 방법이다. 체크 패턴이나 어깨에 가죽을 덧대는 등 디자인도 다양한데 정장에 잘 어울리고 보온성도 우수하다.

발췌:2010.02.01 chosun.com

③ 타이의 매듭 만드는 법

구 분	매듭법
플레인 노트 	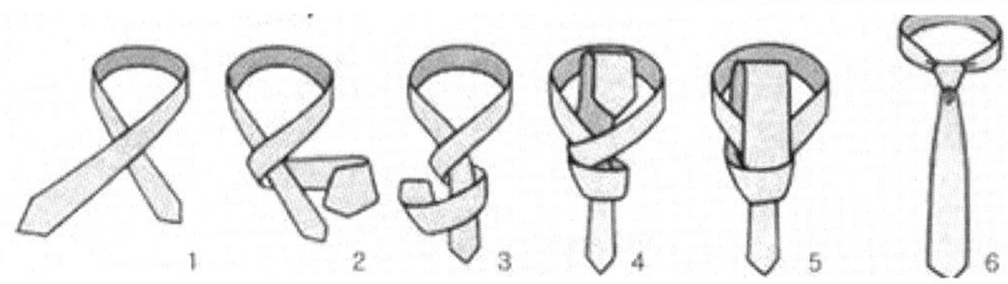
윈저 노트 	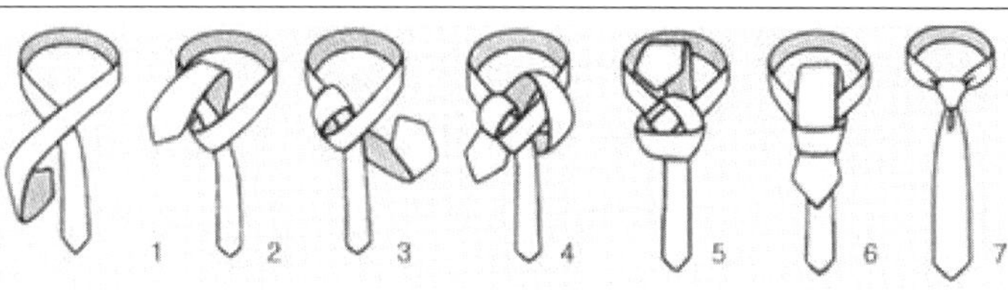

구 분	매듭법
더블노트 	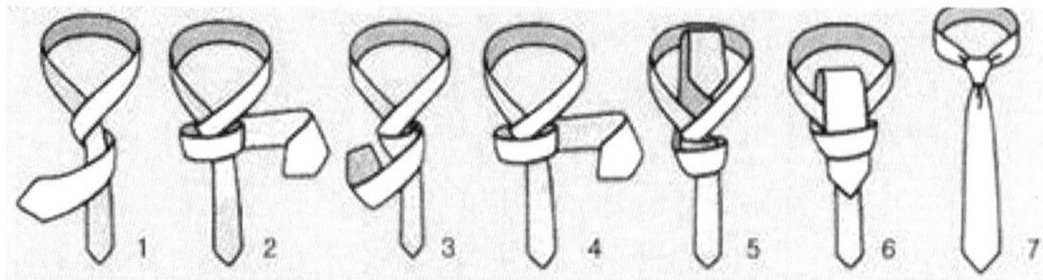
하프윈저노트 	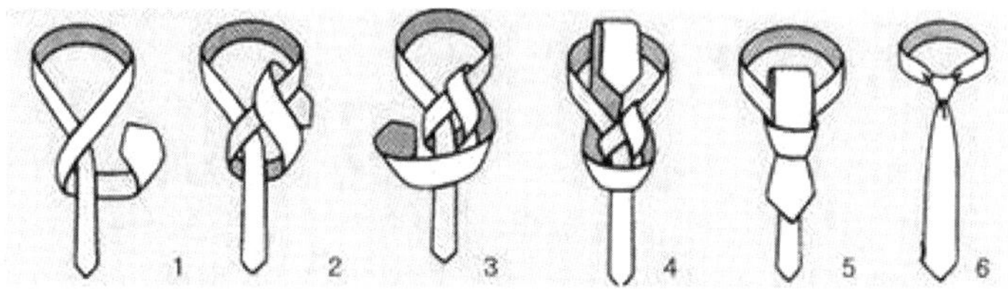
블라인드  폴드노트	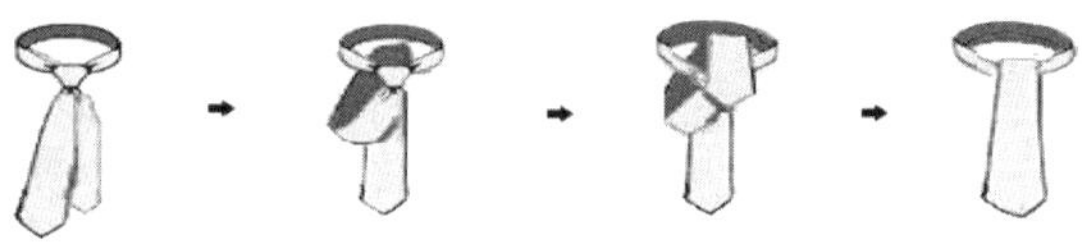

(6) 체형별 넥타이와 드레스 셔츠 코디법

① 얼굴과 머리가 큰 사람

드레스 셔츠는 밝은 색상이 좋으며, 윈저 매듭 법으로 타이를 착용하여, 상대적으로 얼굴이 작게 보이도록 한다.

② 키가 작고 뚱뚱한 체형

사선이나 스트라이프로 이루어진 타이나, 드레스 셔츠를 이용하여 시선을 분산시키고 키를 커 보이게 하는 것이 좋다. 드레스 칼라는 윈저나 와이드 칼라가 적당하며, 색상은 어두운 색의 경우 둔탁한 느낌을 줄 수 있으므로 중간정도의 밝은 색상을 선택하는 것이 효과적이다.

③ 키가 작고 마른 체형

어두운 색상의 긴 상의를 입으면 키가 더 작게 보이는 역효과가 있으므로 스트라이프 슈트를 이용하고, 넥타이는 밝은 톤의 좁은 것이 좋다.

④ 키가 크고 뚱뚱한 체형

체형을 보완하기 위해 타이트한 것보다 약간 헐렁하게 입는 것이 좋으며, 시각적 효과를 높이기 위해 검정이나 검회색이 슈트가 좋다.

넥타이는 차가운 색이 좋으며 드레스 셔츠는 푸른색이 적합하다.

(7) 비즈니스 정장착용 시 유의할 점

- 구두는 짙은 갈색이나 검은색이 무난하다.
  (윙 팁 슈즈나 스트레이트 팁 슈즈가 적합하다.)
- 긴 지갑은 상의 안쪽에 두며, 반지갑은 바지 뒷주머니에 넣어 둔다.
- 양말은 검정색이 일반적이나, 바지의 색과 동일하거나 약간 진한 색으로 선택한다.
  참고로 양말도 정장 양말과 일반 양말로 나뉠 수 있다.
  정장 양말은 일반양말보다 발목 부분이 상대적으로 길며, 상표가 부착되어 있지 않다.
- 지나치게 유행을 따르는 슈트는 피하는 것이 좋다.
- 화려한 액세서리(안경, 시계)는 품위를 떨어뜨리게 됨으로 유행보다는 보수적이고 믿음이 가는 옷차림을 한다.

구두의 종류

스트레이트 팁 슈즈 윙 팁 슈즈 몽크 스트랩

(8) 비즈니스 정장의 색깔별 이미지 연출법

① 청색정장

상대방으로 하여금 신뢰감을 갖게 하는 색으로, 성공적인 비즈니스를 위해 갖추어야 할 필수적인 비즈니스 슈트이다.

드레스 셔츠는 화이트나 회색, 핑크색이 잘 어울리며, 넥타이는 핑크색이나 연한 보랏빛의 레지멘탈, 스트라이프 잘 어울린다. 다소 딱딱한 느낌의 정장이기도 하나 비즈니스 모임에서는 지적이고 단정한 느낌을 줄 수 있다.

② 회색정장

지적이며 고상함을 상징하기도 하나 나이가 많이 들어 보이는 인상을 줄 수 있는 정장이므로, 넥타이를 선택 시 슈트와 색상대비가 많이 나는 것으로 선정한다.

대부분의 색과 조화를 잘 이루는 편이며, 드레스 셔츠는 청색 , 브라운 계열 등 다양하게 선택할 수 있고, 넥타이는 청색, 회색 계열의 스트라이프나 물방울무늬가 잘 어울린다.

③ 갈색정장

부드러움과 겸손함의 분위기를 만들어 주기도 하나, 코디하기 어려운 색상이므로, 넥타이와 드레스 셔츠는 슈트와 동일 색상이나 카키색을 이용하는 것이 무난하다.

④ 검은색정장

절제와 권위가 느껴지는 색상으로 조문이나 비즈니스 슈트로 적합하다.
단색은 상복의 느낌이 많이 나므로 스트라이프 슈트가 더 고상하고 고급스러운 분위기를 자아낼 수 있다. 넥타이와 드레스 셔츠는 단조로움을 피하기 위해 다소 화려한 색을 이용하는 것이 좋다.

2) 여성 정장

예로부터 옷은 신분과 계급을 표시하거나, 혼례나 의식을 치를 때 예를 상징하기도 하며, 신체를 보호하는 기능으로 사용되었다.
그러나 현대에 들어와서는 이런 기능 이외에도 전문적인 이미지를 옷으로써 대신하기도 하며, 각자 개성에 맞는 옷차림을 연출하여 세련되고 독자적인 분위기를 연출하여, 나만의 경쟁력을 갖는 이미지 전략 도구로서 사용하기도 한다.

(1) 슈트

일반적으로 남자의 경우는 재킷 · 조끼 · 바지의 3가지로 이루어진 신사복이고, 여자의 경우는 재킷 · 스커트 · 블라우스의 한 벌을 말한다. 테일러 슈트(tailored suit)를 시초로 오늘날의 여성 정장용 복장이 되었으며, 테일러드슈트는 1차 세계대전을 시발점으로 하여 여성적인 분위기 보다는 실용적이고 활동하기 편한 형태로 만들어졌다. 테일러드슈트와 함께 간단한 액세서리 정도로 코디를 한다면 여성비지니스 정장으로 손색이 없다고 할 수 있다. 스커트는 무릎 정도의 길이가 적당하며, 바지정장을 착용할 시에는 벨트를 하는 것이 좋다.

(2) 블라우스

리본이 있는 블라우스나 단색의 블라우스가 가장 무난하며, 고급스러운 분위기를 연출하고 싶을 때는 실크 소재의 것을 선택한다. 속이 너무 비치는 블라우스의 경우에는 반드시 속옷을 갖춰 입어 단정한 느낌을 주도록 하는 것이 좋다.

(3) 구두

슈트와 스커트의 색상과 조화를 이룰 수 있는 구두를 선택하며, 5cm 정도의 굽이 있는 것이 미관상 좋은 이미지를 줄 수 있다. 주로 검은색과 베이지 색, 브라운, 크림색의 구두가 옷과 코디하기에 적당하다.

구두의 종류로는 펌프스, 플랫폼, 앵글 스트랩, 플랫슈즈 등이 있으며, 펌프스는 정장의 기본이 되는 스타일로 지퍼나 끈이 달려 있지 않는 심플한 구두이다. 최근에는 캐주얼용 펌프스 구두에 많이 애용 된다. 플랫폼 슈즈는 앞 뒤 모두 굽이 있는 구두이며, 앵글 스트랩 슈즈는 발목 부분을 끈으로 감싸주는 형태이다.

플랫 슈즈는 굽이 낮은 단화를 일컫는 말로 일명 발레리나 슈즈라고도 한다.

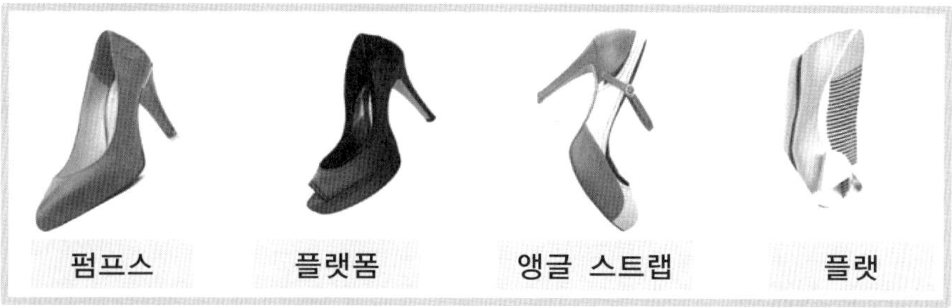

(4) 핸드백

현대인의 필수품으로 자리 잡은 핸드백은 개인의 소지품을 보관하는 단순 용도에서 벗어나 기능성과 활용성을 높이고 장소와 모임에 성격에 맞게 각자의 개성을 표현하는 아이템으로서 각광을 받고 있다.

① **클러치 백(Clutch bag)**

끈이 없어 손에 쥘 수 있는 백을 말한다.

② **토트백(Tote bag)**

여성용 대형 백의 총칭으로 윗부분이 벌어져 있는 모양이다.

③ **이브닝 백(Evening bag)**

드레스나 정장 차림에 잘 어울리는 백으로 대부분 끈이 없고 손에 쥐는 작은 형태의 백이다.

④ **칵테일 백(Cocktail bag)**

칵테일파티 등의 특별한 모임 시 사용하며, 일반 백(bag)보다 우아하고 부드러운 느낌을 준다.

⑤ 파우치 백(pouch bag)

지퍼나 쇠붙이가 달려 있는 끈이 없는 소형 핸드백으로 근래에는 화장품을 넣어 다니는 백으로 흔히 일컬어진다.

(5) 향수 사용법

2005년 2월 인터넷 쇼핑몰과 카드회사에서 실시한 조사에 따르면 받고 싶은 선물, 주고 싶은 선물의 리스트에 향수가 3위안의 상위권에 들어 있었다.

코코샤넬은 '우아함은 향수 없이는 존재할 수 없다'고 하였으며, 폴 발레리(Paul Valery)는 '향수를 뿌리지 않는 여인에게는 미래가 없다'고 생각 했을 정도로 향수는 복장의 한 마무리 단계에서 가장 중요한 위치를 차지하고 있다.

선물용으로만 사용되었던 향수가 이제는 자신이 직접 사용하기 위한 구입으로 바뀌어 가고 있다. 지나치게 강한 향수는 오히려 불쾌감을 줄 수도 있으므로 적절한 향수 사용법을 숙지하여 좋은 인상을 남기는 후각적 이미지를 형성하여 보도록 하자.

우리는 흔히 후각의 자극을 받아 인간에게 유익하고 기분을 좋게 하는 냄새를 넓은 의미에서 '향' 혹은 '향취(香臭)'라고 하며, 반대로 불쾌한 냄새는 '악취(惡臭)' 혹은 '취'라고 부른다. 향의 기본이 되는 재료를 추출하여 정제한 물질을 향료하고 하며, 이 향료야 말로 우수한 향수의 질을 가름하는 중요한 요소가 된다.

① 향수의 종류 및 특징

향을 의미하는 용어로 오더(Odour), 오더런트(Odorant), 퍼퓸(perfume), 센트(scent), 프래그런스(Fragrance), 플레이버(Flavour) 등으로 구분할 수 있다. 의미상으로는 특별한 차이가 없는 것으로 보이나 실제적으로는 용어가 쓰이게 된 배경이나 용어의 쓰임새 등에 따라 다소 차이가 있다.

향수는 향료의 비율이 20~30% 정도 되는 경우에 지칭하며, 농도에 따라 향수, 오데퍼퓸, 오데투알렛, 샤워코롱으로 불리어진다.

샤워 코롱(Shower Colonge) : 원액의 함량이 2~5%로, 샤워 후에 가볍게 사용하면 좋다.

오 드 코롱(Eau de Colonge) : 원액의 함유량이 3~5%로, 자극적인 냄새는 없으나 향이 금방 사라진다는 단점이 있다.

오 드 투와렛(Eau de Toilette) : 이름에서 느껴지는 이미지로 인해 화장실에 사용되는 것으로 오인을 하는 경우가 있으나, '화장수'란 의미로 6~8%의 향료가 함유되어 있고, 향의 지속시간은 3~4시간이다. 향수를 진한 향이 부담스러울 경우에 사용하면 된다.

오 드 퍼퓸(Eau de perfume): 향의 지속시간이 7시간 전후이며, 퍼퓸과 오드 투와렛의 중간 형태이다. 원액이 10~25% 함유되어 있다.

퍼퓸(Perfume): 알코올 70~80%에 원액이 약 15~25% 함유된 것이며, 향의 지속시간은 12시간 정도이다.

향을 의미하는 단어의 구분

	의 미
오더 (Odour)	라틴어 odor-oris에서 유래된 말로 일반적으로 향을 총칭하며, 일상생활에서 향을 애용하였던 고대 그리스의 풍습에서 유래하였다.
오더런트 (Odorant)	천연물질이나 합성물질, 즉 향을 발산하는 모든 향을 말한다.

	의 미
퍼퓸 (perfume)	'연기를 통해' 라는 뜻의 라틴어 'perfumum'에서 유래한 말로 기분 좋은 향이나 냄새, 혹은 좋은 향을 풍기는 물질을 말하며, 좁은 의미의 퍼퓸은 우리가 흔히 말하는 향수를 뜻한다.
프래그런스 (Fragrance)	향의 달콤함을 강조하기 위한 의미로 사용되며, 퍼퓸과 동의어로 사용되고 있다. 최근 미국의 향수업계에서는 퍼퓸과 다른 의미로서 향을 서로 혼합하는 물질이나 혹은 특수하게 조향된 물질을 일컬을 때 사용한다.
센트 (Scent)	퍼퓸과 같은 뜻으로 사용되나 특히 동물이 풍기는 향을 말할 때 사용한다.
플레이버 (Flavour)	미각과 후각을 동시에 자극하는 유향물질을 의미하며, 주로 식품 향료를 지칭할 때 사용한다.

출처: 향을 사랑하는 사람들 "향, 향수이야기"

② 올바른 향수 사용법

- 주로 맥박이 뛰는 손목 안쪽, 귀 뒤, 목덜미 등에 뿌리는 효과적이며, 향수는 알코올이 함유되어 있으므로 아래쪽으로 뿌려 두는 것이 지속력도 좋아지고 향이 잘 퍼진다.
- 향수는 땀이 많이 부분인 머리나 겨드랑이 등에는 뿌리지 않는 것이 좋다.
  땀 냄새와 향수 냄새가 혼합되어 불쾌한 냄새를 유발하기 쉽기 때문이다.
- 향수는 본인의 취향에 따라 사용하는 것이긴 하나 여름에는 아쿠아 제품을, 겨울에는 약간 달콤한 플로랄 부케 향을 사용하는 것도 좋은 방법이다.
- 향수는 휘발성 제품으로 오랜 시간이 지나면 용량이 줄어들고 색도 변하게 되므로 장기간 보관보다는 적절하게 사용하여 소모될 수 있도록 하는 것이 좋다.

(6) 색상의 기본 톤 5가지

① **모노톤**(Mono Tone)

흰색, 검정, 회색 계통의 컬러로 모든 여성에게 사랑을 받고 있는 색상이며 대부분의 상황과 어떤 분위기에서도 세련된 멋을 나타낸다.

흰색과 검정색은 하체비만은 상의에, 상체비만은 하의에 색 매치를 하면 날씬해 보이며 돋보이게 된다.

② **파스텔톤**(Pastel Tone)

핑크, 크림색, 민트블루, 파스텔블루, 하늘색 계통의 컬러로 귀엽고 경쾌한 느낌을 주지만 팽창효과가 커 노랑계열의 옷을 입을 때는 소재에 주의를 기울여야 한다.

③ **비비드톤**(Vivid Tone)

빨강, 주황, 노랑, 연두, 초록 계통의 순색으로 채도가 높아 선명하고 화려한 것이 특징이다. 캐주얼, 팝스타일 패션에 잘 어울리는 톤이다.

④ **딥톤(Deep Tone)**

비비드톤에 검정색이 약간 섞인 톤으로 포도주색, 흑갈색, 겨자색, 감색 계통의 깊고 중후한 색감을 띤다. 원숙한 색상으로 화사함과 품위, 심오한 느낌을 준다.

클래식한 분위기를 연출하고 싶을 땐 갈색을 기본으로 배색하는 것이 좋다.

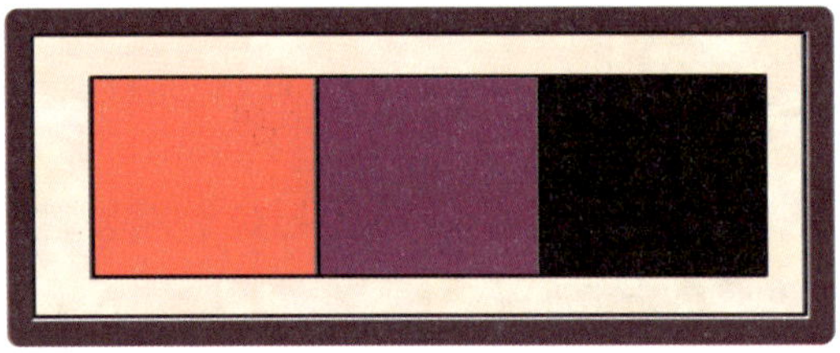

⑤ **내추럴톤**

베이지, 카키, 브라운, 올리브그린 계통으로 차분하고 이국적인 인상을 준다.

자유롭고 편안한 캐주얼과 세련된 정장에도 잘 어울리는 톤이다.

(6) 체형에 따른 코디법

① 삼각형 체형

어깨가 좁고 엉덩이가 크며 허리가 길고 다리가 짧은 특징이 있다. 어깨에 볼륨을 줄 수 있는 장식이 달린 상의는 밝은 색으로, 하의는 짙은 색으로 매치를 시킨다. 팔과 어깨를 노출시키는 복장은 오히려 역효과를 낼 수 있으므로 주의한다.

② 역삼각형 체형

어깨가 넓고 엉덩이가 작으며, 다리가 가늘다. 주름이 많이 들어가 있는 플레어스커트를 착용하면 풍성하고 볼륨감 있는 분위기를 만들 수 있으며, 상의는 심플한 디자인의 V 네크라인을 착용한다. 상의의 길이가 짧거나 하의가 지나치게 달라붙는 레깅스 스타일은 오히려 어깨나 넓어 보이므로 삼가는 것이 좋다.

③ 직사각형 체형

허리선이 뚜렷하지 않는 특징이 있으므로, 허리에 벨트를 하거나 허리라인의 들어간 상의를 착용하는 것이 좋다. 패드로 어깨를 강조한 패션이나 가로 줄무늬의 옷, 다른 배색의 넓은 벨트는 피하는 것이 좋다.

03 Chapter 글로벌 비즈니스 매너

1. 소개와 악수매너

1) 소개매너

타 회사를 방문하거나 회의장이나 사교 장소에서 새로운 사람을 만나게 되었을 경우에 서로 소개를 하게 된다. 소개는 잘 알지 못하는 상대방에 대한 배려이기도 하며, 나를 알리는 좋은 계기를 마련해 주는 자리이다. 소개하는 방법만 잘 알아도 어색한 자리를 화기애애하게 만들 수도 있고, 성공적인 회의나 모임을 연출할 수가 있다.

이성 간에는 남성을 여성에게 먼저 소개한다. 남성이 여성을 소개받은 때에는 반드시 일어나야 하나 여성은 앉아있어도 무방하다. 단, 같은 여성을 소개받거나, 성직자, 연장자, 고용주 등 자기보다 연상인 사람 및 상사인 경우, 그리고 집으로 찾아온 손님을 맞이할 때에는(파티 주최자로서의 Hostess일 경우) 예외에 해당하므로 소개 시 반드시 일어나는 것이 예의다.

다음으로 지위가 낮은 사람을 높은 사람에게, 연소자를 연장자에게 소개하며, 후배를 선배에게 소개한다. 자기보다 지위가 높은 사람을 소개받을 시에는 환자나 노인을 제외하고는 일어서는 것이 매너이다. 지위나 연령이 비슷하거나 같을 경우에는 소개하는 사람과 잘 알거나 더 가까운 사람을 상대방에게 소개를 한다.

사내를 방문한 고객에게는 회사 사람을 먼저 고객에게 소개해 주며, 미혼인 사람을 기혼자에게 소개하고 소수를 다수에게 소개해 준다.

집안 식구일 경우에는 식구들을 다른 사람에게 소개해 주며, 상대방의 요구에 의해 소개를 해 줄 경우에는 소개를 원하는 사람을 먼저 소개해 준다.

이때 소개가 된 사람이 먼저 이름을 말하며 인사를 건네고, Full Name을 사용하여 인사를 하는 것이 좋다.

❀ 파티에서의 일반적인 소개법

- 만찬이나 오찬 시, 주빈에게는 모든 손님을 소개한다.
- 정식 만찬일 경우에는 남자 손님을 필히 파트너에게 소개한다.
- 호스티스가 소개할 상황이 안 된다면, 남성이 여성에게 본인 소개를 스스로 하여도 무방하다.
- 외국인이 참석한 경우 호스티스는 외국인과 대화가 가능한 사람을 소개한다.
- 호스티스는 손님과 인사를 주고받은 후 주빈이나 지위가 높은 사람에게 소개한다.
- 지위가 높은 사람이 다른 곳에 있을 경우 호스티스는 손님을 동반하고 그곳까지 가서 소개한다.
- 손님이 많을 때는 전부 소개할 필요가 없으며, 단 외국인은 가능하면 참석자 전원에게 소개한다.

다른 나라의 소개법

- 영국에서는 주최자인 Host에 의해 소개가 이루어진다.
주최자의 소개가 끝나면 참석자들끼리 자유로운 인사를 나눈다.
- 프랑스에서는 Host의 소개와 상관없이 참석자 간에 자유로운 인사를 하는 것이 일반적이다.
- 남미에서는 자기가 본인을 소개하는 것을 에티켓이 없는 행동으로 생각하므로 반드시 Host로부터 소개가 이루어지도록 하는 것이 좋다.

2) 악수 매너

전 세계 어느 곳을 가더라도 통하는 인사법이 있다면 그것은 바로 악수일 것이다.

악수는 오래 전 상대방에게 무기를 가지고 있지 않으므로 해칠 의향이 없다는 뜻으로 오른손을 내밀었던 것이 악수의 기원라고 한다.

악수는 비즈니스 사회의 격식과 사람 간의 친근한 정을 함께 담고 있는 인사법으로서 사회활동과 사교활동의 문을 여는데 매우 중요한 행위이다. 서양에서는 악수를 사양하는 것을 실례로 여기므로 외국인과 만났을 때는 친분의 정도를 떠나 형식으로라도 그에 응해야 한다. 악수를 할 때에는 정중하고 경건한 마음으로 해야 하며, 자연스러운 표정과 바른 자세를 취하는 것이 중요하다.

(1) 악수하는 순서

- 여성이 먼저 남성에게
- 윗사람이 아랫사람에게
- 선배가 후배에게
- 기혼자가 미혼자에게

- 상급자가 하급자에게

그러나 국가원수, 왕족, 성직자 등은 이러한 기준에서 예외가 될 수 있다.

(2) 악수하는 방법

- 반드시 일어나서 상대방의 눈을 보면서 한다.
- 원칙적으로 오른손으로 하는 것이 예의이나 부상 등으로 인해 부득이한 경우에는 사정을 말한 뒤 양해를 구하는 것이 매너이다.
- 손을 잡은 후 허리 선 정도에서 가볍게 아래위로 2·3회 정도 흔든다. 이때 손을 너무 세게 잡거나 너무 느슨하게 잡게 되면 상대방이 불쾌감을 느끼게 됨으로 주의한다. 또한 악수를 한 채로 오랫동안 대화를 나누는 것도 지양해야 한다.
- 남성은 상대방이 악수를 청할 때 반드시 일어서야 하는 것이 에티켓이나 여성은 앉은 채로 해도 무방하다.
- 우리나라에서는 악수를 할 때 한 손으로 다른 한 손을 받치며 지나치게 머리를 숙이는 경우가 많은데, 이것은 다소 비굴해 보이는 경우가 많으므로 주의한다.

  단, 나라의 국가 원수나 왕족의 경우에는 예외이다.
- 여성은 장갑을 낀 채로 악수를 청하여도 무방하나 남성은 반드시 장갑을 벗고 악수를 해야 한다.
- 유럽이나 중남미 국가에서는 처음 만났을 때 여성의 손가락에 입을 대는 경우가 있으므로 손바닥을 아래로 향하게 하여 내미는 것이 매너이다.

2. 명함 교환 시 매너

예로부터 중국에서는 대나무를 이용하여 상대방이 부재중일 때 본인의 이름을 적어놓고 돌아오는 관습이 있었다고 하며, 서양에서는 루이 14세 시대부터 명함이 사용된 것으로 전해지고 있는데, 사교계에서 귀족부인들이 자신의 이름을 트럼프에 써서 왕에게 올린 것이 시초가 되었다고 한다. 명함은 한 장의 종이에 불과하지만, 단순한 종이가 아니라 그 사람의 얼굴이며 인격이다. 특히 업무용으로 쓰이는, 회사의 이름을 밝힌 명함은 바로 그 회사를 대표하는 얼굴이 된다.

명함은 자신의 인격을 대표하는 것이므로 상대방의 명함까지도 소중하게 여길 줄 아는 자세가 필요하다.

한 종류의 명함만 사용하는 우리와는 다르게 서양에서는 세 종류의 명함을 각 상황에 맞게 사용하는 것이 일반적이다. 명함은 사교형과 업무용으로 구분되어 진다.

사교형(Calling Card) 명함에는 이름만 기재하고 주소와 전화번호는 표시하지 않는 것이 일반적이다. 파티의 초청이나 선물이나 꽃 등을 보낼 때만 사용하는 명함이다.

업무용(Business Card) 명함에는 이름, 주소, 성명, 전화번호, 직위가 표시된 업무와 관련된 내용이 포함되어 있다.

1) 명함 교환방법

- 명함은 소개나 악수와는 반대로 연소자, 직급이 낮은 사람, 그리고 방문자가 먼저 명함을 전달한다.

- 명함은 반드시 서서 교환을 하며, 양복 안주머니나 명함지갑에서 꺼내는 것이 매너이다.
- 명함을 건네기 전에 먼저 간단하게 자기소개를 한다.
- 명함은 양손이나 오른손으로 전달을 하며, 상대방이 명함을 읽기 용이한 방향으로 건네준다. 이때 명함을 주고받는 위치는 가슴 높이 정도가 적당하다.
- 명함을 받은 상대방은 반드시 감사의 인사와 함께 명함에 있는 직함과 이름을 한번 읽어 보는 것이 예의이다.
- 명함에 모르는 글자가 있으면 반드시 그 자리에서 재확인을 하도록 한다.
- 직급이 높은 사람과 함께 있을 시에는 상사가 건넨 다음 하급자가 전달하도록 한다.
- 상대방이 여러 명일 경우에는 직급이 높은 사람에게 먼저 건넨다.
- 테이블에 앉아 대화를 나눌 경우 받은 명함을 황급히 명함집에 보관하는 것보다 본인의 오른쪽에 명함을 놓고 이름과 직급을 확인하면서 대화를 하는 것도 좋은 방법이다.

2) 명환 교환 후 주의할 점

- 명함을 함부로 구기거나 뒷면에 낙서를 하지 않는다.
- 테이블에 놓고 대화 한 후 일어날 경우에는 반드시 받은 명함을 챙겨온다.
- 상대방으로부터 명함을 받았으나, 본인의 명함을 미처 준비하지 못하였을 경우에는 깨끗한 메모지를 이용하여 이름과 전화번호 등을 전하는 것이 좋다.

3) 외국인과 명함 교환 시 주의할 점

- 중동, 동남아시아, 아프리카에서는 반드시 오른손으로, 일본, 싱가포르에서는 양손을 사용해 전달한다.
- 2중 언어로 제작된 명함이라면 반드시 상대국의 언어가 위로 보이도록 전달한다.
- 서양에서는 우리나라처럼 초면에 명함을 꺼내 교환하는 일은 드물며, 특히 파티 석상이나 식사 중에는 명함을 돌리지 않는 것이 에티켓이므로 주의를 한다.
- 상대방의 이름을 발음하기 어려울 때는 반드시 물어보며, 외국 이름은 현지식으로 발음을 해주는 것이 매너이다.

명함 이야기

명함은 남의 집을 방문했다가 주인을 만나지 못하고 왔을 때 내가 왔었다는 표시로 종이를 남겨 놓고 온 것에서 유래가 되었다고 하며, 명함 좌측 하단에 소문자로, 아래와 같은 약어를 연필로 작성하여 방문 목적을 남기기도 한다. 명함에 사용되는 약어는 아래와 같다.

p.r.(Pour remercier) : 감사드림
p.f.(Pour feliciter) : 축하드림
p.p.n(Pour prendre nouvelle): 쾌유기원
p.c.(Pour consoler) : 조의를 표함
p.p.c(Pour prendre conge) : 작별인사
p.f.n.a(Pour feliciter nouvel an) : 새해인사
p.p(Pour presenter) : 소개드림

3. 호칭매너

직장에서나 사교 모임장소에서 많은 사람들과 인간관계를 형성함에 있어 호칭은 상대방을 존중하고 호감을 표시하는 언어가 된다. 호칭은 나이에 따라, 성별에 따라, 직종에 따라, 신분에 따라, 문화수준에 따라 영향을 받게 된다. 우리나라에서의 호칭법은 다소 까다로운 편이나, 제대로 된 호칭법을 숙지한다면 원만한 인간관계와 원활한 업무수행에 많은 도움이 될 것이다.

먼저 우리나라의 호칭에 관한 매너를 알아보도록 하자.

1) 우리나라의 일반적인 호칭

먼저 나 스스로에 대한 호칭에 대해 알아보기로 하자. 같은 또래이거나 손아랫사람일 경우에는 “나”라고 지칭하고, 상사나 웃어른일 경우에는 “저는, 제가”라고 호칭을 한다.

나이와 지위가 다르더라도 상급자로부터 어떻게 불러달라는 말이 있게 되면 그에 따라 호칭하도록 한다.

직업사회에서는 일반적으로 성 앞에 직책을 함께 사용하여 호칭을 한다.

(1) 상급자일 경우

- 상사의 성과 직위 다음에 ‘님’자를 붙인다. - 오 부장님
- 성명을 알지 못하는 경우에는 직위에만 ‘님’자를 붙인다. - 부장님
- 상관에게 자기 스스로를 지칭할 때는 ‘저’ 또는 성과 직위, 직명을 사용한다.
  - 이과장입니다, 총무부장입니다, 제가 만든 계획안입니다.

- 상급자이나 직함이 없을 경우에는 선배님이라고 한다.

(2) 동급자나 하급자일 경우

- 성과 직위 또는 직명을 사용한다. - 오 부장, 총무부장
- 직급은 같으나 먼저 입사한 선임자일 경우 '님'자를 붙인다.
  - 김 부장님

(3) 최상급자에게 상급자를 호칭할 경우

- 최상급자에게 상급자가 결과를 보고 할 경우에는 직책 혹은 직위만 호칭하면 된다.
  (최상급자 유상무) : 오 부장은 어디 가고 자네가 왔는가?
  (김대리) :오 부장님은 외출하셨습니다.(O)
  오 부장님께서는 외출하셨습니다.(×) - 극존칭어 '께서'를 사용하지 않음.

(4) 주의해야 할 호칭

- 상사에 대한 존칭은 호칭에만 사용한다. - 회장님실(×), 회장실(O)
- 문서에는 상사의 호칭을 생략한다. - 회장님 지시(×), 회장지시(O)
- 본인의 참석 하에 지시를 전달할 때는 '님'자를 붙인다.
  - 회장님 지시사항을 전달하겠습니다.
- 자신보다 낮은 직위의 사람을 부를 때는 '님'자를 생략한다.
  - 김 과장님(×), 김 과장(O)
- 나이차가 5년 이상 날 경우에는 '씨'라고 하는 것보다 "선배님"을 사용하는 것이 좋다.

압존법(壓尊法)이란?

압존법은 문장의 주체가 화자보다는 높지만, 청자보다는 낮아 그 주체를 높이지 못하는 어법이다.

예) "할아버지, 아버지는 아직 오시지 않으셨습니다.(×)
"할아버지, 아버지는 아직 오지 않았습니다.(O)

압존법이란 '문장의 주체가 화자보다는 높지만 청자보다는 낮아, 그 주체를 높이지 못하는 어법'을 말한다.
가령 내가 할아버지에게 아버지에 관해 말하는 상황이라면 사람에 따라 다음과 같은 표현이 나올 수 있을 것이다.
1) 아버지께서는 밖에 나가셨어요.
2) 아버지께서는 밖에 나갔어요.
3) 아버지는 밖에 나가셨어요.
4) 아버지는 밖에 나갔어요.
이 중에서 어떤 것이 바른 것이고 어떤 것이 틀린 표현일까.
결론부터 말하면 4개가 모두 가능한 표현이다.

압존법의 본래 개념에 따르면 '할아버지, 아버지는 밖에 나갔어요'라고 하는 게 올바른 표현이다. 하지만 현실적으로는 그보다 '아버지는 밖에 나가셨어요' 정도로 말하는 경우가 훨씬 더 많다.
높임말은 통상적 규범성보다는 화자의 심리적 상태를 더 강하게 반영해서 나오기 때문이다.
사람에 따라서는 1)이나 2)와 같이 말하는 경우도 있을 것이다. 이 역시 허용되는 표현이다.
다만 존칭 조사 '-께서'는 일상적인 대화에서는 잘 쓰이지 않기 때문에 실제로 이렇게 말하는 경우는 드물다.
물론 깍듯이 존대해야 할 대상이나 공식적인 자리에서는 이 '-께서'를 쓰는 표현이 어울린다.
가정이나 학교, 직장 등에서 압존법의 엄격한 적용이 오히려 어색하게 여겨지는 것을 감안해 1992년 고시된 표준화법에서는 '할아버지, 아버지는(께서는) 밖에 나가셨어요'라고 하는 것도 허용했다.
특히 직장 등 공적인 위계질서가 강한 곳에서는 압존법을 지키지 않는 게 더 자연스럽다.
가령 사장이 김 대리에게 "이 부장 어디 갔나?"라고 물었을 때 김 대리는 "이 부장은 출장 중입니다"라고 하는 것보다 "이 부장은 출장 중이십니다"라고 말하는 게 적절하다는 뜻이다.

2008-04-27 한국경제 신문기사

2) 서양인의 호칭 표기방법

(1) 이름의 구조

서양은 우리나라와는 다른 이름의 구조가 되어 있어 다소 혼돈되는 경우가 있으므로 주의가 필요하다. 보통 아래와 같이 3가지로 구성되어 있다.

- Christian Name 혹은 Personal Name - 맨 앞에 놓여지는 세례명 혹은 본명으로 우리나라의 성을 제외한 이름에 해당한다.
- Middle Name - 제2 혹은 제3의 이름으로 중간에 들어간다.
- Surname 혹은 Family Name - 가족의 성으로 맨 마지막에 위치한다.

상황에 따라 미들네임이나 퍼스널 네임을 생략을 하기도 하며, 영국식은 성 이외의 것은 전부 생략가능하다. 미국식은 퍼스널 네임이나 미들네임 중 하나만 생략가능하다.

나라별 이름 표기법

영국: 성(姓) 이외에는 모두 생략 가능
ex) M, J. Fox

미국: Middle Name(중간 이름)이나 Personal Name(개인 이름) 중 하나만 생략
ex) John, F, Kennedy

프랑스: 본명과 성(姓) 순으로 쓴다.
배우자는 남편의 성 앞에 Madame의 호칭을 붙인다.

(2) 일반적인 호칭

미국에서는 친구나 직장 동료 등 대등한 위치의 사람이거나, 직급과 나이가 있음에도 불구하고 상대방 측에서 이름을 불러달라는 요청이 있을 경우에는 호칭을 사용하지 않고 이름을 부르는 것이 일반적이며, 전문직 종사자나 고위 공직자 등 사회적으로 지위가 높은 사람들에게는 그에 맞는 경칭을 사용하는 것이 예의이다.

여성이 결혼을 하게 되면 서양의 성을 따르게 되는 서양의 풍습으로 인해 여성의 호칭은 결혼, 이혼, 사별 등으로 구분되어진다.

결혼을 하게 되면 남편의 이름과 성을 붙여 **Mrs, (남편의 Full Name)**이 호칭이 되며, 사별을 했을 경우는 죽은 남편의 성만 붙인 **Mrs, (남편의 Family name)**로, 이혼을 했을 경우에는 **Mrs, (본인이름) (전 남편의 성)**의 형태로 호칭이 이루어진다.

(3) 일반인에 대한 경칭

- Mr.(Mister) - 남성에게 사용하며, 관직명에 사용하기도 한다.
  예) Mr. President, Mr. Johnson

- Mrs.(Mistress) - 기혼여성의 이름 앞에 사용한다.
- Miss - 미혼 여성의 이름 앞에 붙인다.
- Master - 소년에 대한 경칭이다.

(4) 그 외에 사용되는 여러 가지 경칭

영국의 경우에는 'Esq(Esquire/원래 준 남작에 속하는 Gentry, 즉 신사라 할 수 있는 신분에 대한 경칭)'라 하여, Mr보다 더 심오한 존경의 뜻을 담은 경칭을 사용하기도 한다.

Esq는 상대방의 이름 뒤에 붙여 상용을 하나, Mr나 학위, 직급 등과는 절대로 함께 사용할 수 없고, Full Name에만 사용한다. 미국의 경우에는 영국과 달리 약자가 아닌 Esquire로 사용하며(Henry Baker, Esquire 식으로 호칭함), 이름에 Mr, Dr 등이 붙을 경우에는 사용하지 않는다. 주로 공사 이상의 외교관이나 재판소 서기장 등 고위 공직자들에게 사용한다. Dr는 의사나 박사학위를 취득한 사람에게 남녀불문으로 사용할 수 있다.

Sir은 남자에게 사용하며, 이는 말하는 사람이 스스로 지위를 낮춤으로써 상대방에게 경의를 표하는 것으로, 나이나 지위가 비슷한 사람끼리는 사용하지 않는다. 또한 여성에게는 사용하지 않으며, 여성은 상대방이 아무리 지위가 높다하더라도 동년배의 남성에게는 사용하지 않는다.

그 외 주요 호칭

국왕내외 - Your Majesty
공화국 대통령 - Mr, President, Your Excellency
부통령 - Mr, Vice President
수상 - Your Excellency
국무총리 - Mr, Prime Minister
장관 - Mr, Minister(영국식), Mr, Secretary(미국식)

시장 - Mr, Mayor
의사 - Doctor○○○(Family name)
변호사 - Mr.○○○(Family name)
대학 교수 - Dr. ○○○(Family name), 혹은 Professor ○○○(Family name)
교황 - Your Holiness, Most Holy Father
신부 - Father○○○(Family name)
목사 - Mr.○○○(Family name), Pastor ○○○(Family name)
스님 - Reverand ○○○(Family name)

-현대사회와 국제매너(김은희 외 2인) 인용-

4. 대화매너

"저 사람과는 말하기가 싫어. 대화가 되어야 말이지"라고 한번쯤 느껴본 상대가 있을 것이다. 대화는 혼자 하는 것이 아니라 대상이 있어야 하므로 상대방의 나이와 직책, 상황에 맞게 입장을 고려하여 신중하게 대화를 하는 것이 중요하다. "아" 다르고 "어" 다르다는 옛말이 있듯이 같은 말을 사용한다 하더라도 대화매너를 잘 지켜서 사용한다면 원활한 인간관계를 형성하는 것은 물론이요, 긍정적인 이미지를 형성하는 데 도움이 될 것이다.

1) 좋은 대화의 포인트

(1) 시선을 맞춘다.

시선을 상대방의 얼굴에 두는 것이 좋다. 상대방의 눈과 눈 사이를 보되, 오랫동안 한곳만 응시하게 되면 상대방이 불편함을 느끼게 되므로 적절한 시기에 시선의 위치를 조금씩 옮겨 주는 것이 좋다. 보통 남자의 경우에는 넥타이 V Zone 정도까지가 적당하며, 여자의 경우에는 아래턱선 까지가 좋다. 시선이 그 아래로 머물게 되면 실례가 되므로 주의한다.

(2) 경청(傾聽)한다.

말을 하는 것도 중요하지만 듣는 것은 더 중요하다. 대화에 있어 1.2.3 법칙이 있다. 이는 한 번 말하고 두 번 듣고 세 번 맞장구하라는 뜻이다.

옛말에 귀가 하나고 입이 둘인 까닭을 들어 남의 말을 잘 들어 주는 것이 큰 덕목이라 여겼다. 경청의 청(聽)자를 살펴보면, 마음(心)과 눈(目)과 귀(耳)와 임금(王)자가 들어가 있다. 이는 경청의 의미를 한마디로 압축한 것으로 마음과 눈과 귀를 합쳐 남의 말을 임금님을 섬기는 자세로 정성을 다해서 들으라는 의미로 해석할 수 있다. 맞장구는 고개를 끄덕이거나, "어머, 그렇군요", "세상에…", "아" 등의 추임새를 적당히 사용함으로써 상대방에게 대화 시 흥을 돋우게 하는 배려의 일종이다.

경청의 자세(FAMILY 기법)

F - Friendly(친근하게)
A - Attention(주위 깊게)
M - Me Too(맞장구 치고)
I - Interest(관심을 갖고)
L - Look(눈을 바라보며)
Y - You Are Centered(너의 입장에서)

(3) 상대방을 배려하며 긍정적인 태도로 말을 듣는다.

상대방의 입장에서 생각하고 말을 하기 위해서는 효과적인 대화기법을 이용하는 것이 좋다.

① Cushion 화법을 활용한다.

Cushion 화법은 고객에서 의뢰를 할 때나 고객의 뜻과 다른 경우, 요청을 거절해야 할 경우에 사용하면 효과적이다.

예를 들면, 죄송합니다만~~, 공교롭게도~~.실례합니다만 등이 있다.

② 부정문보다는 긍정문으로 대화를 한다.

'지금은 안 됩니다'라고 단호하게 말하는 것보다 "조금만 기다려 주시면 바로 도와 드리겠습니다"로 긍정적 언어를 사용한다.

③ 명령형보다는 청유형을 말한다.

"이거 하십시오"라고 말하기보다 "이것 좀 해 주시겠습니까?" 하고 하는 것이 듣는 사람의 입장에서는 부드럽게 들리고, 일을 도와주고 싶은 마음이 생기게 된다.

④ 칭찬법을 사용한다.

- 소유물 칭찬법 : 상대방의 소유물이나 가족들을 칭찬하는 기법이다.
  예) 아이가 참 똘똘하게 생겼네요, 강아지가 너무 예뻐요 등
- 비유 찬사법 : 유명인이나 좋은 것을 비유해서 칭찬하는 기법이다.
  예) 눈이 호수처럼 맑군요, 탤런트 ○○○를 닮으셨군요 등
- 감탄 찬사법 : 감탄사를 이용해 칭찬하는 기법이다.

예) 역시 대단하십니다. 정말 너무 멋지세요 등

- 단순 찬사법 : 있는 그대로 눈에 보여 지는 대로 칭찬하는 기법이다.
  예) 넥타이가 너무 멋지세요. 등

5. 전화매너

전화는 정보화 시대의 주요 업무 수단이며(휴대폰 포함), 회사의 이미지나 나의 이미지를 목소리를 통해서 알리는 주요매개체가 된다. 친절하고 상냥하게 받은 전화는 짧은 만남이라도 오랫동안 좋은 기억으로 남게 되나, 그 반대의 경우에는 불쾌함과 동시에 보이지 않는 상대방이나 그 회사에 대해 좋지 않는 인상을 남기게 된다. 오로지 음성으로만 이루어지는 부분이므로 상대방에 대한 각별한 배려가 필요하다.

먼저 전화 응대의 3요소를 살펴보면 전화는 청각적인 요소의 지배를 많이 받게 된다. 그러므로 음성이나 말의 속도 정확도에 세심한 신경을 써야 하며, 비록 보이지는 않으나 남의 말을 경청하는 자세가 필요하다.

언어를 선택할 경우에도 정중한 언어를 사용하며, 전문적인 용어보다는 알아듣기 쉽고 이해하기 쉬운 말을 사용하는 것이 좋다.

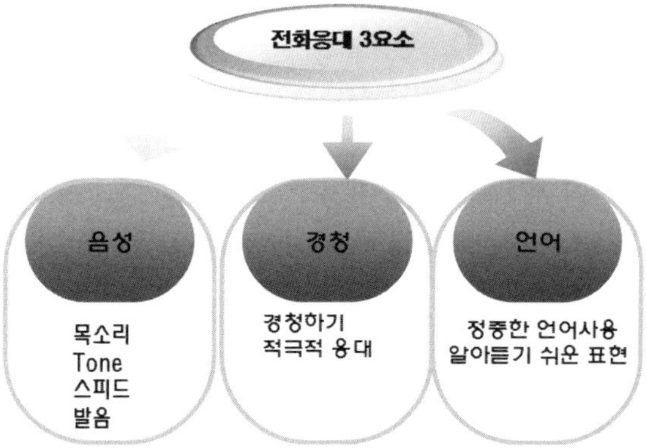

1) 전화사용 시 지켜야 할 기본 매너

- 바른 자세와 웃는 얼굴로서 전화를 응대한다.
- 전화기 옆에는 항상 메모지와 필기구를 준비해 둔다.
- 전화 통화 시 너무 큰소리로 얘기하지 않는다.
- 수화기를 들 때와 내려놓을 때는 잡음이 생기지 않도록 조심스럽게 내려놓는다.
- 부득이 한 경우 아침 일찍 혹은 저녁 늦게 전화를 하게 될 경우에는 상대방에게 먼저 양해를 구하는 것이 좋다.

> **웃음 거울 이야기**
>
> 우리 회사에는 웃음 거울이라는 것이 있다.
> 각자가 자신의 이름을 붙인 전화기를 옆에 놓고
> 통화할 때에는 그 거울을 보고 미소 짓도록 했다.
> 이 웃음 거울 덕분에 우리 회사 사원들은
> 외부인에게 좋은 인상을 준다.
> 웃는 얼굴은 다른 사람을 위한 것이기 보다는
> 내 자신을 위한 것이다.
>
> -오모이 토루의 "35세까지 반드시 해야 할 일" 중에서-

2) 전화를 거는 법

- 육하원칙에 따라 통화할 내용을 정리한 후 상대방에 대한 정보(소속, 직급, 성명)를 다시 한 번 확인한다.
- 전화를 받은 사람이 소속과 이름을 밝히면 간단한 인사말과 함께 자기 자신을 소개한 후 용건을 말한다.
- 만약 상대방이 부재중일 때에는 메모를 남길 것인지, 다시 전화

를 할 것인지, 상대방에게 전화를 해 달라고 요청을 할 것인지 대하여 입장을 밝힌 후에 다시 한 번 본인의 이름과 전화번호 등을 상대방에게 확인시켜준다.

- 통화 도중 전화가 갑자기 끊어질 경우, 전화를 건 쪽에서 다시 하는 것이 원칙이나 상대방이 손윗사람이나 회사 상사, 고객을 경우에는 먼저 전화를 다시 하는 것이 좋은 이미지를 줄 수 있다.
- 전화번호 등의 숫자는 확인하는 절차로 복창을 하도록 한다.
- 통화가 끝나면 "감사합니다" 혹은 "안녕히 계십시오" 등의 마무리 인사를 한다.
- 전화 통화를 종료할 경우에는 상대방이 전화를 끊는 것을 확인한 후 잠시 시간을 둔 후 수화기를 내려놓는다.

3) 전화를 받는 법

- 전화를 받을 때는 먼저 메모 용지와 필기구를 준비한다.
- 통상 전화벨은 3번 이상 울리기 전에 받는 것이 좋다. 한 번 울릴 때 받게 되면 상대방이 당황하게 되고 세 번 네 번 이상 울리게 되면, 상대방이 지루함을 느끼게 된다.
- 먼저 간단한 인사와 함께 밝은 목소리로 자신의 이름과 소속을 밝힌다.

  EX) 안녕하십니까? ○○○항공 예약부 ○○○입니다.
- 상대방이 찾는 사람이 누구인지 확인 후 본인일 경우에는 "네, 안녕하십니까? 제가 ○○○입니다."라고 말한 뒤 용건을 묻는다.
- 통화가 끝나면 통화 내용을 다시 한 번 반복하여 확인 한 후 간단한 마무리 인사를 함께 전화기를 내려놓는다.

4) 제3자를 찾는 경우 전화 연결방법

- 전화를 받았을 때 상대방이 찾는 대상이 내가 아닌 다른 사람일 경우가 있다. 이때에는 반드시 상황을 판단하여 연결해도 되는지를 알아 본 후 전화를 바꿔 주도록 하며, 전화를 건 사람의 이름과 소속을 알려주는 것이 좋다.
- 상대방이 다른 통화를 하고 있거나 바쁜 경우에는 전화를 받을 수 없는 상황임을 알리고 양해를 구한 뒤 추후 다시 걸도록 청하는 것이 좋다.
- 통화가 종료되면 역시 간단한 마무리 인사말로써 정리를 한다.

5) 전화 응대 시 기억해야 할 7가지 포인트

- 전화는 신속하게 받아라.(벨이 3회 이상 울리기 전에)
- 상사의 부재에 대해서는 구체적인 언급을 하지 않는 것이 좋다. 예를 들면 "식사 후 아직 돌아오지 않으셨습니다." 혹은 "부부동반으로 해외여행 중이십니다" 등은 피해야 할 표현이다.
- 메모용지와 필기구는 항상 전화기 옆에 준비해 두라.
- 예의 바르게 받으며, 다/까/체형의 문장을 쓰며, 의뢰형, 쿠션 화법을 사용하라.
- 숫자는 반드시 복창하라.
- 회사의 업무에 관한 얘기는 신중하게 하라.
- 자주 통화를 하는 곳의 담당자라면 목소리를 기억해 두어라.

6) 전화 응대 시의 쿠션 언어

자리에 없는데요.	지금 자리에 안 계십니다. 메모를 남겨 드릴까요?
네? 뭐라구요?	죄송합니다만 잘 들리지가 않네요. 다시 한 번 말씀해 주시겠습니까?
누구시죠?	실례지만, 누구시라고 전해드릴까요?
나중에 다시 하세요.	죄송합니다만, 나중에 다시 한 번 전화 주시겠습니까?

7) 쿠션 언어를 이용한 전화 응대의 예

(1) 다른 사람이나 다른 번호로 안내할 때

① 전화를 다른 번호로 연결해 줄 경우
네, 담당자는 ○○○입니다. 전화번호는 3477번입니다. 바로 연결하겠습니다.

② 다른 번호로 돌리지 않고 바로 다른 담당자를 바꿔 줄 경우
담당자 ○○○씨를 바꿔 드리겠습니다. 잠시만 기다려 주십시오.

(2) 지명인의 통화가 길어질 때

① 죄송합니다만, ○○○씨 통화가 좀 길어질 것 같은데요, 조금만 더 기다려주시겠습니까?

② 죄송합니다만, 통화가 길어질 것 같은데요.
메모를 남겨 주시면 통화가 끝나는 대로 연락드리겠습니다.

(3) 지명인이 부재중일 때

① 죄송합니다만, 지금 ○○○씨가 잠깐 자리를 비우셨는데요.
② 메모를 남겨 주시면 전달해 드리겠습니다.

(4) 전화를 넘겨받을 때

① 오래 기다리시게 해서 죄송합니다. ○○○입니다.
② 예, 전화 바꿨습니다. ○○○입니다.

(5) 잘 알아듣지 못했을 경우

① 지금 전화 상태가 안 좋은 것 같습니다.
죄송합니다만, ○○○○번호로 다시 한 번 부탁드려도 되겠습니까?
② 지금 전화 상태가 안 좋은 것 같은 데요, 전화번호를 알려 주시면 제가 바로 연락드리겠습니다.

(6) 마무리 인사

감사합니다. 즐거운 하루 되십시오.
감사합니다. 행복한 주말 되십시오.

(7) 부재중일 경우

부재중인 이유에 대해서 구체적인 이유를 설명할 이유는 없다. 메모를 남기고자 할 때에는 5W1H(When, Where, Who, Why, What, How)에 맞게 정확하게 메모를 해두는 습관을 갖도록 한다.

전화메모 양식

■ 날짜 2010년 2월14일 ■ 성함/회사/부서/직책 이병헌 아이리스은행지점장 ■ 용건 주중 저녁식사관련 [ ] 전화요망 [ ] 그냥 알았다고 함 [ ] 다시 연락하겠다고 함 [ ] 급한 용무 ■ 전화 번호 02-623-9473 010-2222-7777 ■ 전화 받은 사람 총무부 김태희	전화메모 ....님 자리를 비우신 동안에 전화가 왔었습니다. ...월...일....(오전/오후)....시 발신자 ....(이름/회사/직책) [ ] 전화요망 [ ] 그냥 알았다고 함 [ ] 다시 연락하겠다고 함 [ ] 급한 용무 MEMO 전화받은 사람..............

04
Chapter

국제 행사에서의 파티매너

업무로 인해 출장을 가거나 학술에 참석하게 되면 여러 가지 형태의 각종 행사들을 접하게 된다. 행사의 종류와 참석시의 주의사항을 알아두면 좀 더 편안한 분위기에서 행사의 목적에 맞게 친분도모 및 사교의 장으로써 활용을 할 수가 있다.

1. 파티 참석 시 지켜야 할 매너

파티는 부분으로 "나누다"란 중세 영어의 Partie에서 유래하여, "한 무리", "한편"을 가리켰고 더 나아가서는 모임이나 정당의 의미를 내포하고 있다. 사교를 목적으로 한 파티의 기원은 프랑스 앙리 2세의 부인인 카뜨린 메디치에서 그 유래를 찾을 수 있으며, 당시에 공개석상에서 식사를 하지 않는 귀족 부인들을 모아 식사를 한 것이 시초가 되어, 영국과 유럽 전역으로 펴져나갔다고 한다.

파티의 초청장아래에 R. S. V. P라는 참석여부를 알려 달라는 표시가 있으므로 초대장을 받았을 경우에는 반드시 빠른 시일 내에 참석 여부에 대한 회신을 보내도록 한다.

드레스 코드에 맞게 예의에 벗어나지 않는 복장을 해야 하며, 가벼운 선물도 준비해 둔다. 식사 중에는 가급적 자리를 뜨지 않는 것이 좋으며, 먼저 식사가 끝난 경우에는 대부분 식사가 끝났을 즈음에 함께 일어나는 것이 좋다.

2. 리셉션(Reception)

리셉션은 공직자나 외교관이 공식적으로 베푸는 파티였으나 최근에는 회사의 창립 기념일 등 자축할 경우에 많이 개최를 한다. 주최 측이나 Host가 리셉션 장의 정문에 서서 오는 손님들을 환영하게 되는 데 이를 리시빙 라인(Receiving Line)이라 부르며, 이곳에서 Host와 내빈들은 간단하게 인사를 한 후 식장으로 들어간다. 친분이 두텁다고 해서 Host와 오랜 얘기를 나누는 것은 뒷사람에게 실례가 되는 행동이므로 주의한다. 주최자는 행사가 마무리 될 때까지 내빈들과 골고루 대화를 나누는 것이 예의이다.

와인이나 위스키 등의 음료수가 중심이 되며, 간단한 안주류가 제공되는 것이 일반적이고 최근에는 바비큐나 스테이크 등을 제공하기도 한다.

리셉션은 주로 환담을 나누는 목적이 더 크므로 분위기를 고취시키는 음악이나, 사회자나, 건배, 스피치가 없다.

3. 칵테일파티

단어 뜻 그대로 칵테일과 간단한 카나페 정도를 안주로 제공하는 파티로서 격식이 없는 편안한 파티이다. 다른 파티보다 대규모의 사람들을 초청하여 개최하는 것으로 돌아가는 시간에는 제약이 없다. 그러나 정해진 시간 전에 도착을 해야 하는 것은 당연지사이다. 칵테일파티에서는 영화에서 많이 보여지는 모습으로 웨이터가 손님들 사이를 돌아다니며, 음료수를 제공해 주는 버틀러 서비스(Butler)가 제공된다. 칵테일파티에서는 술과 음식을 서 있는 상태에서 먹어야 하므로 접시 위에 잔을 올려놓고 약지와 새끼손가락으로는 접시를 받치고 검지와 중지로 잔을 안정적으로 지탱한다.

4. 만찬파티

파티 중에서 격식과 절차를 중시하는 가장 중요한 행사로 공식 만찬과 비공식 만찬으로 구분된다. 공식 만찬인 경우에는 턱시도나 연미복을 입어야 하며(최근에는 진한 색상의 슈트를 입기도 한다), 비공식 만찬일 경우에는 평상복도 가능하다.

초대장을 받게 되면 참석 여부를 빠른 시간 내에 회신해 주어야 하며, 부부가 초대를 받았을 경우 한 명만 가게 될 경우에는 불참하는 것이 예의나, 초대한 쪽에서 한명이라도 참석해 달라는 재요청이 있을 시에는 혼자라도 참석을 하는 예의다.

초대장에 표시된 White Tie는 연미복을 의미하며, Black Tie는 턱시도 차림을 뜻한다. 턱시도는 6시 이후에 입는 정장이라는 뜻에서 'After Six'라고도 부른다.

도착시간은 초대장에 명시된 시간보다 5~7분 전이 이상적이다.

식당에는 메뉴와 좌석 명패(Place Card)가 있으므로 본인의 자리에 앉으면 된다. 간혹 기념으로 메뉴와 좌석명패를 가져가기도 한다. 만찬에는 Full course요리가 준비된다.

Tip 초대장

초대장

① Mr. and Mrs. John F. Kennedy
② Request the pleasure of the company of
③ Mr. And Mrs. OOO
④ At dinner
⑤ on Wednesday, May 20th
⑥ At 7 p.m.
⑦ at rose room, 11th Floor OOO Hotel
⑧ Black tie R.S.V.P

어떠한 파티에도 초청장을 발송하는 것이 예의이며, 시기는 대략 10일 전에 발송하며 늦어도 일주일 전에는 도착하도로 한다. 초청장은 14.6×11.43cm의 하얀색 엽서크기로 종이에 인쇄하여 발송하며, 반드시 3인칭으로 작성한다.

수신인은 반드시 수기로 작성한다. ④번을 보면 파티의 종류가 표시되어 있고, ⑧번은 복장에 대한 언급을 하고 있다. R. S. V. P는 회신을 부탁한다는 프랑스 말로 레퐁테 실부 쁠레(Repondez s'il vous plaǐt = Reply, If you please)의 약자로 이런 경우에는 반드시 참석 요부를 알려주어야 하며, 불참자만 알려달라고 할 때에는 Regrets Only라고 발송장에 표시된다. ⑤번과 같이 초청 날짜는 미국인인 경우는 Spell을 쓰고 영국인, 프랑스인이라면 아라비아 숫자로 작성을 한다.

5. 티파티

차와 쿠키, 샌드위치 등 간단한 먹 거리를 제공하는 간소화된 약식의 파티이다.

기업의 세미나나, 학술회의의 시작 혹은 마무리 등에서 사용된다.

6. 뷔페파티

우리나라에서 일반인들이 가장 많이 이용하는 파티의 한 종류로서 흔히 회갑 잔치나 돌잔치에 많이 이용한다. 서서하는 스탠딩 뷔페(Standing Party)와 테이블에 앉아서 식사를 할 수 있는 시팅파티(Sitting Party)로 나눌 수 있다.

스탠딩 뷔페에서는 일반적인 코스요리와 동일하게 전채, 스프, 메인, 요리, 디저트 순으로 먹는다. 요리를 담을 때에는 한꺼번에 많은 양을 담지 말고 몇 번에 나누어서 담으며, 따뜻한 음식과 찬 음식을 한꺼번에 담지 않도록 하며, 스탠딩 파티에서는 대규모의 인원이 참석하게 되므로 아는 사람들을 중심으로 담소를 나누는 것보다 평소에 인사하거나 소개받기 힘들었던 사람들을 찾아 폭넓은 인간관계를 만드는 장으로 활용하는 것이 좋다.

TIP 파티에서는 건배를 언제 하나요?

우리나라에서는 행사를 시작하는 첫 단계로서 스피치와 건배를 하지만, 서양의 만찬에서는 일반적으로 디저트 코스가 시작될 때 스피치와 건배를 한다.
만찬의 경우 건배에 앞서 참석자들에게 건배용 샴페인을 제공해 준다. 이것은 말 그대로 건배용 샴페인이므로 받자마자 금방 마셔버리면 안 된다. Host가 스피치를 한 후에 건배를 제안하면 주빈이 답례의 형식으로 스피치와 건배를 제안하게 된다. 건배에 사용되는 음료는 샴페인이 정식이지만, 와인이나 맥주등도 무방하다.
단, 맹물은 불행을 가져온다는 미신이 있기 때문에 삼가는 것이 좋다.

7. 파티복장 매너 Ⅰ(남성)

1) 연미복(Swallow-Tailed Coat. Evening Coat)

이름에서 느껴지듯이 제비 꼬리 모양의 뒤쪽 트임이 있는 옷으로 우리나라에서는 결혼식 예복으로 많이 이용되고 있다. 연미복은 야간용 정식 예복으로써 넥타이와 조끼, 장갑 모두 흰 것을 착용하는 것이 원칙이다. 이런 이유로 인해 연미복은 화이트타이(White Tie)라고 부른다. 저녁 파티에 가장 많이 착용하는 복장으로 만찬이나 오페라 공연, 음악회, 야간 결혼식 등에 입는다. 만약에 주간예복으로 입을 경우에는 검은색 조끼를 착용한다.

2) 턱시도(Tuxedo, Dinner Jacket, Smoking)

오후 6시 이후에 열리는 공식적인 행사, 파티, 연극, 유람선 만찬에 입는 약식 예복으로 미국에서는 턱시도라고 하지만 유럽에서는 디너 재킷 혹은 스모킹이라고 하며, 오후 6시 이후에 입는 정장이라고 하여 'after six'라고도 하고, 전통적으로 검정색 보우 타이를 착용하는 이유로 블랙 타이(Black Tie)라고 하는 등 다양한 이름으로 불려지고 있다.

3) 색코트(Sack Coat)

모닝코트와 평상복의 중간복장으로 주간 약식예복이다. 외교관들이 오전 행사가 있을 경우에 착용하던 것이었으나, 근래에는 검은 색 계통의 슈트로 대신하기도 한다.

4) 모닝코트(Morning Coat)

주간용 정식예복이다. 관혼상제나 대통령, 고위관료, 외교관 등과 함께 하는 오찬 시 착용한다.

8. 파티 복장 매너 Ⅱ(여성)

1) 이브닝드레스(Evening Dress)

남성에 연미복에 해당하는 야간 정식예복으로 가장 화려하며, 팔과 가슴의 노출이 많고 바닥에 끌린 정도로 길이가 길다. 영화제나 시상식 자리에서 여배우들이 입고 나오는 옷을 상상하면 된다. 주로 손잡이가 없는 이브닝 백을 소품으로 많이 이용하며, 각 나라의 고유 의상은 최고의 파티복장임을 잊지 말아야 한다.

한복에 대하여

외국들과의 모임에 있어서 안성맞춤인 것이 자국민의 민속의상이다.
한복을 착용 시에는 머리는 단정하게 올림머리를 하는 것이 좋으며, 한복의 목선이 드러나게 목걸이는 하지 않는다. 핸드백은 구슬백도 무난하며 노리개나 비녀 등을 이용하여 멋을 내는 것도 좋다.
개량 한복보다는 긴 옷고름과 긴 치마의 Formal한 느낌이 나는 전통한복이 품위가 있어 보이고 우아한 느낌을 준다.

2) 애프터눈 드레스(Afternoon Dress)

낮에 개최되는 행사나 파티에 입는 예복이며, 모자를 쓸 경우에는 반드시 장갑을 끼도록 한다.

3) 칵테일 드레스(CockTail Dress)

오후 5시 이후에 개최되는 칵테일파티나 공식행사 시 입는다.

05
Chapter

알아두면 유익한 생활 속 매너

1. 탈것에 대한 매너

1) 자동차

운전기사가 있을 경우와 자가운전인 경우에 상석의 위치가 상이하다.

먼저 운전기사가 있는 경우는 운전사의 대각선 자리가 상석이나, 운전기사가 없이 자가 운전일 경우에는 운전사 옆 조주석이 상석이다. 그러나 자가운전이라 할지라도 나이나 직급의 차이가 상대적으로 많을 경우에는 대각선 뒤쪽자리가 상석이 된다. 여자와 함께 동승할 경우에는 도어맨이 없을 경우에는 동행한 남자가 차의 문을 열어 주는 것이 에티켓이며, 뒷자리의 가운데 자리에는 여성을 앉히지 않는다. 운전자의 부인이나 남편이 동승할 때에는 조수석에 부인 혹은 남편이 동승하면 된다. 지프차의 경우에는 운전자 옆자리가 상석이며, 자가운전의 경우 조수석을 비워둔 채로 뒷자리에 앉는 것은 결례가 된다.

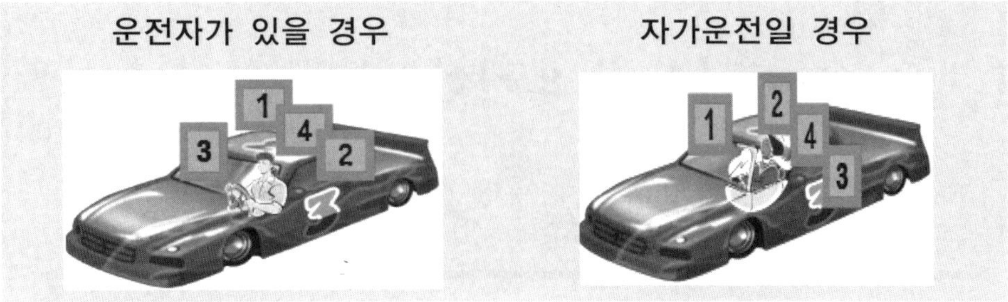

2) 기차와 항공기

기차에서는 기차의 진행 방향을 기준으로 하여, 창 측이 첫째 번 상석이며, 그 앞자리가 두 번째이고 첫 번째 상석의 옆자리가 세 번째 상석이 되며, 그 앞에 위치하는 자리가 마지막이 된다. 침대차의 경우에는 아래쪽이 상석이며, 여러 명이 사용하게 될 경우에는 서로에게 방해가 되지 않도록 주의를 한다.

항공기에서는 좌석 배열이 세 좌석일 경우에 창 측 좌석이 첫 번째 상석이며, 통로측이 두 번째, 중앙에 위치한 자리가 마지막이 된다. 그러나 창 측 좌석에 앉을 경우 비행 중 이동함에 있어 불편함이 다소 있으므로 case by case로 상사나 연장자가 있을 경우에는 의사를 한 번 더 여쭤 보는 것이 좋다.

3) 엘리베이터와 출입문

엘리베이터에서의 가장 좋은 자리는 버튼의 대각선 방향 뒤쪽이며 버튼 바로 옆의 자리가 최하위석이다. 버튼이 양쪽에 있을 시에는 뒤쪽 가운데가 상석이 된다. 이용 시에는 여성이나 윗사람이 먼저 타고, 먼저 내릴 수 있도록 배려한다. 회사의 내방객이 있을 경우에는 내방객을 먼저 태우고, 먼저 내려 길 안내자로서의 역할을 함께 수행한다. 일반적인 출입문일 경우에는 여성이 먼저 나갈 수 있도록 하고, 회전문일 경우에는 남성이 먼저 나간 후 여성이 나오는 것을 도와준다.

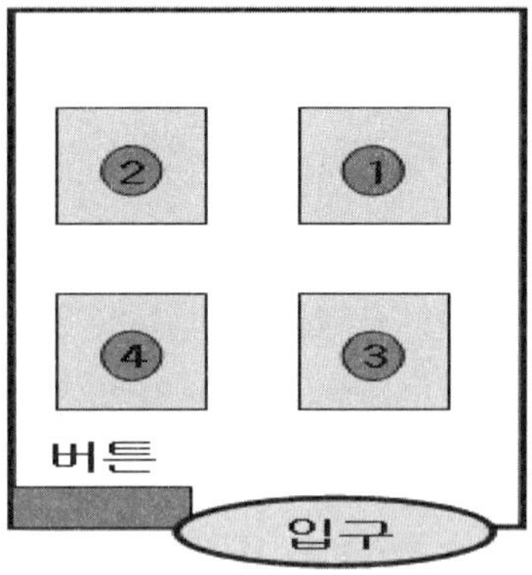

2. 길을 걸을 때의 매너

길을 걸을 때에는 남성이 도로 쪽으로 위치하고, 여성이 안쪽으로 걷는다. 만약 동성끼리라면 연장자가 안쪽에 위치하도록 하면 된다.

연로하신 윗어른이나 어린이와 동행할 경우에도 도로 안쪽에 위치하도록 한다.

3. 공연장에서의 관람매너

공연이 시작되기 전에 도착하여 자리를 미리 확인을 해둔다. 부득이하게 자리를 뜨게 될 경우에는 막이 끝날 때까지 기다렸다가 이동하는 것이 좋으며, 다른 사람의 시야를 가리지 않도록 몸을 조금 낮춘 상태에서 이동을 한다.

마리아 칼라스(Maria Callas)는 1956년 뉴욕 메트로폴리탄 오페라 무대에서 16회나 커튼콜과 기립박수를 받았으며, 바이올리니스트 장영주는 게반트 하우스 오케스트라의 협연 무대에서 커튼콜을 8번이나 받았다고 한다.

연극이나 음악공연에서 몇 번의 커튼콜을 받았느냐는 그 공연이 얼마나 성공적이었느냐를 일차적으로 가늠하는 잣대가 되기도 하므로 적절한 시기에 박수로서 공연자나 출연자에 대한 감사의 표시를 전하는 것이 공연자들에 대한 매너이다. 일반적으로 연극이나 오페라 발레 등은 막이 내린 후에 박수를 치며, 기악은 마지막 악장 후에, 국악은 한곡 연주 후, 성악은 3곡마다 박수를 친다. 단 우리나라의 마당놀이나 판소리의 경우에는 언제든지 박수를 쳐도 좋으며, 출연자들이 무대에 합류하기를 권유하면 이에 응하는 것이 좋은 매너이다.

4. 박물관에서의 매너

외국을 방문하게 되면 한 번 씩 둘러보게 되는 곳이 바로 박물관이다. 관람 진행방향에 따라 관람을 하되, 전시물을 함부로 손으로 만져서는 안 된다. 외국에서는 박물관에서 명화나 전시물을 대상으로 그림을 그리는 학생 혹은 화가 지망생들을 많이 만나게 된다. 이때에는 방해가 되지 않는 범위 내에서 관람을 하는 것이 좋다.

5. 방문 및 선물 매너

1) 방문매너

"유붕(有朋)이 자원방래(自遠方來)면 불역낙호(不亦樂乎)아."

학교 다닐 적 한 번씩은 외워 본 적이 있는 논어의 학이편에 나오는 첫 글귀로 굳이 해석을 하자면 "멀리서 벗이 찾아오면 즐겁지 아니 한가"라고 표현할 수 있다.

예전에는 길을 가다가 아무런 연락도 없이 친척집을 방문하는 것은 실례가 되거나 에티켓에 어긋나는 행동이 아니었다. 오히려 방문을 하지 않고 지나쳐 가는 것을 예의에 어긋난 행동이라 생각했으며, 방문을 받는 사람의 입장에서도 기대하지 않았던 방문이라 반가운 마음에 맨발로 뛰어 나가 방문객을 맞이했었다.

그러나 오늘날은 어떨까?

논어의 학이편처럼 멀리 살고 있는 친구가 나를 찾아온다면?

그것도 아무런 사전 연락도 없이 갑자기 방문을 한다고 하면?

아무리 반가운 사람이라고 할지라도 잠깐 동안은 당황스러움을 금치 못할 것이다.

이 부분에서 한 가지 짚고 넘어가야 할 방문의 포인트가 있다.

방문 시 가장 신경을 써야 할 부분은 바로 언제 방문할 것인가에 대해 상대방에게 알려주는, 시간에 관한 것이며, 가급적 정한 약속 시간에 방문을 할 수 있도록 노력을 하는 마음자세가 중요하다.

약속을 정할 때에는 상대방의 상황에 따라 정하는 것이 좋다. 서양에서는 일반적으로 점심식사 후부터 저녁식사 이전까지로 되어 있으며, 오후 4~6시 정도가 가장 적당하다. 사교 방문의 경우에는 오전에 방문을 하지 않는 것이 에티켓이다.(단, 조문이나 병문안일 경우는 오전에 가능하다.)

방문 시에는 주의사항이 몇 가지 있다. 두꺼운 외투 등은 벗지 않아도 무방하나 얘기가 길어 길 경우에는 벗는 것이 좋으며, 자리에 앉을 때에는 주인이 권하는 자리에 앉으면 된다. 참고로 출입구에서 먼 쪽이 상석이고 긴 소파와 1인용 의자가 있을 경우 긴 소파가 손님용으로 상석이다. 방문시간은 15~20분 정도가 적당하며 방문을 받았을 때는 반드시 답방을 해야 하며, 외국에서 남의 집에 머물렀다면 감사의 편지를 보내는 것이 예의이다.

2) 선물매너

선물을 받게 되면 먼저 감사의 인사말을 건네고, 그 자리에서 펴 보는 것이 에티켓이다.(일본에서는 선물을 바로 앞에서 펴지 않고 손님이 간 후에 열어 보는 것이 매너이다.) 비즈니스 모임에서는 첫 미팅 시 선물을 건네는 것이 이상적이며, 파티에서는 시작 전에 전달을 하는 것이 좋다. 가격표는 미리 제거하고 방문하게 될 시간을 미리 알려주는 것이 상대방을 위한 배려가 된다.

고가의 물건을 선물하게 되면 상대방이 부담감을 가지게 되므로, 적절한 선에서 상대방과의 Relationship을 고려하여 선택한다.

선물은 직접 전달하는 것이 좋으며, 만약 우편이나 다른 인편으로 받게 되었을 경우에는 반드시 감사의 마음을 전한다.

국가별 선물매너

	선물매너
베트남	• 날카로운 물건은 사랑이 깨짐을 의미하므로 선물하지 않는다.(예: 손톱깎이)
이슬람문화권	• 종교적인 이유로 삼가야 할 것이 많다. 술 돼지고기와 가공품(베이컨, 햄 등)은 선물 금기품목이다. • 지인의 여자 친구에게 선물을 해서는 안 된다. • 애완동물은 선물하지 않으며, 선물을 할 때에는 반드시 오른손을 사용한다. • 메카를 향한 기도를 하루 5회씩 하는 이슬람 문화권에서는 나침반은 좋은 선물이 될 수 있다. • 여성의 수영복 사진이나 성인 잡지류는 금기이다.

	선물매너
중동지역	• 손수건은 이별, 눈물 등을 의미한다.
러시아	• 선물을 상당히 좋아하여, 뇌물과의 구분이 어려운 경우가 많다.
남아공화국	• 초콜릿은 키스하고 싶다는 의미이다.
이집트	• 보석류와 우리나라의 토산품을 좋아하므로 인삼 등은 좋은 선물이 될 수 있다.
인도	• 소가죽으로 포장한 선물은 사양하며, 행운을 가져다주는 노란색 초록색 빨간색의 포장지를 선호한다. • 우리나라와 같이 검은색, 흰색으로 포장한 물건은 불길하다고 느낀다.
일본	• 남의 집을 방문할 때는 반드시 선물을 준비하도록 하며, 선물 포장에도 각별히 신경을 써야 한다. 일본에서는 받은 선물은 손님이 돌아간 후에 풀어보는 것이 예의다. • 경사 시 검은색이나 흰색 포장을 자제하며, 칼과 거울은 선물하지 않는다.
홍콩	• 알람시계나 벽시계는 선물하지 않는다.(시계의 소리가 장송곡 같다고 느끼기 때문이다.)
독일	• 흰색, 갈색, 검은색으로는 포장을 하지 않으며, 리본은 자제하는 것이 좋다. 꽃을 선물할 때도 포장을 하지 않는다. • 비즈니스의 경우에도 선물을 하지 않는다.
중국	• 선물을 포장할 때는 빨간색으로 하며, 흰색은 애도의 뜻을 나타내므로 사용하지 않는다. • 중국인들은 선물을 받기 전에 두세 번 거절하는 관습이 있으므로 계속적으로 받기를 권하며, 파티나 저녁식사에 초대를 받았을 경우에는 먹는 것을 선물로 가져가지 않는다. • 거북이와 우산은 발음상 각각 욕설과 이별의 의미와 비슷하므로 사용을 하지 않는 것이 좋다. • 꽃다발은 생명이 짧다는 의미이므로 선물하지 않는다. • 현금을 건넬 때 부의금은 홀수, 축의금은 짝수 금액으로 준비한다.
프랑스	• 카네이션은 장례식에 많이 이용되는 꽃이므로 선물로는 금물이다. • 프랑스인에게는 향수는 선물을 하지 않는 것이 좋다.

	선물매너
브라질	• 검정색이나 자주색으로 된 것은 금기 품목이며 칼은 선물하지 않는다. • 첫 만남에서는 선물을 하지 않는 것이 더 좋다.
말레이시아	• 정성이 가득 담긴 카드를 더 소중하게 여기므로 선물을 건넨 시에 카드도 함께 준비하는 것이 좋다. • 종교적인 이유로 술과 돼지고기는 선물하지 않는다. • 개를 부정한 것으로 여기므로 개 그림이 들어간 것은 선물하지 않는다.
미국, 영국, 캐나다	• 선물은 받은 자리에서 바로 풀어 보는 것이 예의이다. • 백합은 죽음을 상징하므로 피하는 게 좋다.

6. 스포츠 관전매너

스포츠와 글로벌시티즌십

재작년 8월 14일 베이징올림픽 양궁경기장에는 아침부터 부슬비가 내렸다. 바람은 예고 없이 불었고 기온은 섭씨 20도까지 내려갔다.
양궁 여자개인전 금메달을 놓고 한국 박성현과 중국 장쥐안이 사대(射臺)에 올랐다. 84년 LA올림픽 이후 한 번도 여자개인전 금메달을 놓치지 않은 한국과 양궁 강국으로 부상하려는 중국 간 '양궁 빅 매치'였다. 당시 숨을 죽인 듯 조용하던 양궁장에 상상하기 어려운 일이 발생했다. 박성현 선수가 활시위를 당기려는 순간 중국 관중들이 호루라기를 불고 페트병을 두드린 것이다. 초반에 3점차로 앞서 가던 박성현은 인해전술을 연상시키는 중국 관중들의 극성에 시달리다 결국 1점차로 금메달을 내주고 말았다. 그때의 아쉬움이 아직도 생생하다.

그해 12월 12일 경기도 고양시 덕양 어울림누리 빙상장. 세계 어느 나라에서도 보지 못할 해괴한 일이 벌어졌다.
그랑프리 파이널에 출전한 김연아의 공연 도중 한국식 '337박수'가 터졌다. 순간 빙상장을 흐르던 아름다운 선율(죽음의 무도)이 박수소리에 파묻혔다.
오서 코치와 빙상 관계자들은 가슴을 쓸어내렸다. 김연아가 자칫 음악리듬과 동작 타이밍을 놓칠 수도 있었기 때문이다. 다행히 김연아는 무사히 공연을 끝내고 홈그라운드에서 우승했다. 아직 피겨문화가 생소한 점을 감안하더라도 우리의 관전수준을 단적으로 보여준 해프닝이다.

올해는 국내외에서 유달리 큰 스포츠 행사가 많다. 당장 2월 밴쿠버 동계올림픽이 있고 6월에는 남아공월드컵, 11월에는 광저우아시안게임이 열린다.
우리나라에서도 'F1 그랑프리'라는 세계 최대 자동차경주대회와 크고 작은 골프대회가 줄줄이 기다리고 있다. 내년에는 월드컵, 올림픽에 이어 세계 3대 스포츠 이벤트인 세계육상선수권이 대구에서 열린다. 이제 우리도 스포츠 강국으로 부상했지만 관전 수준은 G20 국가에 비하면 요원하다.

필자는 지난해 말 던롭 피닉스 골프대회에 참관하기 위해 일본 미야자키현을 찾았다. 대회가 열린 골프장에서 선수들이 샷 할 때 '조용히(Be Quiet)'라는 피켓을 든 사람을 거의 못봤다. 한 홀에 5~6명이 피켓을 들고 부산하게 오가는 한국과는 달랐다. 일본의 스타 이시카와 료는 물론 한국 배상문이 샷 할 때 갤러리들이 휴대전화를 받거나 잡담하는 것은 상상할 수 없었다.
이시카와 료의 마지막 홀 퍼팅 순간 같이 간 동료 한 명의 휴대전화가 터져 다른 사람들의 집중포화와 같은 눈총을 받아 얼마나 민망했는지 모른다.
미국은 더하다. 매년 4월 최대 메이저대회인 마스터스가 열리는 오거스타내셔널 GC에서는 이런 피켓을 든 사람 자체가 없다. 그만큼 관전문화가 잘 정착돼 있기 때문이다.
스포츠는 소리에 민감한 종류와 그렇지 않은 종목으로 분류할 수 있다. 골프, 피겨, 역도, 양궁, 사격 등은 전자이고 축구, 야구, 농구 등 구기 종목은 후자에 속한다.

마음씨 좋은 장미란도 아쉬움을 토로했다. 지난해 11월 고양 역도세계선수권 용상 1차시기 때 바벨을 어깨에 순간적으로 올렸는데 난데없이 '으랏차차' 기합소리가 관중석에서 터져 나왔다.
머리 위로 바벨을 들어올리기 위해 호흡을 고르던 차에 리듬을 잃어 바닥에 바벨을 떨구고 말았다.

물론 일부러 선수들을 방해하려는 관중들은 별로 없을 것이다. 그러나 외국인은 그것으로 국가 수준을 가늠할 수도 있다. 동계올림픽 유치에 세 번째 도전하는 우리로선 이런 관전매너 하나에도 신경이 쓰인다. 바야흐로 스포츠에서도 글로벌 시티즌십이 필요한 시점이다.

"피겨는 응원보다는 관람하는 종목인데 조직적인 응원을 하면 연기를 음미할 수 없지 않을까요."(김연아) "골프선수는 열심히 골프하고 갤러리는 (방해되지 않게) 보는 것에 열중했으면 좋겠습니다."(양용은)

- 2010.1.11. 매일경제신문 정현권 스포츠레저부장의 칼럼 -

스포츠에서 가장 중요한 것은 스포츠맨십이다. 공명정대하게 경기를 치르고 승자에게는 축하의 메시지를, 그리고 패자에게는 따뜻한 위로와 격려를 보내는 것이야말로 선수들이 지켜야 하는 매너, 스포츠맨십이라 할 수 있다.

경기를 하는 선수들에게 스포츠맨십이 필요하다면 경기를 관람하는 사람들에게는 관전매너가 필요하다. 경기를 응원하고 지켜보는 사람들의 매너에 따라 선수들의 성적에 얼마나 큰 영향을 미치는지는 말하지 않아도 잘 알 것이다.

한 경기를 치르기 위해 선수들은 작게는 1년, 더 나아가서는 4년 혹은 더 많은 시간들을 노력을 해 왔을 것이다. 많은 시간과 노력을 들인 그들의 도전이 올바르지 못한 관중들의 응원태도로 인해 한순간에 물거품으로 사라지게 될지도 모른다.

우리에게도 스포츠 관전 매너가 필요한 이유가 여기에 있지 않을까?

1) 일반적인 스포츠 관전매너

■ 경기장에 술을 가져가기 않으며, 관전하려는 경기종목의 특성들

을 미리 파악한다.

정숙을 요하는 경기라면 소음이 발생하지 않도록 주의해야 한다.

- 캔이나 병 등을 운동장으로 던지거나, 경기장 안으로 뛰어 들어가지 않는다.
- 휴지는 지정된 곳에 버린다.
- 흥분해서 욕설을 하거나, 옆 사람과 언쟁을 하지 않도록 한다.
- 상대편 선수가 경기를 할 경우에 야유를 보내거나 조소를 하지 않는다.
- 멋진 경기를 관람하였다면, 내 편이 아니더라도 아낌없는 박수를 보내주는 아량이 필요하다.

2) 골프 매너

① 비즈니스 골프에 관한 매너

현대인에게 있어 골프는 비즈니스와 사교를 겸한 최상의 운동이다. 국내외 유수의 많은 CEO들이 골프를 예찬하고 있고 골프로 인해 많은 도움을 받았다고 말할 만큼 인맥형성과 사업추진을 위한 비즈니스의 한 수단으로써 자리 잡고 있다.

특성상 장시간을 함께 있어야 골프는 동반자들을 배려하는 따뜻한 마음가짐이 없다면, 경기 내내 불편함으로 인해 최악의 상황에 직면할 수도 있다.

성공적인 비즈니스를 위해서는 약속장소에는 시간적 여유를 갖고 도착하는 것이 좋다.

비즈니스로 접대를 할 경우 첫 인상을 좋게 하는 위해서는 상대방보다 일찍 도착하여 마음의 여유를 갖고 준비하는 것이 좋다. 특히 상사나 연장자와 같이 라운딩이 예정되어 있다면 티오프 한 시간 전에 도착해 프런트 앞에서 기다리는 것이 매너이다. 경기 내내 휴대폰으로 통화를 하는 모습은 좋지 않으므로 사업상 부득이한 경우를 제외하고는 상대방의 플레이에 열중하는 것이 좋으며, 굿 샷을 남발하는 것보다 상대방의 공이 어디로 날아가는지 끝까지 응시해 주는 더 상대방에 대한 배려이다. 비즈니스를 위한 골프라 하더라도 사업에 관한 얘기를 라운드 시작 전이나 도중에 꺼내는 것은 좋지 않으며, 경기 종료 후나 식사자리를 따로 자리를 마련하여 하는 것이 좋다. 마지막으로 캐디나 골프장 직원들 직원에게도 예의를 갖추어서 말하고 행동함으로써 품격 있는 사람으로 인상을 남기도록 하자.

② 갤러리로서의 매너

골프는 매너로 시작해서 매너로 끝나는 운동이라는 말을 할만큼 매너스포츠의 랜드마크이다. 그럼 매너 스포츠로 꼽히는 골프에서 프로 선수들은 어떤 갤러리를 가장 선호할까?

2010년 1월 11일자 한국경제신문에 따르면 골프 선수들은 '응원과 관람을 구분할 줄 아는 갤러리'를 고마워하면서 오래 기억하고 있다.

때문에 선수들이 가장 기피하는 갤러리는 당연히 기본적인 매너를 지키지 않는 갤러리다. 이 신문은 "저게 프로야? 완전 아마추어처럼 치네" "내가 쳐도 저보다 낫겠다" 등 비아냥거리는 갤러리가 가장 눈살을 찌푸리게 한다는 답변이 많았다고 덧붙였다.

- 어드레스에 들어가 샷을 마칠 때 까지는 휴대폰이나 소곤거림 등의 소음이 발생하지 않도록 주의한다.
- 잔디를 보호하는 의미에서 운동화나 골프화를 신는다.
- 준비 자세에 들어가면 선수의 시야 안에 서 있는 사람은 움직이지 않아야 하며, 이동할 때는 선수가 먼저 지나간 후에 걸어가야 한다.

- 뒷쪽 갤러리를 위해 앞에 있는 갤러리는 앉아야 한다. 다른 사람이 관전하는 데 불편이 없도록 협조하는 자세가 필요하다.
- 로프를 친 구역 안으로 들어가지 않는다. 출처 .www.gogolf.co.kr

2) 스키매너

- 슬로프에서 충돌하거나 나로 인해 상대방이 피해를 보았을 경우에는 반드시 사과의 말을 전한다.
- 스키장비는 사람과 부딪히지 않도록 세워서 운반하다.
- 활주로를 걸어서 내려가거나 올라 갈 때에는 양쪽 가장자리를 이용해 이동한다.
- 안전 표지판이나 운영 요원들의 안내에 잘 따르도록 한다.
- 자신의 능력을 믿고 과속을 하거나 난폭하게 스키를 타는 것은 다른 사람들의 안전에도 영향을 미치므로 주의한다.
- 리프트 탑승 중에는 반드시 금연을 한다.
- 초보자는 기초 실력을 쌓은 후에 자신의 실력에 맞는 슬로프를 선택한다.

3) 피겨 스케이트 관전매너

피겨 스케이트는 다른 종목과 달리 선수들에게 집중을 요하는 종목이다. 워밍업 중이든, 실전이든 시와 때를 가리지 않는 박수갈채와 환호성은 선수들에게는 오히려 방해가 될 뿐이다. 그동안 우리나라 사람들에게는 관심 밖의 스포츠였던 이유로 접할 기회가 많질 않아 경기장에서의 지켜야 할 매너부분에 대해 알지 못하는 부분들이 많았다. 먼저 경기시작 전 선수들의 워밍업 시간에는 무조건 정숙해야 하며, 난이도가 있는 기술을 성공하였다 하더라도 가벼운 박수만 보내고 함성은 지르지 않는 것이 좋다. 선수가 경기에 몰입을 할 수가 없기 때문이다.

기립 박수나 환호 등은 선수의 경기가 완전히 종료 한 뒤에 해야 하며, 경기를 하는 도중에 카메라 플래시를 터뜨려서는 안 된다.

또한 경기 종료 후 점수를 기다리는 동안에도 너무 소란스럽게 않게 해야 하며, 경기장에 꽃을 던진 때에는 빙질에 영향을 미치지 않도록 반드시 비닐로 포장을 해야 한다. 꽃에서 나온 이물질들이 스케이트 날에 부딪혀 선수들의 스케이팅에 지장을 주게 되기 때문이다.

"피겨는 응원 보다 관람하는 스포츠"

김연아는 올시즌 마지막 대회인 2009~10 국제빙상경기연맹(ISU) 피겨 시니어 그랑프리 파이널이 모두 끝난 6일 '가장 좋지 않았던 경기'로 지난해 12월 경기도 고양에서 열렸던 그랑프리 파이널을 꼽으며 " '다시는 한국에서 경기하고 싶지 않다'던 역도선수 장미란의 말에 많이 공감했다"고 말했다.

김연아가 꼬집은 건 한국 관중들의 관전 매너. 처음으로 한국에서 치른 국제대회라 "이틀이 두 달 같았다"고 할 정도로 부담이 컸던 김연아는 "특히 한국 관중들의 관전 문화가 익숙지 않아 당황스러웠다"고 회상했다. 김연아는 "내가 점프를 하기 직전에도 소리가 나더라. 6분 동안 몸을 푸는 시간이 너무 길게 느껴지고, 기권할까 하는 생각까지 했다"고 당시 느꼈던 부담감을 솔직하게 털어놨다.

김연아는 "가끔 피겨를 많이 보지 못했던 분들이 337박수 등을 치실 때면 당황스럽다"면서 "피겨는 응원보다는 관람을 하는 스포츠다. 그런 응원을 하다 보면 내가 뭘 할 수 있는지 볼 수 있겠는가. 나에게 집중해 주셨으면 좋겠다"고 당부했다.
당시 김연아는 186.35점으로 2위에 머물러 그랑프리 파이널 3연패에 실패했다.

[출처] "피겨는 응원 보단 관람하는 스포츠" 2009년 11월 7일 세계일보 온라인 뉴스

06
Chapter

해외여행 시의 매너

2001년 개항을 한 인천국제공항은 해외 화물 수송 1위, 서비스 만족도 1위 공항을 자랑하며, 명실상부한 국제적인 공항으로 거듭나고 있으며, 해마다 증가하는 여객의 수요를 2010년에는 3,287만 명으로 예상을 하고 있다. 해외여행의 빈도수가 늘어나고 있는 만큼 공항의 편의시설과, 출입국 절차, 항공기 탑승 시 주의할 매너를 알아 둔다면 여러 사람들이 함께 사용하는 공간을 좀 더 편안하고 안락한 분위기속에서 즐길 수 있을 것이다.

1. 공항 이용매너

1) 인천공항 상주 항공사의 위치 및 항공사 Code

현재 인천 국제공항에는 70여개의 국내외 항공사가 운항을 하고 있으며, 주요 항공사별 Check-in Counter를 알고 있으면, 탑승 수속을 하는 시간을 절약할 수 있으므로 여행 전 미리 인천공항에 상주한 항공사의 위치를 확인한다.

아래 그림은 공항의 체크인카운터를 이해하기 용이한 제휴 항공사별로 구분을 하였다. 현재에는 대한항공이 가입한 Sky Team과 아시아나의 Star Alliance, One World들이 대표적인 제휴 형태이다.

항공사 간의 제휴로 인해 항공사는 동일한 터미널을 이용할 수 있으며, 최소한의 비용으로 다양한 노선을 확보할 수 있는 경제적 이익이 생긴다.

또한 항공편 연결 시 경유지에서 다시 탑승수속을 해야 하는 불편함이 해소되는 "One Stop"서비스를 제공받을 수 있으며 회원사 간 네트워크가 형성됨으로써 항공권 가격이 인하되는 효과를 거둘 수 있고, 제휴항공사 간의 마일리지를 공유할 수 있어 어느 항공편을 이용하더라도 마일리지가 적립되는 혜택이 있다.

여객터미널에 항공기가 주기중인 것도 있으나 여객 터미널과 떨어진 탑승동에 항공기가 주기할 경우도 있다. 주로 외항사를 이용한 경우에 탑승동에서 탑승이 이루어지게 되며, 이런 경우에는 28번 Gate를 이용한 후 트램에 승차하여 이동하게 됨으로 항공사로부터 좌석배정을 받고 나면 해당항공사의 출발 Gate가 몇 번인지를 먼저 확인하는 것이 좋다.

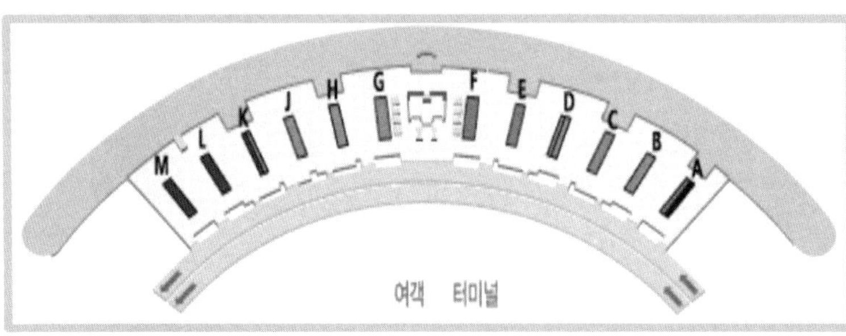

구분	항공사	터미널
Sky Team 제휴항공사	대한항공(KE)	A, B, C, D
	에어로플로트(SU)	D
	에어프랑스(AF), 노스웨스트(NW)	E
	중국남방항공(CZ), 델타항공(DL) 등	E

구분	항공사	터미널
Star Alliance 제휴항공사	아시아나항공(OZ)	K, L, M
	루프트한자항공(LH), 타이항공(TG)	J
	ANA항공(NH), 에어캐나다(AC)	J
	싱가포르항공(SQ), 유나이티드항공(UA) 등	K
서편이용항공사	제주항공(7C), 세부퍼시픽항공(5J)	G
	일본항공(JL)	G
	캐세이 퍼시픽(CX)	H
	에바항공(BR), 에어마카오(NX)	H
	핀에어(AV), 카타르(QR) 등	J
동편이용항공사	가루다인도네시아(GA), 중화항공(CI)	D
	말레이시아항공(MH), 베트남항공(VN)	D
	심천항공(ZH), 몽골항공(OM)	E
	동방항공(MU) 등	F
국내선		A

- 인천국제공항 홈페이지 인용 -

2) 출국에 필요한 절차

(1) 탑승수속

여행자가 공항에 도착하여 출국 수속을 밟게 되는 가장 기본적인 절차로 항공권, 여권 등 구비서류에 대한 확인과 위탁수하물처리과정을 탑승수속이라 한다.

모든 여행자들이 갖추어야 하는 기본 서류는 여권, 사증(Visa), 예방접종증명서이다. 여행하는 국가에 따라 비자와 예방접종서는 생략가능하다. 나라별 예외국가도 있으나 대부분의 나라에서는 비자 없이 3개월 간 체류가 가능한 경우가 많다.

① 여행 구비서류의 확인

가. 여권(Passport)

여권은 여행객의 국적증명서로서, 외국 관계기관에 자국민의 보호와 자유통행을 요청하는 공식서류이며 외국으로의 여행 시 해당국가로부터 차별적인 대우를 받지 않도록 편의와 보호를 요청하기 위한 것이다. 유효기간 확인 및 목적지 비자, 무비자 통과 여객(T.W.O.V) 조건을 확인해야 한다.

- 여권의 종류에는 관용여권(공무원), 일반여권, 외교관 여권, Laissez passer(국제연합), International Re-Cross Passport(국제적십자), 여권에 준하는 여행증명서 및 Sea-man 수첩 등이 있다.
- 사증(VISA)이란 방문 혹은 여행하고자하는 나라로부터 받는 입국 허가증으로 대사관에서 구비서류와 함께 발급을 받는다.

사증의 종류

- 신분에 따른 분류 : Diplomatic, Official, Ordinary VISA
- 사용횟수에 따른 분류 : Single Entry Visa, Multiple Entry Visa,
- 입국목적에 따른 분류 : Tourist, Business, Staying, Transit Visa

나. 무비자 협정

- **사증면제협정(Visa Waver Agreement)** : 여행의 편의를 위해 협정 체결국과 사증 없이 자유롭게 여행할 수 있도록 한 제도이다.
- **무사증통과(TWOV: Transit Without Visa)** : 제3국으로의 여행 시 단순 통과의 목적으로 일시적으로 체류할 경우 사증 없이도 체류가 가능하며 TWOV의 조건은 국가마다 상이한데, 먼저 외교관계가 수립된 국가이어야 하고, 단순통과 및 관광목적, 3국으로 여행

에 필요한 여행 서류가 완비되어야 하며, 예약이 확약된 항공권을 소지하고 있어야 한다. 관광목적, 제3국으로 여행에 필요한 체류 허용 기간을 명확하게 확인이 되어야 한다.

No Visa로 입국 가능한 나라(한국인의 경우)

1) 체류기간 90일 이내 무비자 입국 가능한 나라
   미국, 터키, 헝가리, 말레이시아, 그리스, 멕시코, 콜롬비아, 파키스탄, 뉴질랜드, 방글라데시, 체코, 불가리아, 모로코, 스위스, 태국, 일본, 독일, 벨기에, 룩셈부르크, 프랑스, 오스트리아, 네덜란드, 아이티, 페루, 이스라엘, 터키, 모로코, 버뮤다, 덴마크 등
2) 체류기간 60일 이내 무비자 입국 가능한 나라
   이탈리아, 인도네시아, 포르투갈, 레소토
3) 체류기간 30일 이내 무비자 입국 가능한 나라
   튀니지, 사이판, 남아공화국

다. 병무신고서 – 만 30세 미만의 남자 여행자의 경우, 공항 내 병무청에 여권과 국외여행 신고필증을 제출하고 확인받아야 한다.

라. 출국카드 작성 – 2006년 8월부터 내외국인 출입국 신고서는 폐지되었으나, 출입국관리 사무소에 외국인 등록을 하지 않는 외국인은 입국신고서를 작성하여야 한다.

마. 예방접종 증명서 – 아프리카 남미 등으로 여행할 경우에는 국립 검역소, 보건소 등에서 콜레라, 황열병, 말라리아 예방접종을 해야 한다.

② E-Ticket 접수

E-Ticket의 경우에는 종전의 종이 항공권과는 달리, 지점을 방문하지 않고 컴퓨터에 저장된 자료를 온라인으로 작업하여 각자의 이메일로 송

부되어지는 항공권으로 티켓을 분실하더라도 세부 내역이 항공사의 시스템에 저장이 되어 있으므로, 분실에 대한 부담이 적은 항공권이다.

만약 e-티켓을 분실했을 경우에는 각자의 이메일에서 다시 인쇄하거나, Fax로 송부를 받으면 되나, 출입국 신고와 세관 통과 시 e-Ticket 확인증(Itinerary/Receipt)을 제시해 달라는 요청을 받는 경우가 있으므로, 반드시 모든 여정을 마칠 때까지 잘 소지하는 것이 좋다.

종이 항공권의 경우 분실하였을 경우에는 각 항공사의 지점에 방문을 하여 신고를 하여야 하며, 항공권 번호, 구매처, 구매일, 분실한 항공권의 여정 등을 알고 있으면, 신고 절차에 필요한 시간을 줄일 수 있다. 가능하다면 종이 항공권의 경우에는 항공권의 사본을 만들어 보관해 두는 것이 만일의 경우를 대비하는 좋은 방법이 될 것이다. 항공권의 분실 후 환불은 신청일로부터 60일이 경과한 후, 분실된 항공권의 미사용 여부가 최종 확인되면 지급된다.

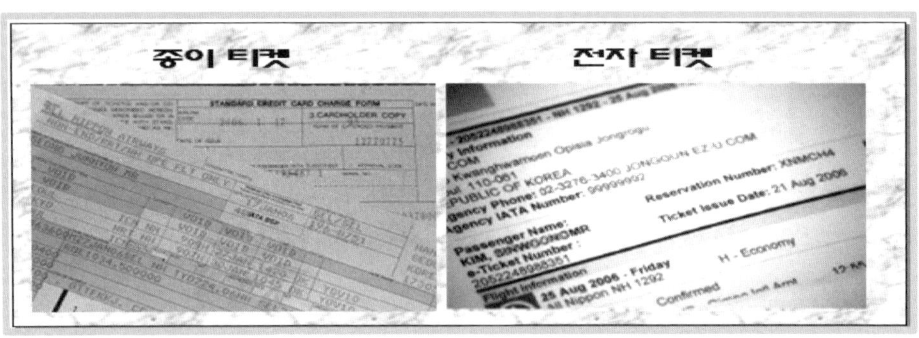

③ 좌석 배정

승객선호도와 요구를 고려하여 좌석을 배정하게 되는데 사전 좌석 배정제도를 사용하면 본인이 원하는 좌석을 미리 항공권 예약과 함께 지정할 수 있으므로 편리하다. 단 이 제도는 홈페이지를 통하여 예약하였을 경우에는 90일 전~48시간 전, 서비스 콜 센터를 이용할 경우에는

352일 전~48시간 전으로 예약 가능하나, 항공사별로 상이하므로 확인을 하는 것이 좋다.

사전 좌석 배정제도를 이용해 예약을 하였다 하더라도 국제선의 경우(일반석)에는 1시간 30분 전, 국내선의 경우에는 30분 전에 탑승 소속을 마치지 못하게 되면 자리에 변동이 생기는 경우도 발생할 수도 있다.

좌석 배정을 받을 때 항공사 보너스 마일리지를 입력하며, 만약 마일리지를 입력하지 못하였을 경우에는 해당 편 탑승권을 잘 간직하였다가 공항 도착 후 해당 항공사 카운터에서 적립을 하면 된다.

탑승수속 시 비상구 좌석 배정에 관한 규정

이코노미 승객들이 가장 선호하는 좌석은 바로 승무원들이 이, 착륙 시에 착석하게 되는 비상구 좌석 바로 앞이다. 이 좌석에 앉는 승객은 비상시에 승무원을 도와 승객의 탈출을 돕는 역할을 수행해야 하므로 비상구 좌석 배정 시에는 아래와 같은 착석 기준이 정해져 있다.

- 15세 미만이거나 동반자의 도움 없이 비상구를 여는 동작을 할 수 없는 승객은 착석 불가하다.
- 일반적 보청기를 제외한 다른 청력 보조장비 없이는 승무원의 탈출 지시를 듣고 이해할 수 없다면 착석 불가하다.
- 글 혹은 그림의 형태로 제공된 비상 탈출에 대한 지시를 읽고 이해하지 못하거나 승무원의 구두지시를 이해하지 못하는 승객의 경우에는 착석 불가하다.
- 비상구 열 좌석규정을 준수할 의사가 없을 경우에는 착석 불가하다.

비상구 좌석에 착석을 원치 않을 경우에는 항공기가 출발하기 전 미리 승무원에게 문의를 하여 자리를 바꾸어야 한다.

(2) 출국수속

탑승수속이 완료되면 출국수속을 위해 출국장의 입구에서 승객의 여권과 항공권을 확인하고 C(Custom), I(Immigration), Q(Quarantine) 절차를 밟게 된다.

① 보안검색

항공기의 테러 위협의 증가로 인해 보안검색이 점점 더 강화되는 추세이다.

보안검색 시에는 승객 및 승객의 휴대수하물, 불법 외환소지 여부 검색, 총기류나 폭발물, 기내 휴대제한 품목(SRI: Security Removed Items)의 소지여부 확인하게 된다. 또한 기내 반입금지 품목인 액체에 대한 검사가 이루어진다.

SRI란, 칼 가위 등 날카로운 물질이나 그 외에 항공 안전에 저해가 되는 물품은 기내로의 반입이 불가하며, 항공사에서 제공하는 별도의 봉투에 보관하여 승객과 분리하여 탑재가 되며, 항공기 승무원에 의해 관리가 된다. 공항 도착 후 Baggage Claim에서 찾아가면 된다.

② 세관신고(Custom)

입국 시 재 반입한 고가 휴대품, 수출신고가 수리된 물품, US달러 만불을 초과하는 원화 혹은 외화를 가지고 반출하는 경우에는 반드시 신고서를 작성한다.

③ 법무부 출국심사(Immigration)

출국심사대에서 출입국심사관이 출국자들을 대상으로 체류기간 및 출국금지여부의 확인 등을 거쳐 출국 허가 스탬프를 날인한다.

④ 검역(Quarantine)

출국심사의 마지막 단계로서 예방접종카드 여부에 대한 확인 절차이나 거의 생략되는 경우가 많다.

액체 물품에 대한 보안 규정

우리나라는 2007년 3월 1일 0시부터 한국 발 모든 국제선 항공편에 대해 단위 물품 당 100밀리리터를 초과하는 액체, 젤류 및 에어로졸의 항공기 내 휴대 반입을 제한하고 있다. 그러나 위탁수하물의 경우에는 액체의 운송이 가능하다. 이는 국제민간항공기구(ICAO)에서 권고한 사항을 수용한 것으로, 현재 대부분의 나라들이 액체의 기내 반입을 제한하고 있다. 용기 당 100밀리리터 이하의 액체, 젤류 및 에어로졸은 휴대가 가능하나, 승객이 1리터 이하의 투명한 비닐 지퍼 락(Zipper Lock) 봉투(20cm×20cm)에 포장해 보안검색을 받기 전에 검색요원에게 제시해야 하며, 승객 1인당 비닐 봉투는 1개로 제한된다. 다만, 유아를 동반한 경우 유아용 음식과 액체 및 젤 형태의 약품 등은 미리 휴대 사실을 신고하면 용량에 관계없이 휴대할 수도 있다.
면세점에서 구입한 액체, 젤류 및 에어로졸은 별도 제작된 투명한 비닐 봉투에 넣은 후 봉인해야 하며, 면세품 구입 시 받은 영수증을 동봉하거나 부착한 경우에 한해 용량에 관계없이 반입할 수 있으나, 봉인된 비닐 봉투를 훼손한 경우에는 반입할 수 없으므로 주의해야 한다. 또한 제3국의 환승하는 경우 나라별로 환승 규정이 다르므로 주의한다.

(3) 탑승대기

출국 심사가 끝나면 면세구역을 들어가게 되는데, 공항의 또 다른 모습을 접하게 된다. 간혹 출발 시간에 승객을 찾는 항공사의 다급한 방송이 나오기도 하는데, 이런 경우는 면세점에서 쇼핑에 열중한 나머지 탑승시간을 놓쳐 버리는 경우가 대부분이므로, 탑승권에 기재된 탑승시간을 잘 알아 두어 늦지 않도록 한다. 일단 탑승 수속을 한 후 탑승을 하지 않게 될 경우에는 보안상의 이유로 인해 탑승한 모든 승객이 하기해야 하고, 위탁수하물과 기내로 반입된 모든 수하물을 하기하여 보안검색을 실시해야 한다. 다른 사람들에게 나 하나의 실수로 인해 비행기가 지연 출발하거나 한 번 더 보안 검색을 하게 되는 피해를 주는 행동을 하지 않도록 시간을 잘 엄수하는 것도 좋은 매너가 아닐까 생각된다. 일반적으로 항공기의 탑승시간은 출발 시간을 기준으로 하여 국제선의 경우 30분 전에 실시하나 미국이나 테러에 대한 위험이 많은 지역은 40~50분전에 실시하기도 하므로 시간적 여유를 두고 탑승구에서 대기하는 것이 바람직하다.

3) 입국절차

입국은 출국 시의 CIQ 절차의 반대로 검역, 입국심사, 세관검사의 순서로 이루어진다.

① 검 역

목적지에 도착 후 가장 먼저 검역절차를 거친다. 동남아를 여행하고 오는 승객들은 검역설문서를 제출해야 하며 환자로 인정되는 사람은 특별검사를 받게 된다.

② 입국심사

③ 수하물 수취(Baggage Claim)

수하물이 인도장소로 이동 후 자신의 수하물을 찾는다. 수하물이 도착하지 않았거나 파손의 경우에는 항공사의 규정과 절차에 따라 처리한다.

간혹 동일한 모양으로 인해 수하물이 바뀌는 경우가 종종 있으므로 반드시 수하물표를 확인하고 본인의 것이 맞는지 살펴보는 것이 좋다.

수하물을 분실하게 되었을 경우에는 각 항공사에 서면으로 이의를 제기한 후에 분실된 수하물의 수하물표와 항공권, 탑승권을 지참 후 항공사의 분실물센터를 방문하여 사고 접수를 한다.

④ 세관검사

작성한 세관신고서를 바탕으로 검사원에게 보여주거나 구두로 신고를 한다. 국가별로 면세 허용량이 다르므로 주의한다.

수하물 분실에 대한 배상규정

1. 분실(Lost)이나 지연(Delay)일 경우
   수하물 분실 후 21일 이내에 반드시 항공사가 제공한 양식으로 신고한다.
   분실은 최고 배상책임 한도액은 위탁 수하물 20USD/KG이며, 휴대 수하물의 경우 1인당 400USD 상당의 원화 금액 내에서 배상이 되며, 지연의 경우 일용품 구입비로 50USD 한도 내에서 해당 승객에게 1회에 한하여 지불된다.

2. 파손의 경우
   IATA(국제항공운송협회)에서 정한 규정에 의하면, 수하물의 파손의 경우 발견된 이후 7일 이내에 신고를 한 후, 수선할 경우는 수선비 영수증을 첨부하여, 실비로 정산한다.

(4) 주요 국가별 출입국 규정

① 말레이시아

여권의 유효기간이 6개월 이상 남아있어야 하며, 단순 관광으로 입국시 에는 3개월간 무비자로 체류가 가능하다.

입국서류는 출입국 카드와 세관신고서를 작성(한 장으로 구성되어 있음)한다.

통화단위는 링깃이다.

② 미 국

우리나라는 2008년 11월17일부터 미국비자면제프로그램(VISA WAVER PILOT PROGRAM)에 가입이 되어 아래의 조건을 충족할 경우에만 비자면제프로그램을 이용해서 미국을 입국할 수 있다.

- 단기 출장/관광의 목적
- 유효한 전자여권 소지
- 등록된 항공/선박을 이용하고 왕복항공권 또는 미국 경유 시 최종 목적지 항공권 소지, 미국 입국일로부터 90일 이내에 출국
- 비자면제 협정이 맺어진 국가는 입국 시 출입국 카드를 I-94W Form의 출·입국카드를 작성하며, 그 외 국가의 국민들은 I-94 Form을 작성한다.
- 출입국 카드는 미국, 캐나다 시민권자 영주권자 최초 이민자 미국 군인을 제외한 모든 승객이 작성한다. 세관신고서는 가족 당 한 장이며, 식품류의 반입이 있을 경우 세관신고서에 신고한다.

Tip 비자를 받아야 하는 경우

- 90일 이상 미국에 체류할 경우
- 미국에서 체류 자격을 변경할 경우
- 관광이나 상용이 아닌 취업이나 공부를 목적으로 방문할 경우나 미국 비자가 거절되었거나 입국 거부 추방 혹은 체류기간을 어긴 적이 있는 경우에는 발급을 받는다.

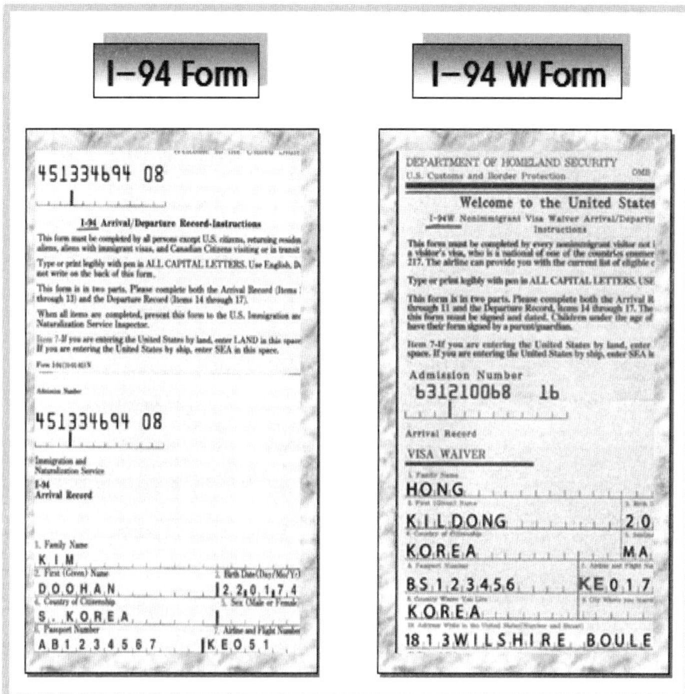

③ 일 본

입국서류는 자국민을 제외한 전 승객이 작성하며 세관신고서는 신고할 품목이 있을 경우에만 작성한다. 3개월 이전 체류 시에는 비자가 필요 없다.

통화단위는 엔이다.

④ 중 국

세관신고서와 입국 카드 검역설문서를 작성하고 비자는 단수와 복수 두 종류가 있다. 체류 기간에 맞추어 비자를 발급받는다.

통화 단위는 위안이다.

⑤ **필리핀**

유효기간이 남아 있는 여권이라면 비자 없이 입국이 가능하나 반드시 귀국편 항공권을 소지해야 한다. 비자는 대부분의 나라가 면제 대상 국가이다.

입국 서류는 세관신고서와 한 장으로 되어 있으며, 1인당 1매 작성한다.

통화단위는 필리핀 페소이다.

⑥ **태 국**

비자는 대분의 나라가 면제 대상 국가이며, 입국 서류는 입국카드와 세관신고서를 작성한다.

통화단위는 바트이다.

⑦ **인도네시아**

인도네시아는 무비자 입국제도를 시행하고 있었으나 2004년 2월 1일부터 도착 비자제도(Visa-on-Arrival)를 시행하고 있다. 관광목적으로 방문할 경우에는 인도네시아 도착 공항에서 도착 비자를 받은 후에 입국을 해야 한다.

체류 기간이 7일 이내는 10달러, 8~30일 이내는 25달러이며 가급적 현금으로 준비하는 것이 좋다.

여권의 유효기간이 6개월 이상 남아 있어야 하며 입국이 가능하므로 주의를 요한다.

통화단위는 인도네시아 루피이다.

⑧ **호 주**

입국서류에 세관신고서가 포함되어 있다. 호주는 전자 비자 발급 서비스(ETAS: Electronic Travel Authority System)를 실시하고 있어 항공권을 구입하면서 동시에 전자비자를 발급받을 수 있다. 이것은 여행사에서 항공권을 예약할 때 항공사와 호주 이민국의 전산망을 연결해 여행객의 여권 정보를 교환함으로써 비자 관련 업무를 10초안에 마무리하는 방식이다. 호주는 우유 및 낙농 제품뿐만 아니라 식물종자가 포함되었거나 이를 원료로 하여 만든 여행 선물 등에 대해서도 규제가 엄격함으로 세관신고서에 성실히 기재를 하는 것이 좋다.

통화단위는 호주달러이다.

⑨ 독 일

체류기간이 3개월 미만일 경우에는 비자가 필요 없으며, 입국카드와 세관신고서도 작성하지 않는다. 그러나 주의해야 할 사항이 있다.

독일 입국 시에는 여권 상에 반드시 소지인 서명(자필 서명)이 되어 있어야 한다. 서명이 되어 있지 않는 경우 유효한 여행 서류로 인정하지 않으므로 도난여권으로 의심을 받거나 여권의 진위여부를 위해 장시간 입국심사를 받아야 하는 경우가 발생하므로 출국 전 반드시 확인을 하여야 한다.

또한 독일은 담배 1Carton이 면세 허용량이다. 한국 사람들을 대상으로 허용량 이상의 담배를 소지하고 있는지 자주 Check가 이루어지므로 주의를 요한다.

적발 시에는 100유로 이상의 벌금을 부과하게 되니 규정을 준수하도록 한다.

통화 단위는 유로화이다.

⑩ 영 국

비자면제 국가로서 6개월 이내의 여행이나 관광의 경우에는 비자발급이 필요 없다. 입국서류로는 세관신고서는 작성하지 않으며 입국카드(Landing Card)만 작성하면 된다.

통화단위는 영국 파운드이다.

2. 항공기 이용매너

1) 탑승시의 매너

일반적으로 노약자와 어린이를 동반한 승객들과 객실 후방에 자리를 배정받은 승객들이 먼저 탑승을 하고 중간 열, 앞쪽 열 좌석은 마지막에 탑승을 안내하는 방송이 나오므로 각자의 탑승순서에 맞게 탑승을 한다. 승무원에게 탑승권을 제시하고 반드시 정해진 좌석에 착석하며, 탑승이 끝난 후에 공석이 발견되더라도 함부로 이동하지 말고 승무원의 허락을 득한 후에 이동한다. 승무원들의 환영인사에 답례를 해주는 것도 기분 좋은 여행을 시작하는 첫 단계이므로 좋은 인상을 남기도록 하자. 조그만 물건은 좌석 아래에 두어도 무방하며, 선반 속에 짐을 보관할 때는 겹쳐서 놓지 않도록 주의를 해야 한다. 비행 중 선반을 열다가 겹쳐진 물건이 떨어져 상해를 입는 경우가 종종 발생하며, 짐의 주인을 찾아 책임 여하를 따지느라 언쟁이 오가는 상황도 생기기 때문이다.

착석을 하면 안전벨트를 매고 이륙 후 좌석 벨트 사인이 꺼질 때까지는 기내에서의 이동을 삼가 해야 한다. 항공기의 사고 시간대를 분석해보면 이륙 후 3분과 착륙 8분 사이에 사고가 발생하는 경우가 전체 사고의 78%에 해당한다고 한다. 그러므로 이착륙 시에는 승객들도 안전운항을 위해 협조를 해야 한다.

항공사에서는 좌석 벨트 사인이 꺼지더라도 갑작스런 기류변화로 인해 기체가 흔들릴 경우가 있으므로 좌석 벨트를 비행 중 상시 착용할 것을 권장하고 있다.

2) 기내 설비

(1) 비상구

비상사태가 발생했을 경우 비상구의 개방여부에 따라 생사가 결정된다고 하여도 과언이 아닐 만큼 비상구의 빠른 개방은 매우 중요하다. 그러므로 비상구 좌석 주변에는 짐을 놓아둬서는 안 되며, 비상구에 걸터앉아 휴식을 취하는 행위를 해서는 안 된다. 비행기의 비상구에는 비상시 사용할 수 있는 여러 가지 부속장비들이 그 속에 장착이 되어 있기 때문이다.

좌석에 앉게 되면 가장 먼저 해야 할 일은 본인의 좌석에서 가장 가까운 비상구의 위치를 먼저 확인을 하는 것이 좋다.

(2) 승무원 호출 버튼(Call Button)

승무원 호출 버튼은 승객의 필요사항을 빠른 시간 내에 처리하기 위한 것으로 좌석 팔걸이에 장착이 되어 있다. 승무원을 부를 일이 있을 경우에는 큰소리로 부르거나, 지나가는 승무원을 손가락으로 찌르는 등의 행동은 삼가고 좌석 옆이나 머리 위의 호출 버튼(call button)을 사용하는 것이 예의다.

승무원 호출 후에는 반드시 버튼을 꺼주어야 한다.

간혹 아이들의 장난으로 호출 버튼이 소음으로 변하여, 눈살을 찌푸리게 하는 경우도 있으므로 아이들에게는 주의를 주는 것이 좋다.

(3) 독서등(Reading Light)

머리 위쪽 천정에 있으며, 스위치는 승무원 호출 버튼과 마찬가지로 좌석 팔걸이에 있다. 기내가 어두워졌을 때 독서나 다른 일을 하고자 할 때 이용하면 좋으나, 취침 시에는 소등하여 다른 사람에게 방해가 되지 않도록 해야 한다.

(4) 기내 전원시스템(In Seat Power System)

항공기에는 인가된 기내 전원시스템인 ISPS가 장착되어 있어 비행 중 휴대용 전자기기의 전원을 공급하거나 전원을 끈 상태에서 Battery를 충전할 수 있다.

그러나 모든 좌석이 가능한 것이 아니라, 기종에 따라 상이하므로 이용 전에 승무원에게 문의를 하는 것이 좋다.

(5) AVOD(Audio Video on Demand)

몇 년 전만 해도 항공기에서는 영화를 일정시간에 모든 승객들이 동시에 볼 수 있도록 앞쪽과 중간에 커다란 스크린을 설치해 두었었다.

앞쪽 사람의 머리에 가려져 영화를 제대로 보지 못하는 경우도 많았으나, 최근에는 좌석 앞에 개인용으로 설치된 모니터를 통해 각자의 취향에 맞는 프로그램을 선택하여 시간의 제약을 받지 않고 볼 수 있게 되었다. 영화, 음악, 어린이용 만화, 게임 등 다양한 항목으로 구성이 되어 있다.

(6) 화장실

화장실은 사용 중(Occupied), 비어있음(Vacant) 표시를 확인하고 비어있음이라는 표시가 되어 있다 하더라도 한 번 더 노크를 한 후에 사용하는 것이 좋다. 간혹 화장실 문을 안쪽에서 잠그지 않고 사용하는 승객들도 있기 때문이다. 화장실 내부에 있는 잠금 장치를 하여야만 사용 중임을 표시하는 글자로 바뀌므로 서로 당황하는 일이 없도록 사용자들이 주의를 한다. 일반적으로 사용 중일 때는 빨간 표시판(Occupied)으로, 비어있을 때는 녹색표시판(Vacant)으로 표시가 된다.

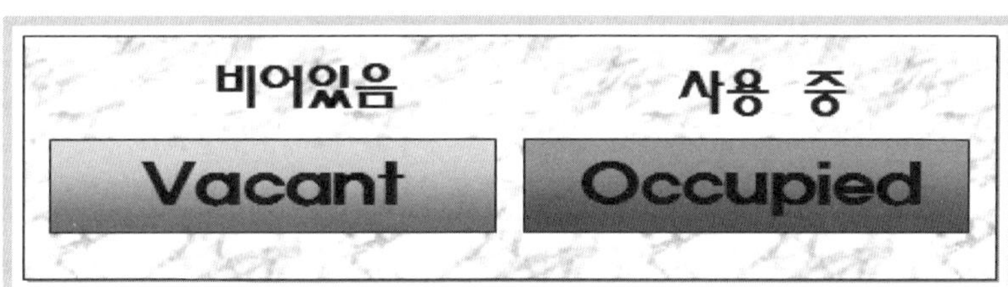

화장실이 가장 많이 붐비는 시간은 식사를 한 후와 잠을 자고 난 이후, 그리고 도착 40분 전임을 알리는 기장의 방송이 나온 직 후 이다. 혼잡한 시간을 피하고 싶다면 이 시간대를 피해서 이용을 하는 것도 좋은 방법이다.

항공기의 화장실은 승무원들이 정리를 하기는 하나, 각자 사용 후에 뒷사람을 위해서 깨끗이 마무리를 하고 나오는 것이 예의이다. 사용한 휴지는 반드시 휴지통에 넣고, 손을 씻고 난 후 세면대는 물기를 제거해 두는 것이 좋다.

화장실에서 흡연을 하게 될 경우에는 화장실 내부에 설치된 연기 감기지에 의해 경보음이 울리게 되며, 위반 시에는 최고 500만원의 벌금이 부과되므로 주의한다. 참고로 전 세계 모든 항공사가 금연을 실시하고 있다.

기내에서 흡연하던 30대 경찰에 잡혀

김해공항경찰대는 9일 운항 중인 항공기 화장실에서 담배를 피운 혐의(항공안전 및 보안에 관한 법률 위반)로 최 모(32) 씨를 붙잡아 경찰서로 넘겼다.

경찰에 따르면 최 씨는 이날 오후 1시40분께 김포공항을 출발해 오후 2시40분께 김해공항에 도착할 예정이던 대한항공 KE1121편 화장실에서 담배를 피우다 승무원에게 적발됐다.

승무원은 최 씨의 흡연사실을 기장에게 보고했고, 이 사실은 항공사 운항실을 거쳐 김해공항 대한항공 사무실에 통보됐다.

김해공항에 도착해 비행기에서 내리던 최 씨는 항공사의 연락을 받고 대기 중이던 경찰에 붙잡혔다.

경찰 관계자는 "최 씨가 술에 약간 취해 비행기에 탄 후 이륙을 위해 이동하던 중 화장실에서 담배를 피운 것으로 조사됐다"며 "항공안전 및 보안에 관한 법률은 기내흡연에 대해 500만 원 이하의 벌금을 물릴 수 있도록 규정하고 있다"고 말했다.

출처: 2008. 07. 09 연합뉴스

3) 구급약

항공기에는 어떤 구급약과 의료장비가 있을까?

항공기는 하늘위의 병원이라고 할 만큼 다양한 종류의 약과 의료장비가 탑재되어 있어 장시간의 항공여행 시 발생할 수 있는 만약에 사태에 대비를 하고 있다. 승객들이 자주 요청하는 약품인 진통제 소화제 멀미약 일회용 밴드 반창고 화상연고와 항공법에 의해 반드시 탑재하도록 규정되어 있는 First Aid kit에는 골절 시 사용하는 압박붕대 삼각건, 승객 기절시 사용하는 암모니아 흡입제와 해열제 등이 있다.

또한 응급환자의 전문적인 치료를 위한 Emergency Medical Kit이 있다.

기내 탑승객 중 반드시 의사 면허를 가진 전문 의료인만이 사용할 수 있으며, 외과용 소독장갑, 일회용 주사기와 메스, 심혈관 확장제, 진통제, 이뇨제항 알러지제와 안정제, 주사용기관지 확장제 등이 있다.

심장마비로 인한 환자 발생 시 신속하게 제세동을 시행해 심장의 리듬을 정상화할 수 있는 자동심실 제동기인 AED가 탑재가 되어 있다.

필요시에 요청을 하면 언제든지 구급약을 제공을 받을 수는 있으나, 항공 여행 시에는 기본적으로 본인이 미리 준비하여 여행에 임하는 것이 현명하다고 할 수 있겠다.

4) 비행 중의 매너

(1) 맨발로 객실을 배회하지 않는다.

비행 중에는 항공사에서 제공하는 덧신을 이용하며, 맨발로 객실을 다니는 행위는 자제해야 한다. 또한 발을 앞 사람의 팔걸이에 걸치고 잠을 자는 것도 예의에 어긋나는 행동이다.

(2) 휴식을 위해 등 받침을 사용할 경우에는 뒷사람에게 가벼운 목례로서 의사표시를 한 후에 의자를 뒤로 젖히는 것이 예의다.

2008년 7월, 인천국제공항을 떠나 푸껫으로 향하던 스카이스타항공 기내에서 20대 남성 두 명이 "의자 등받이를 너무 뒤로 젖히지 말라", "무슨 상관이냐"며 시비를 벌였다. 두 사람이 몸싸움까지 하면서 소란이 커지자 주변에 있던 한 여성 승객이 호흡곤란 증세를 일으켰고, 결국 이 비행기는 인천공항으로 회항하는 사건이 있었다. 기내에서는 의자 등받이로 인해 승객들 간의 사소한 언쟁이 자주 발생하는 편이다. 서로를 배려하고 존중하는 매너의 기본만 서로 지켰었다면, 항공기의 회항으로 인한 시간적 경제적 손실을 막을 수 있었을 것이다.

(3) 기내식과 음료 제공시에는 미리 테이블을 펴 두는 것이 좋다.

비행시간과 노선에 따라 서비스의 내용이 다를 수도 있으나 장거리 비행의 경우 이륙 후 50분 이내에 기내음료와 기내식이 제공된다.

음료로는 각종 주스, 맥주, 칵테일, 와인, 탄산음료 등이 무료로 제공이 되며, 외국의 항공사의 경우에는 알코올 성분이 들어간 맥주 ,샴페인, 와인 등을 유료로 판매하는 곳도 있으므로 외국 항공사를 이용할 시에는 먼저 승무원에게 문의를 하는 것이 좋다. 음료 서비스가 끝나면 바로 식사 서비스가 제공된다. 테이블을 펴기 위해서는 각자 사용하였던 등받이를 원상태로 놓아두어야 식사 시에 불편함이 없으므로 미리 준비를 해두는 것이 좋다. 저녁이나 점심식사는 보통 한식인 비빔밥, 쇠고기, 생선, 닭고기 등이 제공되며, 아침 식사는 죽과 오믈렛 혹은 파스타 종류가 서비스 된다.

항공사마다 승객의 선호도를 조사하여 메뉴의 탑재 비율을 조정하고 있으나, 본인이 원하는 식사를 취식하지 못하는 경우가 종종 발생한다.

본인이 꼭 먹어야 하는 메뉴가 있다면 예약 시에 식사메뉴를 함께 신청하는 것도 좋은 방법이 될 것이다.

야간비행 시 식사를 원하지 않을 경우에는 좌석앞 주머니 속에 들어있는 "Do Not Disturb"라고 적힌 스티커를 좌석에 붙여 놓으면 수면에 방해를 받지 않고 휴식을 취할 수 있다.

또한 기내에서는 압력의 차이로 인해 지상에서보다 취하는 속도가 빠르므로 과음을 하지 않도록 하며, 적절한 수분 공급을 위하여 탄산음료나 주스보다 물을 많이 섭취할 것을 권유한다.

TIP 특별한 기내식에 대하여

건강이나 종교 혹은 식습관 등의 이유로 인하여 항공사에서 제공하는 기내식을 취식할 수 없는 승객들을 위한 특별식(Special Meal)이 있다.
채식주의자를 위한 Vegetarian Meal, 유대 정교도를 위한 Kosher Meal 쇠고기를 먹지 않는 힌두인을 위한 Hindu Meal, 돼지고기를 취식하지 않는 이슬람교도를 위한 Moslem Meal 등이 있으며, 당뇨와 고혈압의 환자용 승객을 위한 식사가 있다.
어린이들을 위한 메뉴로는 자장면, 김밥, 스파게티, 피자 등이 제공되며, 허니문 및 생일용 축하 케이크도 탑재가 된다. 일반적으로 항공기 출발 24시간 전까지 주문가능하다.

(4) 이코노미 클래스 증후군(Economy Class Syndrome)이 발생하지 않도록 가벼운 스트레칭을 자주 실시한다.

이코노미 클래스 증후군은 항공 여행 시 좁은 좌석이나 비좁은 자세가 원인이 되는 것으로 다리가 붓고 저리며, 피가 돌지 않아 결국에는 혈액응고와 사망에 까지 이른다는 증후군이다. 수분섭취의 부족, 알코올에 의한 이뇨, 낮은 습도 등이 위험인자로 작용하므로 비행기라는 특수한 환경을 고려하여 가능한 알코올 성분의 섭취를 줄이고 적절한 수분 공급을 해주는 것이 좋다. 또한 기내에서 상영되는 기내체조 비디오를 참고하여 스트레칭을 자주 하며, 압박 스타킹 등을 착용하는 것도 좋다.

(5) 입국서류는 미리 준비를 하도록 한다.

식사 서비스가 끝나면 입국에 필요한 서류를 배포해 주므로, 받은 즉시 작성을 하는 것이 좋다. 입국 심사대에 서류가 비치되어 있지 않는 국가도 있으므로 작성 후에는 좌석 앞주머니에 넣어 두는 것보다 여권 속에 끼어 넣어 분실을 방지하는 것이 다시 작성하는 번거로움을 없앨 수 있다.

승무원에게 볼펜을 요청하는 사람들이 많아 서류를 작성하기까지 걸리는 시간이 많은 경우도 있으므로 여행 시에는 반드시 필기구를 함께 준비해 가는 것이 좋다.

(6) 기내 쇼핑 시에는 자리에 앉아 차례를 기다리며, 소란스럽지 않게 한다.

항공사에서 제공하는 면세품 판매는 고객들의 편의와 항공사의 수익을 함께 고려한 판매 전략이다.

편안한 쇼핑을 위해서는 귀국편 사전주문제도나 인터넷으로 돌아오는 여정과 날짜 출발지등을 기재하고 필요한 물품을 주문하게 되면, 돌아오는 귀국 항공기에서 물품을 전달 받을 수 있는 제도를 이용하는 것이 좋다.

가끔씩 원하는 물품의 품절로 인하여 승무원에게 심한 말을 하며, 언성을 높이기도 하고, 뒷자리에 앉은 승객이 앞으로 나와 물건을 구입하고자 하는 모습은 북새통을 이루는 장터의 모습을 연상시키기에 부족함이 없다.

유독 우리나라 사람들이 많은 탑승한 항공사마다 면세품 판매 시에는 한바탕 전쟁이 일어난다고 하니 씁쓸하기 그지없다. 항공기에서는 우리나라 사람들만 아니라 다양한 국적의 사람들이 이용 하고 있음을 명심하고, 이제는 좀 더 성숙한 문화인의 모습을 보여줘야 할 때가 아닌가 싶다.

(7) 도착 예정 안내방송이 나오면 주변을 깨끗이 정리한다.

일반적으로 도착시간 40분 전에 도착 예정을 알리는 기장의 방송이 나오게 된다.

이때가 되면 사용했던 헤드폰을 회수한다는 방송과 함께 승무원들이 헤드폰을 회수하게 되므로 전량 회수될 수 있도록 협조하며, 입국카드 작성유무를 다시 한 번 확인한다. 내려놓았던 짐들은 다시 선반 속에 보관 해두어야 하며, 사용했던 담요나 항공사의 비품들을 원위치 해두는 것이 좋다. 특히 담요는 정리하여 좌석앞 주머니나 좌석위에 두고, 항공사 소유 재산이므로 항공기 외부로 반출하는 행위를 하지 않는다.

4) 하기 시의 매너

항공기가 완전히 정지한 후에 하기 안내 방송이 나올 때까지 자리에 앉아 기다리는 것이 좋으며, 앞에서부터 차례로 하기 할 수 있도록 뒤쪽에 앉은 승객들은 자리에서 기다려 주는 것이 예의이다. 하기할 때에는 장시간 비행 동안 서비스를 제공해 준 승무원들에게 인사를 건네는 것이 좋다.

나라에 따라 여권을 손에 들고 내리기를 요청하는 경우도 있으므로,

기내에서 방송을 하게 되면, 반드시 여권을 손에 들고 입국 사열에 임하도록 한다.

내리기 전에는 선반속의 남겨진 짐이 없는지 확인 한 후 하기를 시작한다.

중간 경유지가 있을 경우

중간 경유지가 있을 경우는 아래와 같이 두 가지의 경우로 나뉘어 볼 수가 있다.

1. 동일 항공기로 여행을 계속하는 경우
   동일 항공기로 계속해서 여행하는 경우라 하더라도 중간 기착지에서 하기를 할 때에는 보안상의 이유로 인해 반드시 모든 짐을 가지고 내려야 한다.
   혹 짐을 두고 내렸을 경우에는 승무원들이 항공기 앞에 짐을 내다 놓으므로, 탑승 시 본인의 짐으로 확인이 되면 항공기 내로 다시 반입을 한다.
   또한 항공사에서 하기 시에 재 탑승이 이루어지는 시간을 알려 주므로 늦지 않도록 주의하며, 중간 기착지 하기 시에는 Transit Card를 수령하므로 분실하지 않도록 유의하여 재 탑승 시에 항공사 직원에게 돌려준다.

2. 다른 항공사의 항공기를 이용하기 위해 갈아타는 경우
   이 경우에도 반드시 짐을 가지고 내려야 하며, 연결 편 항공기의 탑승구를 공항에 설치되어 있는 전광판을 통해 재확인을 하는 것이 두는 것이 좋다.
   좌석 배정을 받지 않은 상태라면 보안 검색을 통과한 수 탑승구에 있는 해당 항공사의 카운터에서 탑승권을 배부 받아 라운지에서 대기하면 된다.

3. 호텔 이용매너

교통의 발달로 공간이동에 걸리는 시간은 놀라울 정도로 빨라지고 지역과 지역 간, 나라와 나라 사이를 왕래하는 일은 우리 생활에 더욱더 빈번하게 발생된다. 그것이 여행을 목적으로 하던 비즈니스를 목적으로 하던 사람들의 먼 곳으로 이동은 잦아지게 되고 이로 인해 집이 아닌 편안한 숙박시설의 필요성은 더욱 커졌다.

장거리 여행이나 비즈니스 출장을 가게 되면 당일 날 돌아올 수 없는 경우가 많다. 그래서 사람들은 필히 투숙할 수 있는 시설을 찾게 되는데 일반적으로 호텔을 가장 선호한다. 호텔에 투숙하는 목적이 사람마다 다를 수 있지만 평소 호텔을 자주 이용하지 않는 사람이라면 호텔을 이용하는 것이 마냥 쉽고 편안하지는 못할 것이다. 또 잘 모르면 많은 비용을 지불하고도 그 만큼의 제공되는 혜택을 다 받지 못할 수도 있는 것이다.

이런 의미에서 호텔을 선택하고 이용할 때 어떻게 하면 센스 있고 매너 있게 제공되는 서비스를 이용할 수 있는지 살펴본다.

1) 호텔 선택방법

호텔요금은 요금 변동이 성수기 비수기에 따라 탄력적이다. 같은 호텔에서 같은 등급의 객실을 더 저렴한 요금으로 이용한다면 여행경비가 그만큼 줄어드는 이점이 있는 것이다. 호텔요금은 이처럼 성수기, 비수기 요금과 각종 패키지 상품 등 다양한 요금으로 판매되어지고 있다. 이는 호텔의 상품 특성상 당일 사용이 안 되면 100% 상품가치가 사라지는 특성 때문에 호텔 측은 다양한 경로를 통해 최대한 객실을 채우기 위해 이용객의 특성을 따라 차별화된 가격 전략을 구사하고 있다. 따라서 이러한 호텔의 구조적 특성을 활용하면 아주 저렴하게 호텔을 이용할 수 있다.

(1) 해외여행 시 예약전문회사 활용

호텔은 항상 100% 객실을 채울 수 없기 때문에 대량고객을 유치하여 많은 물량을 소비하는 Wholesaler(도매업체)에게 일정 객실을 할당한다. 호텔 자체에서 저렴한 가격을 고객에게 내 놓는 것은 브랜드 가치를 떨어뜨리기 때문에 극구 피한다. 따라서 호텔 예약 전문회사를 통하여 예약하는 것이 가장 저렴하게 호텔을 이용할 수 있다.

(2) 최소 출발 2주 전 예약

호텔예약 전문회사를 이용할 시 최소한 출발 2주 전에는 예약을 하는 것이 필수이다. 호텔예약 전문회사들은 호텔로부터 저렴한 요금을 받는 대신, 아주 엄격한 규정을 적용받는데, 대부분의 호텔은 대개 2주 전~1주 전까지는 저렴하게 제공한 객실의 사용여부를 확인하여 미사용 객실은 회수하여 호텔 자체에서 정상가격으로 재판매하게 된다. 그러나 시간대가 동일한 일본, 동남아 지역의 호텔은 2일 전까지도 할인가격 예약이 가능하다.

(3) 추천 호텔 적극 이용

대개의 호텔예약 전문회사들은 주요도시에 중점적으로 판매하는 자사의 추천호텔이 있다. 이러한 추천 호텔은 새로 건립되었거나 보수 후 재개관 등으로 새로운 고객층 형성을 위한 특별가 제공이나 기존 호텔 중 고객 감소를 만회하기 위하 일시적인 특별가 판매 등의 경우이다. 이를 잘 활용하면 할인에 또 할인된 기분 좋은 호텔이용이 가능하다.

(4) 좋은 위치가 우선

호텔의 선정은 가장 중요한 결정 요인이다. 아무리 저렴하다 해도 자신의 업무수행이나 관광에 불편한 위치에 있으면 교통비 손실, 시간 낭비 등을 감안할 때 결코 이득이 아니다. 따라서 예약 시 본인의 현지 주요 활동지역을 감안하여 편리하고 안전한 지역의 호텔을 추천 받는 것이 매우 중요하다.

(5) 무료 부대서비스 확인

때론 요금이 조금 높아도, 호텔에서 무료로 제공되는 부대서비스를 감안하면 실제로는 저렴한 경우가 상당히 많다. 가장 중요한 객실료에 조식 및 세금 포함 여부, 그리고 비즈니스센터 무료이용, 헬스클럽이나 실내 수영장 이용, 공항 또는 주변 관광지에 무료 교통제공 등 돈으로 환산하면 상당한 금액이 되는 서비스를 무상으로 이용할 수 있다면 또 다른 할인의 혜택을 누리게 되는 것이다.

(6) Business Club Room 활용

항공기와 마찬가지로 대부분의 고급 호텔들은 비즈니스 고객을 위한 Business Floor를 운영하고 있다. 나름대로 명칭은 제각각이지만 Business Center를 무료 이용할 수 있고, 24시간 직원의 서비스는 물론, 식사도 독립된 Club Floor에서 제공되기도 한다. 따라서 식사가 포함된 경우라면 일반객실보다 저렴할 수도 있다. 보다 넓고, 전망도 좋은 객실과 차별화된 서비스를 이용하면서 크게 높은 요금이 아니라면 Business 객실을 이용할 만하다.

(7) 전망 좋은 객실은 덤

환상적인 야경이 한 눈에 들어오는 호텔객실, 푸른 바다나 호수가 창 밖에 펼쳐진 호텔객실은 그 가치가 전망이 없는 객실과는 비교 할 수 없을 정도로 월등하다. 그러나 대부분의 경우 추가 요금을 내야 된다. 하와이 호텔의 경우, 객실 구분을 전망에 따라 8~10가지로 세분화해서 판매하는 호텔들이 허다하다. 특정 호텔의 경우, 전망이 안 좋은 일반 객실보다 전망이 좋은 객실 수가 많은 경우가 있다. 이런 호텔의 경우 저렴한 일반 객실로 예약한 후, 체크인 시 공손하게 "High Floor, Please" 말 한마디로 환상적인 객실에서 지낼 수도 있다.

(8) Free Stay Plan 활용

비수기를 많이 타는 지역의 호텔이나 리조트 등은 비수기에 고객을 가급적 장기투숙으로 유도하기위해 일정기간 숙박 시 1박 정도를 무료로 제공하는 프로그램을 운영하는 경우가 있다. 하와이, 싱가포르 등이 대표적인 지역이다. 3박 숙박 시 2박 요금만 내는 경우, 4박시 3박 요금 지불 등 대부분 장기투숙을 전제로 하기 때문에 제약이 따르고, 숙박기간의 단축 등 변경사항이 발생하는 경우 특혜가 사라지는 불리함이 있으나, 숙박 일정이 확실한 경우, 이러한 무료 숙박 프로그램을 활용하면 환상적으로 저렴한 가격에 호텔을 이용할 수 있다.

2) 호텔 이용방법

(1) Check In/Check Out

① 체크인과 체크아웃은 프런트 데스크에서 한다.

② 호텔에 도착하면 제일 먼저 프런트에서 숙박카드를 작성한다.
③ 숙박카드 작성이 끝나면 호텔 객실이 배정되며 객실 키를 받는다.
④ 벨 맨(Bell Man)이 짐을 옮겨주며 객실을 안내한다.
⑤ 체크아웃은 보통 오전 12시 전후에 한다.
⑥ 호텔 측과 상의 없이 체크아웃 날짜에 객실에 그대로 짐을 보관하게 되면 추가요금이 부과될 수 있다.
⑦ 체크아웃 할 경우 프런트 데스크에서 객실 요금 외에 추가로 사용한 내역이 있으면 한꺼번에 일괄 계산한다.

(2) 호텔시설 이용법

호텔은 객실이외의 다양한 부대시설을 가지고 있다. 투숙하는 동안 시설이용에 대해서 잘 활용하면 좀 더 편안하게 호텔에 머무를 수 있다.

① 객실열쇠(Room Key)

객실 키는 잠금 기능뿐만 아니라 전원의 On / Off 기능을 가지고 있다. 객실에 들어가서 키를 꽂으면 모든 전원이 켜지며 또 문은 자동식이다. 그렇기 때문에 키를 객실에 꽂아 둔 채로 바깥에서 문이 닫혀버리면 저절로 잠겨 버려서 복도에서 난감한 상황을 맞이할 수도 있다. 따라서 잠시 나갔다 오더라도 객실열쇠는 반드시 가지고 나가야 한다.

② 콘시어지(Concierge)

콘시어지는 호텔 현관 가까운 곳에 있으며 문지기란 뜻으로 호텔 내에서는 안내인을 뜻한다. 현지 사정을 몰라 누구의 도움을 받아야 할 경우 콘시어지의 도움을 요청하면 쉽게 각종 정보뿐만 아니라 고충처리까지 모든 서비스를 제공받을 수 있다. 콘시어지란 용어 대신 당직 지배인실 또는 고객 서비스부(Guest Relation Office)라고 쓰는 호텔도 있다.

③ 귀중품 보관(Safety Box)

대부분의 호텔은 객실내의 도난사고나 분실에 대해서는 책임을 지지 않는다. 따라서 현금이나 귀중품 등은 호텔 내 귀중품 보관소에 맡기는 것이 안전하다. 호텔에 따라서는 객실 내에 금고를 설치하여 직접 귀중품을 보관하도록 하고 있는 경우도 있다.

④ 전화서비스(Operator Service)

호텔에는 24시간 운영되는 교환실이 있다. 고객 요청 시 전화를 연결해주는 서비스를 담당한다. 전화 요금은 일반전화보다 비싸며 체크아웃 시에 계산한다. 또한 호텔 교환실은 고객의 웨이크 업 콜(Wake Up Call) 서비스를 제공한다. 고객이 원하는 시간에 깨워 달라고 요청하면 정확한 시간에 객실로 전화벨이 울리게 된다. 전화벨은 고객이 일어날 때까지 울리며, 받을 때는 감사인사를 하는 것이 매너이다.

⑤ TV, 인터넷

객실 텔레비전에는 일반 채널과 호텔 자체에서 개설해 놓은 자체채널이 있다. 자체 채널은 유료방송이다. 객실 내에 비치된 프로그램안내서 등을 참고할 수 있다. 일부 호텔은 객실 내에서 팩스시설은 물론 인터넷 접속 서비스를 제공하기도 한다. 예약 전 문의를 하면 된다.

⑥ 룸서비스(Room Service)

룸서비스의 좋은 점은 음식을 주문하면 종사원이 객실까지 음식을 가져와서 제공한다는 점이다. 객실에 룸서비스 메뉴가 비치되어 있으므로 메뉴를 보고 직접 전화로 주문하면 되는데 아침 일찍 식사를 하고 싶을 때는 전날 밤에 미리 주문을 해놓고 행거 메뉴(Hanger Menu)를 객실 문 밖의 문고리에 걸어 두면 지정한 시간에 주문한 식사를 가져오므로 매우 편리하다. 요금은 청구서에 룸 사인을 하고 체크아웃 할 때 정산한다. 단 객실까지 음식을 배달해주기 때문에 레스토랑 요금보다 10~15% 정도 비싸다.

⑦ 미니바(Mini Bar)

객실 냉장고 위에는 미니바가 갖춰져 있으며 냉장고 안에는 음료가 들어있다. 편안하게 이용할 수 있지만 요금이 비싸다. 마신 음료는 비치되어 있는 계산서에 표시를 하고 체크아웃 할 때 계산하면 된다.

⑧ 세탁물 서비스(Laundry Service)

호텔 하우스키핑 부서에서는 세탁물 서비스를 한다. 세탁물 서비스를 받고 싶으면 객실에 있는 세탁 주문서에 필요사항을 기입하고 지정된 비닐봉지에 세탁물을 넣어서 종사원에게 세탁을 요청하면 된다. 빠른 서비스를 요청할 경우에는 할증료를 지불해야 한다.

⑨ 객실 메이크업(Make Up)과 DND 카드

호텔 객실에서 메이크업(Make up)이란 룸 메이드의 청소 서비스를 말한다. 하루에 한 번씩 이루어진다. 만일 업무 중이거나 관광 또는 쇼핑 등으로 피곤하거나 기타 다른 일로 아침에 늦잠을 자야 되겠다고 생각할 경우에는 방안에 준비되어 있는 'Do Not Disturb' 푯말을 문 바깥 손잡이에 걸어 놓으면 된다. 그 푯말이 걸려 있으면 누구라도 객실 초인종을 누르지 않을 것이다.

⑩ 체육시설

체육시설로는 헬스클럽, 사우나, 수영장, 미용실 등이 기본을 이루고 있으며 곳에 따라 테니스장, 조깅코스, 골프연습장을 갖춘 경우도 있다. 시설이용은 호텔에 따라 무료인 경우도 있고 소정의 이용료를 받는 경우도 있다.

3) 호텔 이용 매너

(1) 복 장

비즈니스호텔 일 경우 정장에 준하는 복장을 해야 한다. 그러나 휴양지의 리조트 호텔에서는 약간 가벼운 복장을 해도 무방하다. 그렇지만 호텔 복도에서 잠옷이나 티셔츠 차림, 슬리퍼를 끌고 다니는 것은 삼가는 것이 좋다.

(2) 조용한 대화

호텔복도나 로비에서 큰소리로 떠들며 다니지 않는다. 특히 단체 여행시 한 방에 모여 술을 마시며 큰소리로 떠들거나 소란을 피우면서 옆방에 피해를 주어서는 안 된다.

(3) 표 정

로비나 복도에서 낯선 사람과 시선을 마주치면 무뚝뚝한 표정으로 빤히 쳐다보지만 말로 미소를 지으며 가볍게 인사한다.

(4) 비 품

호텔 내에서는 비품을 청결하게 사용하고 반출하지 않는다. 또한 개인적으로 간단한 세면도구를 준비해서 비품이 없는 경우를 대비할 수 있도록 한다.

(5) 욕 실

욕실에서는 물이 넘치지 않도록 주의한다. 샤워커튼을 이용, 욕조 안에서 샤워를 해야 한다. 일반적으로 호텔 욕실의 경우 욕조 밖에 배수관이 설치되어 있지 않으므로 조심하도록 한다.

(6) 물표기법

욕실 물 표기법에 있어서 차이점이 있는데 영어권 국가는 뜨거운 물은 H(Hot), 찬물은 C(Cold)로 표기하지만, 프랑스, 스페인, 이탈리아 등에서는 더운물을 C(Chaud), 찬물을 F(Froid)로 표시하기 때문에 혼동할 수 있으므로 주의한다.

(7) 레스토랑

호텔 레스토랑을 이용할 경우 빈자리가 있더라도 입구에서 지배인이나 그리티트리스(Greetress)의 안내를 받는 것이 매너이다.

(8) TIP

객실을 나올 때 청소하는 룸 메이드를 위해 1달러 정도의 팁을 침대

위에 올려놓는다.

4) Tipping 매너

No Tipping is Our Pride!

우리나라의 호텔에서는 보통 봉사료가 이용요금에 포함이 되어있다. 따라서 레스토랑이나 기타 시설 이용 후에 따로 봉사료를 지불할 필요가 없다. 하지만 외국의 호텔을 이용할 경우에는 우리나라와는 다른 팁핑(Tipping)문화가 있다.

팁핑의 기원은 영국 튜터가(Tudor)를 방문한 사람들이 시중을 드는 아랫사람들에게 감사의 표시를 한 것에서부터 발생했다는 설과, 18세기 영국의 술집에서 “To Insure Promptness”라는 모금함으로 동전을 던져 넣기 위해 시작한데서 유래 되었다고 한다. 기원에 대한 다양한 학설들이 있으나 오랫동안 자연스럽게 정착되어 온 관습이라고 할 수 있다. 우리나라에서는 팁핑이 보편화되어 있지 못한 까닭에 외국을 방문할 경우 어떤 장소에서 어느 정도의 팁을 해야 하는지 당혹스러운 경우가 종종 발생을 하게 된다. 아래의 장소에서는 Tipping을 하지 않아도 된다.

(1) 계산서에 Delivery Charge나 Service Charge 붙어 있는 경우

(2) 패스트 푸드점이나 셀프 서비스 식당.

(3) 포장마차나 노점상인 경우

(4) 레스토랑 혹은 바의 정식 자리가 아닌 카운터좌석에서 식사할 경우

나라와 지역, 서비스의 종류에 따라 다소 차이가 있으나 일반적으로 식사를 하였을 경우 청구 금액의 10~25% 정도이면 된다. 반드시 현지 화폐를 사용해야만 하는 것은 아니며 달러를 사용하여도 무방하다. 봉투를 사용하지 않고 손바닥을 아래로 향하게 해서 돈이 보이지 않도록 한 후 감사의 마음을 표시하며 전달하면 된다.

여성과 남성이 있을 경우에는 남성이 팁핑을 하도록 한다.

객실 청소를 담당하는 룸 메이드 경우에 1달러 정도이며, 체크인이나 체크아웃 시 짐을 들어주는 벨 맨(Bell Man)에는 짐의 크기나 개수에 따라 1~2달러, 택시를 이용하였을 경우에는 요금의 10~12% 정도를 지급하면 된다. 호텔 레스토랑 이용 시는 식사비용의 10% 정도를, 만약 소믈리에(Sommelier)의 도움을 받았다면, 청구금액의 15% 정도를 팁핑한다.

5) 알면 유용한 호텔 용어

(1) Adjoining room : 인접해 있는 객실로 객실과 객실 사이에 통용문은 없으나 객실이 같은 방향으로 나란히 있는 객실을 말함

(2) Amenity : 호텔 부가서비스로 고객에게 제공하는 매력물로 호텔에 준비해 놓은 각종 소모품 및 서비스 용품

(3) Baggage Down : 수하물 운송서비스로 고객이 퇴숙 시 객실로부터 전화 또는 직접문의에 의하여 벨맨이나 포터가 수하물을 호텔 현관으로 운반하는 서비스

(4) Baggage Tag : 수하물표로서 수하물에 붙여 소유자를 분명히 하기 위한 표로서 보통 2매가 1조로 구성되며 1매는 수하물에 부착하고 1매는 고객이 보관하고 있다가 수하물 수령시 제시함

(5) Bed Pad : 매트리스를 보호하기 위하여 까는 누비요

(6) Bed Spread: 침대덮개로 객실의 침대를 덮는 것으로 담요와 베개까지 전부 덮는다. 고상한 색상의 천으로 만들어지며 가장자리를 늘어뜨려 객실분위기를 아득하게 보이게 함

(7) Bell Man : 호텔의 입, 퇴숙 절차를 마친 고객의 짐 운반 및 보관 업무와 안내역할을 하는 호텔의 종사원

(8) B.G.M : Background Music의 약자로서 배경음악이란 뜻으로 생산 능률의 향상이나 권태방지용으로 작업장 등에 틀어 놓은 음악

(9) Blocked Room : 예약되어 있는 단체, 국제회의 참석자, VIP를 위해 사전에 객실을 지정해 놓는 것을 말함

(10) Brochure : 호텔의 광고나 선전을 목적으로 만든 호텔용 소책자

(11) Business Center: 상용고객을 위한 서비스로 비즈니스 고객을 위한 비서업무, 팩스, 텔렉스, 회의준비, 타이핑 등을 서비스하는 부서

(12) Cancellation Charge : 취소요금으로 고객이 호텔예약의 일방적인 취소에 따른 예약취소요금을 말함

(13) Check In : 호텔에 입숙하는 것을 말함. 프런트 데스크에서 이뤄지는 객실배정에서 안내까지의 모든 행위를 체크인이라고 함

(14) Check Out : 퇴숙하는 것을 말하며 객실열쇠를 반환하고, 각종 요금정산을 마치는 것을 의미함

(15) Cloak Room : 물품보관소로 고객의 휴대품을 맡아두는 장소

(16) Commercial Rate : 특정회사에 대하여 계약에 의한 요금 할인제도

(17) Complimentary : 호텔 용어로 무료라는 뜻이며 약자로 Comp.

(18) Concierge : 호텔에 관한 정보나 호텔외의 각종 공연 정보 및 여행, 관광관련 안내 등의 포괄적인 서비스를 담당하는 곳

(19) Connecting Room : 객실과 객실사이 내부에 통용문이 있는 객실

(20) Deposit : 객실 예약금(예치금)

(21) Door Man : 호텔 정문에서 근무하며 도착하는 자동차의 Door를 열고 닫아주는 서비스를 하는 종사원

(22) Double Room : 하나의 침대에서 2인이 잘 수 있는 넓은 침대가 놓여 있는 2인용 객실

(23) Duty Free Shop : 면세점

(24) Duty Manager : 당직지배인으로 호텔 로비에 위치해 있으며 고객의 컴플레인 처리와 비상사태 업무를 담당하며 보통 밤 시간대부터 그 다음날 오전까지 근무함

(25) Extension : 투숙객의 숙박연장 또는 호텔 내의 전화를 뜻함

(26) Extra Bed : 추가 침대로 객실에 정원 이상의 고객을 숙박시킬 때 임시로 설치하는 침대

(27) Full House : 전 객실이 판매되어 100%의 판매점유율을 나타내는 의미

(28) Go Show : 공석을 기다리는 Stand by Passenger. 호텔의 빈 객실이 없을 경우 체크인 예정 고객 중 예약 취소나 No Show로 빈 객실을 구하려고 기다리는 고객

(29) Hold Room Charge : 고객이 객실에 짐을 그대로 놓아두고 단기간 객실을 비울 경우 또는 실제 고객이 도착되지 않고 객실을 고객의 성명으로 보류하여 둔 경우에 적용되는 추가요금

(30) Hotel Package : 호텔 객실과 기타 부대시설의 사용을 포함하여 제공하는 일괄적인 서비스 상품

(31) Housekeeping : 객실관리부서라고 하며 객실청소, 설비, 가구, 비품류의 정비 그리고 객실의 린넨류, 소모품류를 관리하며, 고객의 세탁물 서비스를 담당하는 곳

(32) House Man : 하우스키핑에서 근무하는 종사원

(33) House Phone : 구내 전용전화

(34) In-Bound : 외국인의 국내여행

(35) Inside Room : 내향객실로 안뜰로 향하고 있는 객실을 의미

(36) Late Check Out : Front Desk의 허가로 퇴숙시간이 지나서 출발하는 고객으로 이 경우 추가요금은 부과되지 않음

(37) Laundry : 고객의 세탁물, 직원유니폼, 각종 린넨류 등의 모든 세탁업무를 맡는 곳

(38) Laundry Bag : 세탁물을 담는 비닐 주머니

(39) Laundry Slip : 세탁신청서

(40) Linen : 호텔에서의 린넨류는 타월, 시트, 담요, 유니폼, 커튼, 테이블클로스, 냅킨 등을 일컬어 말함

(41) Lost & Found : 고객의 분실물 및 습득물을 말함

(42) Make Up : 객실을 청소하고 정비 정돈하는 것

(43) Mini Bar : 객실 내의 냉장고에 간단한 주류나 음료의 구색을 맞추어 전시하여 고객이 셀프 서비스로 이용하는 일종의 Small Bar

(44) Night Table : 호텔 침대 머리맡에 있는 작은 테이블로 라디오, 전기스위치, 텔레비전 스위치, 에어컨 스위치 등이 설비되어 있음

(45) No Show : 예약을 해놓고 아무 연락 없이 나타나지 않는 고객

(46) Off-Season Rate : 비수기 요금

(47) On Change : 객실 정돈중이라는 표시

(48) On-season Rate : 성수기 요금

(49) Outside Room : 전망이 트인 방

(50) Out of Order : 고장난 방

(51) Over Booking : 초과 예약으로 No Show에 대비하기 위하여 예약을 접수하거나 판매하는 것

(52) Over Stay : 체류기간을 초과하여 더 머무는 고객

(53) PBX : Private Branch Exchange의 약자로 호텔 내의 교환부서

(54) Person to Person Call : 특정인이 호출될 교환수에 의해 연결되는 장거리 전화

(55) Pick-Up Service : 예약고객의 요청에 의하여 공항이나 터미널에서 영접하여 호텔에 투숙시키는 서비스

(56) Receipt : Bill, Check로 고객에게 주는 영수증

(57) Registration Card : 호텔 숙박등록 카드를 말하며 필요한 사항을 기재함. 고객의 성명, 주소, 여권번호, 객실번호, 요금, 도착시간, 출발예정시간, 취급자 성명 등이 기재됨

(58) Room Clerk : 객실의 예약, 판매, 객실준비담당요원

(59) Room Service : 고객의 주문에 의해 객실에 음식과 음료를 배달하는 서비스를 말함

(60) Safety-Deposit Box : 귀중품보관함으로 호텔객실에 투숙하는 고객의 귀중품을 보관해 주는 금고로 프런트에서 관리함

(61) Single Room : 혼자 사용하는 객실로 1인용 침대가 있는 객실

(62) Skipper : 요금을 계산하지 않고 나가는 고객

(63) Suite : 특실을 말하며 보통 침실과 응접실을 갖춘 객실을 스위트라 함. 요즘은 모든 객실을 특실화하는 All Suite Hotel이 유행하고 있음

(64) Tariff : 공표요금. 호텔에서 공시하는 기본요금을 말함

(65) TIP : To Insure Promptness의 약자로 민첩한 서비스를 보장받기 위해 서비스맨에게 베푸는 손님의 봉사료

(66) Turn Away Service : 예약고객에게 당일 객실이 없어 판매할 수 없을 경우 주변의 다른 호텔로 예약을 해주는 서비스

(67) Turn Down Service : 룸메이드가 투숙 중인 고객에게 취침 전 객실정리 정돈을 하면서 담요를 45° 각도로 접어주어 취침하기에 편리하도록 해주는 서비스

(68) Twin Room : 혼자 사용하는 싱글 침대 2개가 있는 객실

(69) Undesirable Guest : Ugly Guest로 요주의 고객이란 의미

(70) Up grading : 고객이 예약한 등급 객실보다 비싼 객실에 투숙시키는 것

(71) Valet Parking Service : 자가운전자를 위하여 Car Jockey가 주차시켰다가 호출시 손님에게 갖다 주는 서비스

(72) Wake Up Call : 고객으로부터 원하는 시간에 깨워달라는 부탁을 받고 교환원이 해당 고객의 객실로 전화벨의 신호를 울려 잠을 깨워 주는 것으로 Morning Call이라고도 함

(73) Walk In Guest : 예약 없이 들어오는 고객

07 Chapter

식탁문화와 매너

식사예절은 문화를 대변한다. 한 사회의 가장 원초적이며 광범위한 특징을 고스란히 보여주는 것이다. 우리에게 서양음식이 낯선 것은 사실이다. 숟가락 젓가락 사용에 익숙한 우리가 나이프와 포크질을 웬만큼 한다고 생각하지만 얼마나 자연스러울까? 예쁘게 세팅된 냅킨 처리는 어떻게 해야 할까? 양식메뉴에 대해서 얼마나 많은 지식을 가지고 있으며 또 어떻게 먹어야 할까?

이처럼 식사 때의 예절은 모르고 있으면 우리 자신을 아주 당황스런 상황으로 빠뜨리기도 한다. 특히 외국인과의 비즈니스 모임에서 식사매너가 깔끔하지 못하면 그 사업의 계약 성사 여부에 나쁜 영향을 미칠 수도 있다. 한 가지 일화를 소개하자면 한국기업의 김 대리는 외국바이어와 거래 계약을 거의 마무리 하고 레스토랑에서 식사를 하게 되었다. 스테이크를 먹으며 대화를 나누며 즐거운 식사를 하는 도중 김 대리는 크나큰 실례를 하고 말았다. 나이프에 묻은 소스를 혀로 핥아먹는 상황이 연출되는 바람에 상대방에게 큰 실망을 안겨 주게 되었고 계약의 성사 여부도 불투명하게 되었다고 한다. 식사매너를 모르면 이처럼 사소한 것에서부터 확대되어 비즈니스에까지 영향을 미칠 수가 있는 것이다.

그래서 사람들은 테이블매너 강좌를 찾아 수강하기도 하고, 또 여기에 발맞춰 호텔식음료업장에서는 와인과 함께하는 테이블 매너 강좌를 만들어 고객에게 유용한 정보를 제공하기도 한다.

1. 요리의 상식

한국요리와 서양요리의 가장 큰 차이점은 음식 먹는 순서가 아닐까 생각한다. 한국요리는 한꺼번에 모든 음식이 차려져 나오는 '공간전개형'인 반면 서양요리는 순서에 따라 요리가 나오는 '시간전개형'이다.

그래서 한국요리는 여러 사람이 식사를 할 때, 모든 요리가 다 나오기 전에 먼저 먹는 것을 예의에 어긋나는 것으로 여긴다. 하지만 서양요리는 요리가 나오는 대로 바로 먹기 시작한다. 서양요리는 뜨거운 요리든 찬 요리든 가장 먹기 좋은 온도일 때 고객에게 서브되고 좌석 배치에 따라 상석부터 제공되기 때문이다. 따라서 온도가 변하기 전에 먹는 것이 제 맛을 즐길 수 있는 요령이다.

서양요리를 즐기기에 앞서 식사 코스에 따른 요리별 상식에 대해서 먼저 알아보도록 한다.

1) 식사코스에 따른 요리

서양요리는 식사코스에 따라 일품요리인 알라까르트(A La Carte)와 정식요리인 테이블도뜨(Table d'Hote), 즉 풀코스(Full-Course) 요리로 나눌 수 있다. 일품요리는 여러 가지 코스요리 중에서 자신의 식성대로 원하는 음식만 선택하여 주문하는 요리를 말하며 정식요리는 메뉴가 정해진 코스대로 순서에 따라 음식을 제공받는 것을 말한다.

일반적으로 정식코스메뉴는 코스의 종류와 주 요리를 무엇으로 정하느냐에 따라 가격에 차이가 있으며 코스 순서도 현대에 와서는 5가지, 7가지 등으로 약식화되어 판매되고 있다. 코스요리 제공순서를 보면 5가지 코스요리는 수프 → 생선 → 주요리 → 디저트 → 음료 순으로 제공되고 7가지 코스요리는 애피타이저 → 수프→ 생선 → 주요리 → 샐러드→ 디저트 → 음료가 제공된다.

우선 코스요리의 순서에 맞추어 요리별 상식을 소개한다.

(1) 애피타이저

애피타이저(Appetizer)는 식욕을 촉진시키기 위해 식사 전에 가볍게 먹는 요리를 말한다. 불어로는 오드볼(Hors D'oeuvre), 우리말로는 전채(前菜)라고 부른다. 용도에 따라서 풀코스 요리로 제공될 때는 포크와 나이프를 사용하여 먹으며, 칵테일 등의 술안주 등으로 제공될 때는 손으로 집어먹는 야채스틱, 카나페, 스낵 등으로 제공되는 게 일반적이다.

애피타이저는 아무리 맛이 있어도 적당히 먹어 두어야 메인 요리를 제대로 맛볼 수 있다. 요컨대 공복이야말로 최고의 애피타이저이다.

세계 4대 애피타이저

구 분	내 용
Foie gras	• '기름진 거위간'이라는 뜻 • 거위를 좁은 밀실에 감금해 억지로 먹이를 먹여서 10~12배 이상 부어오른 거위간을 적출해 묵처럼 만든 요리
Caviar	• 서양요리의 보석 • 카스피 해와 흑해, 볼가 강 하구에서 서식하는 철갑상어 알을 소금에 절인 것 • 알맹이가 굵을수록 고급
Escargot	• 달팽이 요리 • 늦가을이 가장 맛이 뛰어남 • 껍질을 분리하고 양념하여 뜨겁게 제공
Truffle	• '땅속의 다이아몬드', '식탁의 다이아몬드' • 검은 색으로 향이 좋고 강한 송로버섯 • 주로 요리의 부재료나 음식의 완성도를 높이기 위해 사용

대중적 애피타이저

카나페(Canape), 훈제연어(Smoked Salmon) 생굴(Oyster), 과일류(Fruits), 치즈(Cheese), 소시지(Sausage), 레리시(Relish), 새우칵테일(Shrimp Cocktail) 등

(2) 수 프

수프(Soup)는 메인요리를 먹기 위한 코스로 양의 부담을 주지 않는 소량으로 입안을 촉촉하게 적셔주고 영양가가 많아 건강에 좋은 요리가

되어야 한다. 불어로는 포타지(Potage)라 부르는데, 애피타이저가 제공되지 않을 때는 실질적으로 첫 번째 음식에 해당된다.

수프는 농도에 따라 맑은 국물상태의 맑은 수프(Clear Soup)와 걸쭉한 것이 특징인 진한 수프(Thick Soup)로 나뉜다. 콩소메(Consomme)는 맑은 수프의 대명사로 쓰인다. 걸쭉한 수프에는 크림수프(Cream Soup)와 퓌레(Puree)가 있다. 크림수프로는 치킨수프(Chicken Cream Soup), 생선수프(Fish Cream Soup), 야채수프(Vegetable Cream Soup), 토마토수프(Tomato Cream Soup) 등 종류가 다양하며 야채수프인 퓌레는 양파수프(French Onion Soup), 미네스트론 수프(Minestrone Soup), 야채수프(Italian Vegetable Soup) 등 종류가 다양하다.

각국의 유명수프

구 분	내 용
Minestrone Soup	이탈리아의 대표적인 야채크림수프
Onion Soup	프랑스의 대표적인 양파크림 수프
Clam Chowder Soup	미국의 대표적인 조갯살 수프
Oxtail Soup	영국을 대표하는 옥스테일 수프

(3) 생 선

생선(Fish)은 육류보다 섬유질이 연하고 열량이 적으며 비타민 함유량이 풍부하다. 보통 격식 있는 정식(Full Course)이 아니고는 생선코스가 생략되는 경우가 많거나, 혹은 주요리(Main Dish)로 제공되기도 한다.

생선요리에 주로 사용되는 생선은 다음과 같다.

생선의 종류

구 분	종 류
바다생선	대구, 청어, 도미, 농어, 참치, 혀가자미, 넙치 등
민물고기	송어, 연어, 은어 등
갑각류	왕새우, 새우, 바닷가재, 대게 등
패류	전복, 홍합, 가리비, 대합, 굴 등
연체류	오징어, 문어 등

(4) 육 류

육류요리는 정찬에서의 본격적인 주요리(Main Dish)를 의미한다. 불어로는 앙뜨레(Entree)라고 부르며 주요리의 대부분은 육류요리로 구성된다.

육류요리에 사용되는 주재료는 쇠고기(Beef), 양고기(Lamb), 돼지고기(Pork), 송아지고기(Veal), 가금류(Poultry)등이 있다.

메인요리에 가장 선호되는 것은 쇠고기이며 쇠고기의 부위별로 스테이크로 제공된다.

비프스테이크(Beef Steak)는 고기부위별로 그 명칭이 다양하다.

① 안심스테이크(Tenderloin Steak)로는 샤토브리앙(Chateaubriand), 투르느도(Tournedos), 필레 미뇽(Fillet Mignon) 등이 있으며, 등심스테이크(Sirloin Steak)로는 뉴욕컷 스테이크(New-york Cut Steak), 포터하우스 스테이크(Porter House Steak)가 있고, 갈비부위스테이크는

티본스테이크(T-Bone Steak), 립 스테이크(Rib Steak)가 있다.

다른 육류와는 달리 비프스테이크를 주문할 경우에는 자기가 좋아하는 고기의 굽기 정도를 요청할 수 있다. 비프스테이크는 익힌 정도에 따라 다음과 같이 구분한다.

스테이크 굽기 정도

구 분	내 용
Rare	약간 구운 것, 표면만 구워 중간은 붉은 날고기 상태
Medium Rare	Rare와 Medium의 중간상태, 자르면 육즙이 보이는 상태
Medium	절반정도 익힌 것, 자르면 붉은색이 보이는 상태
Medium well-done	거의 다 익힌 상태, 자르면 가운데 부분만 붉은색인 상태
Well-done	완전히 구운 것. 표면이 완전히 구워지고, 중심부도 충분히 구워져 갈색을 띤 상태

비프스테이크를 먹는 경우 고기의 향과 맛을 더욱 많이 느끼고 싶다면 Well-done 보다는 Medium-rare를 시도해보는 것이 비프스테이크의 풍부한 맛을 느낄 수 있을 것이다.

그 외의 메인 요리로 사용되는 육류는 양고기, 송아지, 돼지고기, 가금류가 있다.

② 양고기(Lamb)는 1년 이하 새끼양의 갈비부위가 제일 연하고 맛있는데, 영양은 쇠고기보다 부족하지만 소화가 잘된다. 양고기는

신앙문제로 인하여 중동지역 사람들이 즐겨먹는다.

③ 송아지고기(Veal)는 생후 3개월을 넘기지 않은 송아지가 좋다. 고기가 부드럽고 지방이 적어 연한 맛이 난다. 대표적인 송아지 스테이크는 송아지의 다리부분에서 잘라낸 작고 얇은 고기로 소금과 후추로 양념하여 밀가루를 뿌린 후 구운 스칼라핀(Scallopini)과 뼈를 제거한 송아지 고기를 얇게 저민 후 납작하게 두들겨 소금, 후추로 간을 해서 밀가루를 묻힌 다음 계란, 빵가루를 입혀 익힌 빌 커틀릿(Veal Cutlet) 요리가 있다.

④ 돼지고기(Pork)는 세계 각지에서 즐겨먹는 육류로서 소고기에 비해 값이 싸며 가공방법에 따라 맛, 향, 품질이 달라진다. 돼지고기로 만든 대표적인 요리는 폭찹(Barbecued Pork Chop), 폭 커틀릿(Pork Cutlet), 햄 스테이크 등이 있다.

⑤ 가금류(Poultry)는 집에서 사육하는 닭, 오리, 칠면조, 거위 등을 말한다. 가금류는 영양이 풍부하며 육류를 싫어하는 고객들이 즐겨 찾는다.

(5) 샐러드 & 드레싱

① 샐러드(Salad)

샐러드는 고기와 함께 먹으면 맛에서도 조화를 이루지만, 산성이 강한 고기와 알칼리성이 강한 샐러드를 같이 먹음으로써 중화시킬 수 있다는 영양학적인 의미를 가진다. 샐러드는 신선하고 차가운 야채로써 양배추, 샐러리, 오이, 토마토 등이 드레싱(Dressing)과 함께 제공된다.

대개 고기요리를 전부 먹고 난 다음 샐러드를 먹기도 하는데 고기와 샐러드는 번갈아 먹는 것이 더욱 효과적이다. 영미인들은 샐러드를 고기요리와 같이 먹거나 그 전에 먹는 반면, 프랑스 사람들은 고기요리가 끝난 다음에 먹는 습관이 있다고 한다.

② 드레싱(Dressing)

샐러드에 사용되는 소스를 특별히 드레싱(Dressing)이라고 하는데, 소스가 뿌려진 모습이 마치 여성들의 드레스 입은 모습과 같다고 해서 생겨난 말로 전해진다. 드레싱은 주로 식초와 식용유에 소금, 후추, 양파, 피망, 케첩, 레몬즙 등에 향료를 가미하여 만들며, 드레싱의 종류는 맛과 재료에 따라 조금씩 차이가 있으며 대표적으로 다음과 같다.

- Thousand Island Dressing : 드레싱을 뿌렸을 때 천개의 섬이 안에 떠있는 것 같다하여 붙여진 이름이다.(일설에는 천 가지의 재료가 들어간다는 설도 있다.)
- French Dressing : 계란 노른자와 겨자, 식초를 주재료로 하여 만든 드레싱으로 깔끔한 맛을 낸다. 프랑스인들이 선호하고 프랑스에서 생겨났다하여 붙여진 이름이다.
- Vinegar Oil Dressing : 식초와 샐러드오일(콩기름)을 주재료로 하여 만든 드레싱이다.
- Italian Dressing : 레드와인 비네거와 여러 가지 향신료, 마늘을 넣어 만든 드레싱으로 이탈리아인들이 선호하는 재료를 넣어 만들어진다.

기타 여러 가지 드레싱이 있으나 4가지가 기본적인 드레싱이다. 최근에는 드레싱 없이 소금과 후추를 샐러드 등에 뿌려먹는 경향도 많이 보이고 있다.

(6) 디저트

디저트(Dessert)는 식사를 마무리하는 단계에서 입안을 개운하게 해주려는 목적으로 쿠키(Cookie)나 케이크(Cake)류, 과일류(Fruits) 등이 나온다.

쿠키나 케이크류의 디저트로는 무스(Mousse), 푸딩(Pudding), 아이스크림(Ice cream), 셔벗(Sherbet), 파이(Pie) 등이 있고 과일류로는 수분이 많은 것은 스푼을 이용해서 먹으며 수분이 적은 것은 나이프와 포크를 이용하면 된다. 포도, 체리, 자두는 손가락을 이용해 먹어도 무방하다. 대부분의 디저트가 감미롭고 향기로운 재료들로 만들어지지만 디저트로 치즈의 강한 향기와 맛을 즐기는 사람들도 있다.

(7) 음 료

모든 식사가 끝나면 마지막 코스에 원하는 음료(Beverage)를 주문하게 되는데 커피 또는 차를 주문할 수 있다. 커피는 대부분의 사람들이 식사 후에 즐겨 마시는 음료이며 기호에 따라 설탕, 크림 등을 넣어 마신다.

커피의 성분 중 카페인은 위산의 분비와 위의 운동을 돕기 때문에 식사의 마지막 순서에 제공된다. 차를 주문할 경우에는 보통 홍차, 녹차 등이 제공된다.

2) 요리와 매너

(1) 서양에서는 식사를 시작하기 전 대개 아페리티프(Aperitif)로 분위기를 돋운다. 식전주로는 스페인산 화이트와인인 셰리(Sherry)가 대표적이다. 칵테일은 남성은 마티니(Martini), 여성은 맨해튼(Manhattan)

이나 마가리타(Margarita)가 일반적이다.

(2) 술을 못 마시는 천하의 숙맥이라도 분위기를 위하여 술을 한 잔 쯤 받아두거나 청량음료로 분위기를 맞추는 게 모양새가 좋다.

(3) 애피타이저나 수프류는 자신의 취향이나 식욕 등을 감안해, 주문해도 좋고 건너뛰어도 무방하다. 맛있다고 무리하면 정작 메인요리를 먹을 때 문제가 생긴다. 이탈리아에서는 간혹 엄청난 양의 스파게티가 안티파스토(Antipasto)로 제공되기도 한다.

(4) 애피타이저로 생굴을 먹을 때는 왼손으로 껍질을 쥐고 오른손의 포크로 관자를 떼어낸 후 먹는다. 생굴은 새콤달콤한 칵테일소스를 곁들여 먹는 경우가 일반적이지만 레몬즙을 뿌려 먹는 이들도 있다.

(5) 수프를 먹을 때 상체를 지나치게 앞으로 숙여서는 안 된다. 음식이 입으로 와야지 입이 음식 쪽으로 갈수 없는 노릇이다.

(6) 수프가 왔을 때 맛도 보지 않고 소금과 후추를 뿌리는 것은 매너가 아니다. 한두 스푼 정도 떠먹어 본 뒤 소금과 후추를 뿌린다.

(7) 음식을 허겁지겁 먹다가 맵다거나 아니면 뜨겁다는 이유로 뱉어내는 행동은 금물이다. 방정맞게 보일뿐만 아니라 주변에 미치는 민폐가 크기 때문이다.

(8) 식탁위에 떨어진 빵가루나 빵조각 그리고 음식찌꺼기는 직접 치우지 않아도 무방하다. 물론 처음부터 흘리지 않으려는 노력과 배려가 필요하다.

(9) '좌빵우수' 빵접시는 자신의 왼쪽, 물은 오른쪽에 놓여있는 것이 자신의 것이다. 라운드 테이블 세팅이 되어있는 복잡한 연회장 이용 시 다른 사람의 빵이나 물잔을 사용하지 않도록 조심해야 한다.

(10) 점잖은 자리에서는 빵이나 비스킷을 우유, 커피, 수프에 적셔 먹지 않도록 한다. 빵은 토스트를 제외하고는 나이프로 자르거나 포크로 찍어 먹는 일은 금물이다.

(11) 토스트나 크루아상, 브리오슈 등은 주로 아침식사에 제공된다. 오찬이나 만찬시에 주문해 종업원들을 난감하게 만드는 일은 없어야 한다.

(12) 오찬이나 만찬용 빵은 롤(Roll), 하드롤(Hardroll), 라이브레드(Rye Bread) 등이다. 잼이나 마멀레이드 역시 아침식사에만 제공된다. 오찬이나 만찬에서는 버터만 발라 먹는 게 원칙이다.

(13) 생선요리는 뒤집어 먹지 않는다. 뒤집다 소스라도 튀면 스타일 완전히 구긴다. 이 원칙은 한식이나 일식의 경우도 마찬가지다.

(14) 스테이크의 경우 굽는 정도에 따라 맛이 달라진다. 그러므로 스테이크를 주문할 때는 취향대로 굽기 정도를 부탁을 한다. 스테이크의 참맛은 붉은 육즙에 있으므로 대개 적게 구울수록 고기의 참맛을 즐길 수 있다.

(15) 고기요리는 한 번에 썰어 놓고 먹기보다는 잘라가며 먹는 것이 예의이다. 뼈가 있는 고기인 경우 뼈에서 떼어내기 어려운 부분은 고기가 남아 있더라도 그대로 남겨두는 편이 좋다.

(16) 닭고기나 돼지고기를 주문할 때는 구태여 굽기 정도를 말할 필요가 없다. 햄버거스테이크나 송아지스테이크 역시 마찬가지다. 이들은 완전히 익히는 것이 상식이다.

(17) 생선이나 육류요리가 나온 뒤에는 소스가 잇달아 나오는 경우가 많으므로 잠시 기다렸다가 먹는 게 실수를 피하는 길이다.

(18) 샐러드를 먹는 시점에 대해서는 '메인 코스가 나오기 전', '메인 요리가 끝난 다음', '육류와 함께 먹기' 등 설이 많다. 하지만 맨

마지막 즉 '육류와 함께 먹기'가 가장 지지를 많이 받고 있는 듯하다.

(19) 샐러드드레싱은 미리 뿌린 상태에서 제공하는 경우도 있지만, 대개는 뒤따라 나온다. 두세 가지의 드레싱이 나오면 기호에 따라 한 가지를 선택하는 것이 원칙이다.

(20) 후식으로 과일을 먹을 때는 스푼, 나이프, 포크를 적당히 이용한다. 수박, 오렌지, 딸기 등은 일반적으로 스푼을 이용하고, 사과와 감은 나이프로 자른 뒤 포크로 먹는다.

(21) 서양에서는 와인을 고르고 마실 때 와인 테이스팅(Wine Tasting)이라는 비교적 까다로운 격식을 따른다. 와인의 선택은 원칙적으로 호스트(초대자)의 몫이다. 호스트가 없을 경우엔 주빈이나 남성이 와인 테이스팅을 주도한다.

(22) 우리나라에서는 동석한 사람이 잔이 비기라도 하면 아무나 술병을 들고 술을 따라준다. 이처럼 술병을 잡은 사람을 보고 병권이나 주권을 쥔 사람이라며 너스레를 떤다. 그런데 와인의 병권은 철저히 호스트의 몫으로 아무나 쥐어선 안 된다.

2. 테이블매너

테이블매너(Table Manner)란 특별한 것이 아니고 음식을 먹을 때 예절 바르고 멋있게, 위생적으로 먹자는 지구촌 신사숙녀의 일종의 매너이다.

서양에서 테이블 매너가 완성된 것은 19세기 영국의 빅토리아 여왕 때라고 한다. 이 시대는 형식과 도덕성을 가장 중시하던 때로서 이때에 갖춰진 식사예법의 절차와 매너가 오늘날까지 이어져 오는 것이다. 그러나 테이블 매너의 기본 정신은 형식에 있는 것이 아니라 서로 요리를 맛있게 먹고 분위기를 즐기는데 있음을 잊지 말아야 한다.

양정식 풀코스 셋팅

1) 식전 매너

(1) 레스토랑을 이용할 때는 예약과 정장이 원칙이며, 패밀리 레스토랑이라면 캐주얼한 양복도 무난하다.

(2) 업장 입구에서는 지배인이나 그리트리스(Greetress)의 안내를 받도록 한다.

(3) 가방, 모자, 두꺼운 외투 등 사이즈가 큰 소지품은 클로크룸(Cloak room)에 맡기도록 한다.

(4) 여성용 핸드백은 의자의 등받이 쪽에 두거나 혹 등받이가 뚫려 있는 경우라면 의자 밑에 둔다.

(5) 자리에 앉을 때는 좌석의 서열에도 신경써야한다. 일반적으로 통로나 출입문, 화장실, 주방에서 멀리 떨어진 곳이 상석이다.

(6) 전망이 탁 트인 자리도 상석이므로 무심결에 앉지 않도록 한다. 상석은 원칙적으로 연장자나 상급자, 여성의 몫이다.

(7) 레스토랑에서는 대개 종업원이 빼주는 의자가 상석이다. 좌중의 웃어른이나 여성이 종업원의 도움을 받으며 상석에 착석할 때까지 다른 사람들은 잠시 서서 기다리는 게 매너이다.

(8) 부부동반 회식이 있으면 외국에서는 부부 엇갈려 앉기가 상식이며 이때 남자의 경우 임시 짝은 오른쪽에 앉은 여성이다. 남성은 식사를 마칠 때까지 임시 짝의 식사수발(종업원을 부르거나 소금을 집어주는 일 등)을 들어야 한다.

(9) 의자에 앉을 때는 깊숙이 들어앉되 테이블과의 거리는 10~15cm가 적당하다.

(10) 냅킨은 모두 자리에 착석한 다음 호스트의 동향을 봐가며 무릎위에 조용히 편다. 식전에 건배나 연설, 인사 소개가 있는 경우는 의식이 끝난 다음 펼친다.

(11) 냅킨은 반으로 접은 뒤 무릎위에 올리되 접은 부분이 몸 쪽으로 오도록 한다. 냅킨을 양복이나 조끼의 단춧구멍, 또는 드레스셔츠의 목 부분에 걸어서는 안 된다.

(12) 식사에 초대받은 경우 지나치게 비싼 음식, 싼 음식을 주문하는 일은 피해야 한다. 비싼 음식은 상대에게 부담을 싼 음식은 정신건강에 해로울 수 있다.

2) 테이블 매너

(1) 기물 사용 순서

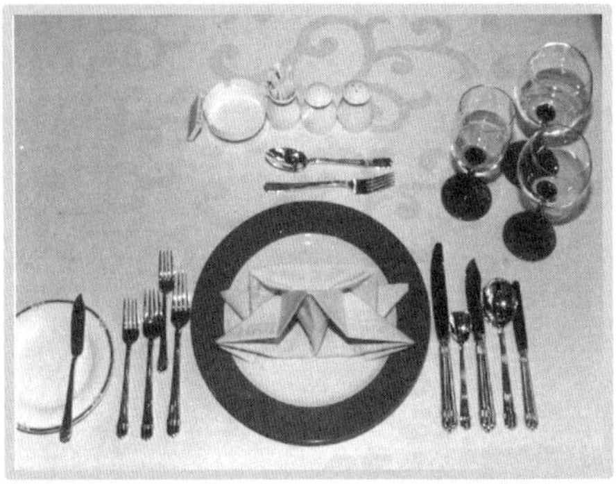

포크, 나이프, 스푼 등의 식기는 밖에서 있는 것부터 안쪽에 있는 순서로 사용하며 물 잔과 빵 접시는 제자리에 두고 사용한다.

(2) 포크, 나이프 쥐는 법

일반적으로 Fork는 왼손 Knife는 오른손에 사용한다.

(3) 애피타이저

전채요리는 Appetizer Knife와 Appetizer Fork를 사용한다.

연어와 같은 요리는 야채와 양념을 곁들여서 동시에 먹는다.

(4) 수프

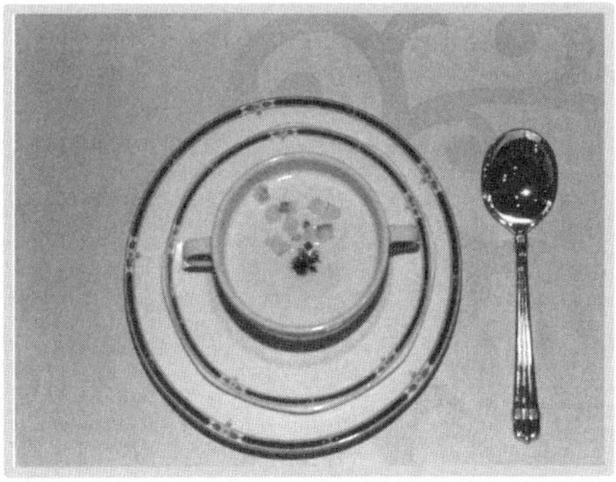

수프는 Soup Spoon을 사용한다.

Soup Spoon 잡는 모습

스푼사용은 안에서 밖으로 향해 미는 것같이 떠서 먹는다.

손잡이가 달린 용기는 들고 마셔도 무방하다.

수프를 먹고 난후 스푼은 수프볼 (Soup Bowl) 뒤쪽에 놓는다.

(5) 빵

빵은 입에 넣을 만큼 손으로 자른 후 버터를 발라 먹는다.

(6) 생선

생선요리는 Fish Knife와 Fish Fork를 사용한다.

(7) 샐러드

샐러드(Salad)는 Salad Fork를 사용한다.

샐러드는 좌측에 놓여있는 것을 먹는다.

즐겨먹는 드레싱(Dressing)을 선택한다.

(8) 메인디쉬

주요리(Main Dish)는 Meat Knife와 Meat Fork를 사용한다.

스테이크(Steak)는 왼쪽부터 먹을 만큼 잘라서 먹는다.

(9) 디저트

디저트(Dessert)는 Dessert Fork를 사용한다.

(10) 음료

커피와 차 중에 마실 것을 고른다. 커피는 기호에 따라 설탕, 크림을 첨가한다.

(11) 팁처리 요령

식당이용 시 국제적으로 이용금액의 10%를 제공하며 접시 밑바닥에 놓아두도록 한다.

(12) 식사 후 냅킨처리

사용한 냅킨은 접어서 테이블위에 올려놓는다.

(13) 기타 테이블 매너

① 식사 중인 의사표시

Knife는 4시 방향 Fork는 8시 방향으로 접시에 걸쳐놓는다.

② 식사 중 자리 이석 시 냅킨 처리방법

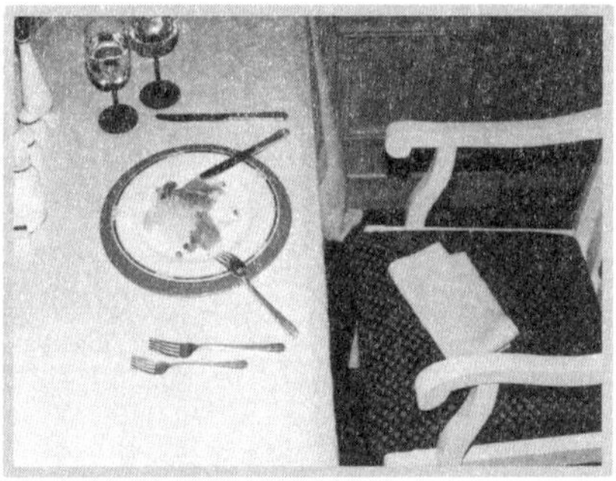

이석 시 냅킨을 의자위에 자연스럽게 접어서 올려놓는다.

③ 식사 끝남 표시

식사가 끝나면 Knife, Fork를 일자로 접시위에 가지런히 놓는다.

3) 재치 있는 매너

(1) 식사 중의 실수

이런 경우 웨이터나 지배인을 불러 도움을 청한다. 가능한 다른 사람이 모르게 조용히 오른손을 들어 신호를 보내도록 한다.

(2) 뜨거운 음식이나 상한 음식을 먹었을 때

무심코 먹은 음식이 너무 뜨거울 때에는 찬물을 먹는다. 주변에 물이 없을 시에는 뱉도록 하는데 종이 냅킨에 싸서 그릇 한쪽에다 놓아둔다. 상한 음식을 먹었더라도 마찬가지로 빨리 뱉도록 하는데, 뱉는 것이 잘 안 보이도록 냅킨으로 가리도록 한다.

(3) 고기나 뼈가 목에 걸렸을 때

생선가시가 걸렸을 때는 물을 마시거나 냅킨으로 입을 가리고 기침을 한다. 손가락으로 입에서 꺼내는 것도 실례가 되지 않으며, 이때에도 역시 다른 손이나 냅킨으로 입을 가리도록 한다. 고기나 뼈가 목에 걸려 기침을 여러 번 하고 싶다면 양해를 구하고 자리를 물러나도록 한다.

(4) 기침, 재채기, 코풀기

기침이나 재채기가 나오려 하면 손수건 또는 냅킨으로 코와 입을 먼저 가리도록 한다. 코를 풀고 싶을 때에는 양해를 구하고 자리를 뜬다. 자신의 손수건이나 휴지를 사용하며, 냅킨은 원래 사용하지 않는 것이다. 땀이 날 때에도 냅킨으로 닦지 않는다.

(5) 식사페이스 조절

식사는 비슷한 시점에 끝내는 것이 바람직하므로 속도 조절에 신경 쓸 필요가 있다.

(6) 메뉴 주문 시

메뉴판을 천천히 감상한다. 자리에 앉기 무섭게 음식을 주문하거나 혹은 앉기도 전에 통일을 외치는 행동은 천박하게 여겨지는 행위이다. 메뉴의 내용이 난해하거나 문자 해독이 어려운 경우 종업원의 도움을 받는다.

나라마다 주문하는 모습은 각양각색이며 남자가 동반 여성의 메뉴선택을 도와주고 자신의 음식과 더불어 종업원에게 함께 주문하는 모습이 더 격조 있어 보이는 매너이다.

(7) 기물을 떨어뜨렸을 경우

실수로 바닥에 나이프나 포크를 떨어뜨렸다면 절대로 줍지 않는다. 그대로 두고 종업원을 부르는 것이 매너이다.

동석한 여성이 굳이 주우려 할 때는 남성이 주워 종업원에게 건네고 새것을 가져오도록 청한다. 단 가정에 초대 받은 경우엔 본인이 직접 주워도 실례가 되질 않는다.

(8) 이물질 발견 시

음식에서 머리카락이나 이물질이 발견될 경우 가능한 주위 사람들이 눈치 채지 못하도록 조용히 종업원을 부른 다음 바꾸도록 요구한다.

(9) 테이블 정리는 금물

식사를 마친 후 종업원을 도우려 접시를 포개어 건네는 것은 금물이다.

(10) 계산하기

계산할 때 동전지갑을 꺼내 일일이 계산하는 행동은 피하도록 한다. 계산서의 금액보다 다소 넉넉한 큰돈을 내고 거스름돈을 거슬러 받는 편이 낫다.

(11) 모른체하기

식사를 하다 보면 핑거볼의 물을 마시는 이들도 있고, 샐러드 포크로 육류를 먹는 이들도 있다. 이처럼 다른 사람들이 식사 도중 실수하는 것을 보더라도 무관심한 것이 매너이다. 설령 상대방의 잇새에 고춧가루가 낀 경우라도 가까운 사이가 아니라면 지적할 필요는 없다.

(12) 냅킨 사용 5대 꼴불견

① 냅킨을 불필요하게 만지작거리거나 안경을 닦는 행위
② 여름에 레스토랑에 들어와서 냅킨으로 땀을 닦는 행위
③ 냅킨으로 코를 푸는 행위
④ 냅킨을 목에 감거나 가슴에 매는 행위
⑤ 냅킨을 혁대에 걸어 사용하는 행위

(13) '잘 먹었다'는 표시 제스처

① 독일 : 식사를 마친 후 식탁을 뜰 대 냅킨을 심하게 구겨 식탁위에 던져 놓았는데, 많이 구기면 구길수록 잘 먹었다는 표시
② 그리스 : '잘 먹었다'는 표시로 나갈 때 접시를 바닥에 깬다. 너무 잘 먹었으면 하나 더 요청해 깰 수 있다. 이는 접시 깨는 소리에 놀라 귀신이 들어오지 말라는 지역적인 터부(Taboo)에서 나온 것
③ 한국 : 우리나라에서는 '잘 먹었다'는 표시로 트림을 한다. 이것은 중국에서 온 것이라고 함

냅킨 이야기

❦ 한국식 냅킨, 휘건

우리나라에는 서양의 냅킨과 같은 것이 없었을까? 엄격히 말하면 우리나라에도 냅킨의 사촌쯤 되는 물건이 엄연히 존재했다. 조선시대 임금님이 수라를 젓수실 때 기미상궁이 둘러드린 '휘건'이 바로 그것이다.
전문가들은 임금님이 사용하던 휘건이 후일 양반가로 전해졌고, 나중에는 여염으로 전해져 행주치마로 발전했다고 주장한다. 임금님이 사용하던 휘건이 이처럼 양반가로 전해진 것은 아마도 양반계급의 엄격한 식사예절과 관계가 있을 것이다. 조선시대 양반들은 식사를 할 때 의관을 반듯하게 정제하였다는 사실을 기억할 필요가 있다. 심지어 근본이 남다른 명문가에서는 두루마기에 갓까지 걸친 상태로 밥상을 받았다.

여기서 한 가지 지적해둘 점은 휘건과 냅킨은 근본적으로 짜임새가 달랐다는 것이다. 서양의 냅킨은 맨손으로 음식을 집어 먹던 서양 문화의 산물로 손과 입을 닦는 용도로 사용된 것으로 보인다. 반면 휘건은 서양의 비브(bib), 곧

턱받이와 비슷한 용도로 사용되었을 가능성이 크다. 의복을 보호하기 위한 용도로 사용되었을 것이라는 얘기이다.

휘건이 이처럼 제한적 용도, 곧 턱받이로 사용된 이유는 무얼까? 그 비밀은 노버트 엘리아스가 참으로 문화적인 식사 도구라며 찬해 마지않는 젓가락에 숨겨져 있다. 상다리가 휘어지도록 차려진 식탁을 종횡무진 누비는 한 쌍의 날렵한 젓가락을 떠올려 보라. 도대체 리모트 컨트롤러(원격 조정) 방식으로 젓가락을 사용해 식사하는데 손이 더러워질 까닭이 있을까? 또 냅킨을 사용하는 일에 서양인들처럼 목을 맬 이유가 있을까? 냅킨의 탄생과 대중화를 가로막은 장애 요인은 바로 문화적 도구인 젓가락이었다는 사실을 감안하면, 양식당에서 죽 진열되어 있는 이름모를 나이프와 포크를 보고 주눅이 들 필요는 전혀 없다. 곱게 접혀 있는 냅킨 역시 마찬가지다. 그것은 단지 문화의 차이에 불과하다.

〈출처: 손일락, 에티켓을 먹고 매너를 입어라〉

3. 나라별 식사매너

나라별 테이블 매너를 배우려면 우선 다른 나라의 음식문화를 알아야 한다. 지구촌에는 대략 230여개 국가가 있으며 무려 60억 인구가 더불어 살아가고 있다. 이 많은 사람들은 먹는 것도 다르고 입는 것도 다르며 사는 것도 다르다. 이로 인해 상식적으로 이해할 수 없는 먹거리 문화를 가진 나라도 부지기수이다. 인도인들은 암소를 숭배한다는 이유로 소고기를 먹지 않고, 유대인이나 이슬람교도들은 돼지를 먹지 않는다. 글로벌 무대에서 외국인과의 테이블매너에서 실수하지 않으려면 기본적으로 그 나라의 다양한 음식문화부터 인정해야 할 것이다.

1) 한 국

(1) 요리의 특징

오랜 전통과 역사 속에서 발달해온 한국 음식은 지방에 따라 다양한 특색을 나타내며, 그 지방만의 독특한 음식문화를 자랑하기도 한다.

우리나라 음식의 특징을 정리해 보면 쌀밥을 주식으로 하고 채소, 어패류, 육류를 반찬으로 하는 주식과 부식의 구분이 있으며, 뚜렷한 사계절로 인해 계절요리가 발달했으며 계절에 대비하여 식품을 장기간 저장 가능한 발효음식이 발달되었다. 또한 한국요리는 서양요리와 달리 한두 가지씩 차례대로 먹는 식사법이 아닌 한 테이블에 모든 음식을 차려 놓고 먹는 식사법이 발달했다.

(2) 전통적인 한식 상차림

우리나라 음식의 상차림에는 반상, 면상, 주안상, 교자상 등이 있다. 반상은 평상시 어른들이 먹는 진짓상이고, 면상은 점심 같은 때 간단히 별식으로 국수류를 차리는 상이다. 주안상은 적은 수의 손님에게 약주대접을 할 때 차리는 술상이고, 교자상은 생일, 돌, 환갑, 혼인 등 잔치 때 차리는 상이다.

반상에는 3첩, 5첩, 7첩, 9첩, 12첩까지 있는데, 기본적으로 밥, 탕, 김치, 간장은 반상에 포함되며 여기서 말하는 '첩'은 반찬가지수를 의미한다. 옛날에는 보통 3첩, 5첩, 7첩을 사용하고 양반집이나 궁중에서는 9첩, 12첩을 사용하였다.

(3) 한국식 식사예절

① 출입문에서 떨어진 안쪽이 상석이므로 윗사람이 앉도록 한다.
② 식탁에는 곧고 단정한 자세로 앉는다.
③ 연장자가 수저를 든 후 식사를 한다.
④ 본격적인 식사를 시작하기 전 동치미 국물로 입을 적신다.
⑤ 식사 중에는 음식 먹는 소리 등을 내지 않도록 한다.
⑥ 숟가락과 젓가락을 동시에 집어 들지 않는다.
⑦ 숟가락과 젓가락은 번갈아 가면서 들도록 한다.
⑧ 식사 중에 숟가락을 내려놓을 때는 밥그릇에 걸쳐두고, 식사를 마치면 밥상위에 내려놓는다.
⑨ 젓가락은 식사 중이든 식사 후든 가지런히 상위에 올려놓는다.
⑩ 밥은 한쪽에서 먹어 들어가며 국은 그릇째 들고 마시지 않는다.
⑪ 반주로 술을 마시는 경우 장유유서를 지킨다.
⑫ 술잔을 따를 때는 왼손으로 오른손 팔꿈치 부분을 가볍게 받치고 오른손으로 따른다.
⑬ 웃어른 앞에서 술을 마실 때는 몸을 왼편이나 웃어른이 보지 않는 쪽으로 들어 마시도록 한다.
⑭ 식사 속도를 윗사람에게 맞추는 것이 예의이며, 윗사람이 식사를 마치고 일어서면 따라 일어선다.

(4) 한식 대접하기

비즈니스와 사교의 영역이 넓어지고 외국인과의 대면이 자연스러워진 만큼 그들에게 우리의 음식을 접대할 기회가 많아지고 있다.

한식의 메뉴구성은 밥류, 죽류, 탕류, 면류, 찌개류, 전골류, 찜류, 전류, 구이류, 생채류, 숙채류, 젓갈류, 김치류, 음료 등으로 구성된다.

특히 한국 요리는 요리만을 먹기보다는 밥을 먹기 위한 반찬의 비중이 크므로 전반적으로 짜고 맵다. 우리는 잘 느끼지 못하지만 다른 나라 음식에 비해 한식은 맛이 강한 편이다. 그래서 외국인을 접대할 경우에 이점을 감안하여 음식의 간을 너무 짜거나 맵지 않게 맞추고 마늘을 많이 넣지 않도록 주의해야 하며 특별히 조리법에 신경을 써서 음식을 제공하도록 해야 한다.

■ 외국인에게 한식 대접하기

① 음식을 한사람 앞에 한 접시씩 순서대로 제공한다.

② 간장과 김치, 나물, 젓갈 등 서너 가지 밑반찬은 처음부터 상 위에 준비한다.(밑반찬은 수시로 먹는 거라고 설명해주면 좋다.)

③ 코스의 가짓수에 따라 애피타이저, 죽, 생선, 고기, 밥과 국, 후식 순서대로 제공한다.

④ 수저의 경우 서양식으로 바깥쪽부터 죽, 신선로 등 국물음식, 밥 먹을 때 사용하는 수저 순으로 세팅한다.

⑤ 국을 대접하고자 할 때에는 건더기를 적게 해서 준비한다. 만두국의 경우 만두는 엄지손가락보다 조금 큰 정도로 조그맣게 빚고 두서너 개 정도만 담아낸다.

⑥ 여름철에는 오이냉국을 대접하면 효과적이다.

⑦ 손님을 많이 초대할 때는 뷔페 스타일로 대접하는 것이 좋다.

⑧ 디저트로는 커피나 홍차 대신 인삼차나 수정과, 식혜 등을 제공한다.

음식 이야기

남북 정상 만찬〈평양에 간 '팔도 대장금 요리'〉

눈으로 즐기는 팔도 대장금 요리

- 영덕게살 죽순채와 봉평 메밀쌈=봉평의 메밀로 밀쌈을 만들고, 영덕대게살과 죽순으로 냉채를 만들어 감잎 위에 올린 것. 드라마 '대장금'에 등장했던 음식이기도 하다.
- 흑임자죽=충주산 흑임자(검은깨)와 이천 쌀을 곱게 갈아 만들었다. '동의보감'에 흑임자를 오랫동안 복용하면 몸이 가벼워지고 늙지 않는다고 한다.
- 완도 전복과 단호박찜=완도 전복은 청정해역의 자연산 다시마와 미역을 먹고 자라 살이 도톰하고 쫄깃하며 맛이 깊은 게 특징
- 제주 흑돼지 맥적과 누름적=제주 흑돼지는 외국의 개량종에 비해 몸집은 작으나 고기의 질이 좋다. 홍시로 만든 색다른 소스로 맛을 더했다.
- 고창 풍천장어구이=장어 중 으뜸으로 꼽는 고창 선운사 앞 인천강의 자연산 풍천장어에 복분자즙을 발라 영양과 맛을 한층 높였다. 복분자술을 함께 냈다.
- 횡성 · 평창 너비아니구이와 자연송이=강원도 횡성 한우의 안심을 배즙 양념에 재워 굽고, 흑미와 수삼으로 소스를 만들어 담백한 맛을 더했다. 오대산 자연송이를 곁들였다.
- 전주 비빔밥과 토란국=이천 쌀에 햇밤과 대추를 넣어 지은 영양밥에 각종 나물 등을 얹었다. 남북이 하나됨을 기원하는 의미다. 섬유소가 풍부한 토란은 국으로 준비했다.
- 호박 과편, 삼색 매작과와 계절 과일=과편은 궁중에서 후식으로 애용한 한과. 호박으로 꽃 모양 과편을 만들어 버섯 모양의 매작과를 곁들였다. 과일은 '나주배', '대구사과', '진영단감', '장호원복숭아', '무등산수박', '제주감귤 한라봉', '영동포도'를 올렸다.
- 안동 감국(甘菊)차=안동은 토질·일교차·일조량이 좋아 국화차의 맛과 향이 뛰어나다. '본초강목'에 국화는 눈을 밝게 하고 마음을 편안하게 한다고 전해온다.

■ 밑반찬=배추김치, 영광굴비, 나박김치, 새우잣즙무침, 송이사태장조림, 매실장아찌와 남해멸치볶음 등을 진지와 함께 올렸다.

■ 건배주 및 식사주=천년약속, 백세주, 고창 복분자주, 팔도 전통술 모음(문배주,명작 오가자, 황진이주, 계룡백일주, 대추술, 보해 복분자주, 진도 순한홍주, 안동소주, 주지몽 석류주, 지리산 솔송주, 고소리술)

〈출처: 중앙일보 유지상〉

2) 중 국

(1) 요리의 특징

중국 음식은 흔히 '불의 예술'이라 일컬어진다. 센 불로 재빨리 익혀내는 음식이 주종을 이룬다. 중국은 광대한 영토와 수많은 특산물로 인해 요리가 다양하게 발전했으며 황실과 민간의 합작요리라고 할 수 있다. 이러한 양자의 통합이 오늘날 세계적인 중국요리를 탄생시켰다고 할 수 있다.

(2) 요리의 종류

중국은 워낙 넓고 큰 나라여서 각 지역마다 재료와 기후, 풍토가 달라서 일찍이 지방마다 독특한 식문화가 발달하였다. 지역에 따라 북경요리, 사천요리, 광동요리, 상해요리 등 네 가지로 분류한다.

① 상해요리

상해요리는 중국의 중부지방을 대표하는 요리로, 풍부한 해산물과 미곡 덕분에 예로부터 식문화가 발달하였다. 특히 상해는 바다에 접해 있어 해산물 요리인 새우와 게를 이용한 요리가 많다. 상해 게 요리는 세계적으로 명성이 높으며 상해요리는 간장과 설탕을 많이 사용하는 것이 특징이다.

② 북경요리

북경요리는 중국 북부지방의 요리로, 한랭한 기후 탓에 높은 칼로리가 요구되어 강한 불로 짧은 시간에 만들어내는 튀김요리와 볶음요리가 특징이다. 재료도 생선보다 육류가 많으며, 면, 만두, 병 등의 종류가 많다. 대표적인 요리로는 북경오리구이, 양 통구이, 물만두, 자장면 등이 있다.

③ 광동요리

광동은 독특한 식문화가 발달하였다. 옛날부터 외국과 교류가 빈번하여 광동의 특이한 요리에다 서유럽 요리의 영향이 혼합되어 퓨전식 식문화가 발달한 것이 특징이다. 중국 남부 연안의 풍부한 식품 재료 덕분에 어패류를 이용한 요리가 많고, 아열대성 야채를 사용해 맛이 신선하고 담백하여 중국 요리 최고로 평가 받고 있다. 광동식 탕수육, 상어지느러미 찜, 제비집, 곰발바닥 요리 등이 유명하다.

④ 사천요리

사천요리는 양자강 상류의 산악지대와 사천을 중심으로 한 운남, 귀주지방의 요리를 말한다. 바다가 먼 분지여서 추위와 더위의 차가 심해, 악천후를 이겨내기 위해 향신료를 이용한 요리가 발달했으며, 마늘, 파,

고추 등을 넣어 만드는 매운 요리가 많다. 신맛과 매운맛, 톡 쏘는 자극적인 맛과 향기가 요리의 기본을 이룬다. 마파두부, 새우 칠리소스 등이 유명하다.

(3) 중국식 식사예절

① 원형 탁자가 놓인 자리에서는 안쪽의 중앙이 상석이고, 입구 쪽이 말석이다.

② 요리와 밥을 젓가락을 이용해 먹으며, 사기로 된 국자모양의 숟가락인 렝게는 탕을 먹을 때만 제한적으로 쓴다.

③ 탕을 다 먹은 뒤에는 숟가락을 뒤집어 놓는 게 매너다.

④ 큰 접시에 음식이 담겨져 나왔을 때는 자기 접시에 적당히 던 다음 양념을 쳐서 먹도록 한다.

⑤ 회전반에 요리가 놓이면 회전반을 시계방향으로 천천히 돌리며 주빈부터 음식을 뜨는 게 원칙이다.

⑥ 적당량의 음식을 자기 앞에 덜어먹고, 새 요리가 나올 때마다 새 접시를 쓰도록 한다.

⑦ 새로운 음식이 나오면 주빈이 손님에게 수시로 건배를 청한다.

⑧ 건배할 때는 연장자나 서열이 낮은 쪽 사람이 잔의 높이를 상대방보다 낮추어야 한다.

⑨ 젓가락으로 요리를 찔러 먹어서는 안 되며, 식사 중에 젓가락을 사용하지 않을 때는 접시 끝에다 걸쳐놓고, 식사가 끝나면 상 위가 아닌 받침대에 처음처럼 올려놓는다.

⑩ 중국식당에서는 녹차, 우롱차, 홍차 등의 향기로운 차가 제공된

다. 한 가지 음식을 먹은 후에는 한 모금의 차로 남아있는 음식의 맛과 향을 제거하고 새로 나온 음식을 즐기면 된다.

4) 일 본

(1) 요리 특징

일본 요리는 입으로 느끼는 맛과 함께 눈으로 보는 시각적인 맛을 중시하는 것이 특징이다. 해산물과 제철의 맛을 살린 산나물 요리가 많으며 재료뿐만이 아니라 요기의 소재, 기물, 장식 등을 이용하여 계절적인 분위기를 느낄 수 있다. 일본 요리는 관동 요리와 관서 요리로 분류한다. 관동요리는 도쿄, 관서요리는 오사카지역의 요리이다. 에도 요리라 불리는 관동요리는 왕가와 귀족 계급의 사무라이요리인데, 맛은 비교적 진하여 달고 짠 것이 특징이다. 가미가타 요리라고 불리는 관서 요리는 관동요리에 비해 맛이 엷고 부드럽다. 설탕을 비교적 적게 사용하며 재료 자체의 맛을 살려 조리하는 것이 특징이다.

(2) 요리의 종류

① 쇼징요리 : 채소, 곡류, 두류, 해초류등 주로 식물성 재료를 이용한다.

② 혼젠요리 : 관혼상제 등 의식에 내는 의례요리이다.

③ 차가이세키 요리 : 차를 마시기 전 먹는 요리이며, 식물성요리다.

④ 가이세키 요리 : 복잡한 혼젠요리를 현대적 감각에 맞게 간략화 한 연회 요리이다. 일본 정식이라 할 수 있으며 구이, 조림, 튀김, 찜, 초회, 된장국 등이 서양의 풀코스처럼 한 가지씩 나온다.

정통 일본요리는 한국의 한정식과 비슷한데 맛과 함께 모양과 색깔, 그릇과 장식에 이르기까지 전체적인 조화에 신경을 쓴다. 특별한 의례가 있거나 격식을 차려야 하는 자리에서 볼 수 있는 요리이다.

일본의 일상적인 식사 요리로는 서양의 일품요리와 같이 해결하는 경우가 대부분이다. 평소 즐겨먹는 일본단품요리는 냄비요리, 샤브샤브, 사시미, 스시, 데판야키 등이 있으며 최근엔 라멘이 대중적인 요리로 각광받고 있다.

(3) 일본식 식사예절

① 상석은 일식 벽장 앞 중앙이다.

② 밥이나 국을 받으면, 밥은 왼쪽에 국은 오른쪽에 놓았다가 들고 먹는데, 그릇을 받을 때나 들 때는 반드시 두 손을 사용하게 되어 있다.

③ 밥을 먹을 때에는 반찬을 밥 위에 얹어 먹어서는 안 되며, 밥그릇에 국물을 부어 먹어서는 안 된다.

④ 일본의 밥공기는 크기가 작다. 밥을 더 먹고 싶을 때는 밥공기에

한술정도의 밥을 남기고 청하는 것이 예의이다. 공기를 비우면 식사가 끝나 것으로 간주한다.

⑤ 밥을 한공기만 먹는 것은 실례다. 배가 부른 경우에는 조금만 달라고 청해 두 공기를 먹는 형식을 취한다.

⑥ 국은 그릇을 들고, 한 모금 마신 후 건더기를 한 젓가락 건져 먹은 다음, 상위에 놓는 식으로 여러 번 들고 마신다.

⑦ 생선회는 겨자를 생선 위에 조금 얹은 후 간장에 찍어 먹는다. 처음부터 겨자를 간장에 풀어서 먹으면, 겨자의 향이 날아가 버리므로 요리를 제대로 즐길 수 없다.

⑧ 생선회에는 무나 향초 잎이 곁들여 나오는데, 이것은 장식용이지만 입가심으로 먹어도 좋다.

⑨ 스시를 먹을 때는 밥에 간장을 찍는 것이 아니라 회의 긴자락에 간장을 살짝 찍어 먹는다.

⑩ 소바를 먹을 때는 젓가락으로 면을 집은 다음 장국에 조금씩 찍어가면서 먹는다.

⑪ 젓가락에 붙어 있는 음식을 빨아먹거나 젓가락으로 음식이 익었는지 찔러보는 행동은 금물이다.

⑫ 멀리 있는 그릇을 젓가락으로 끌어당기거나 젓가락에서 젓가락으로 음식물을 주고받으면 안 된다.

⑬ 상대의 술잔에 술이 조금 남아 있을 때 술을 채워주는 것이 일본식 주도이다. 잔이 빌 때까지 술을 따라주지 않으면 무심한 사람으로 오해받는다.

⑭ 술을 받은 후 마시기 싫으면 가만히 입만 댔다 떼도 무방하다.

⑮ 술을 따를 때 한손으로 따르고 받기 때문에 일본인이 예절 없다고 생각하면 안 된다.

젓가락 이야기

❦ 젓가락으로 반찬을 나누면?

일본은 식사 때 거의 숟가락을 사용하지 않는다. 젓가락만 사용하여 식사를 한다. 국물이 있는 요리는 국자로 떠서 작은 그릇에 담아 들고 마시기 때문에 일본의 식사는 젓가락 문화라고도 한다. 거의 젓가락만 사용하는 일본이지만 젓가락을 사용하는데 주의를 해야 할 것이 하나 있다.
우리는 손님을 접대할 때 맛있는 반찬이나 또는 특별한 요리가 있으면 젓가락으로 집어서 건네는 경우가 많다. 그러나 일본에서는 이런 행동을 하지 않는 것이 좋다. 자기가 먹던 젓가락을 사용해서 건네는 것은 물론 해서는 안되지만, 공동으로 사용하는 젓가락으로도 가급적 삼가는 것이 좋다. 자기 것은 자기가 가져다 먹는 것이 제일 좋다.

다음은 빈대떡 같은 지지미류나 생선 등 좀 덩어리가 큰 음식의 경우 젓가락 한 개씩 들고 찢든가 젓는 것은 절대 금지다. 왜냐하면 사람이 죽은 뒤 화장을 한 경우, 유골을 고르는 방법과 같다고 한 것에서 유래가 되었다고 한다. 따라서 가급적 자기 젓가락으로 그냥 식사를 하는 것이 제일 좋은 매너이다.

〈출처:www.finejapan.joins.com〉

08 Chapter 음주에 대한 매너

술 마시는데도 방법이 있다. 이것이 '주도(酒道)'이다. 나라별로 마시는 법이 다르고 다양하다. 상황에 따라 시간에 따라 장소에 따라 술을 멋스럽게 잘 마시는 사람은 '매너짱'이 될 수 있고, 또 그렇지 못하면 '매너꽝'이 될 수 있는 것이다.

세상에서 음주 예절이 가장 까다로운 나라가 우리나라라고 한다. 우리나라 사람들은 술을 따를 때 주종 불문하고 왼손으로 오른손 팔꿈치 부분을 가볍게 받치고 오른손으로 따른다. 또 아랫사람이 술을 마실 때에는 몸을 웃어른의 반대편으로 돌려 마시는 모습을 보이지 않아야 예의 바른 것으로 간주된다. 물론 외국에는 우리나라처럼 엄격한 주도가 존재하지는 않는다. 가까운 일본을 예를 들면 일본사람들은 술을 따를 때 한 손으로 따르고 한손으로 받는다. 두 손으로 받지 않는다고 예의 없는 사람으로 간주되지는 않는다.

지구상에는 정말 다양한 술이 있다. 나라별로 즐기는 술이 다르고, 술의 종류에 따라 마시는 법이 다르고 또 술을 받는 잔이 다르며 받는 방법도 다르다. 유럽에서는 식탁에서 식사와 함께 빠질 수 없는 것이 와인이다. 서양 정식코스를 먹을 때는 식전에 마시는 술과 식사 중에 마시는 술, 그리고 식사를 마치고 난후 마시는 술이 있다. 이처럼 식사와 더불어 빠질 수 없는 것이 술이며 비즈니스나 사교모임에 기본적으로 제공되는 것이 술인데 술에 대한 상식과 매너가 없으면 소위 말하는 매너 없는 사람으로 인식되어 자존심에 손상을 입을 수 있는 것이다.

1. 술의 세계

술이란 음료로 할 수 있는 주정에서부터 알코올 성분 1% 이상을 포함한 음료를 말한다. 술은 동서양을 막론하고 옛날에는 약으로 사용되었다고 한다. 중국의 기록을 보면 술은 모든 약 중에서 으뜸이고, 즐거운 모임에 꼭 있어야 할 음식으로 여겼음을 쉽게 찾아 볼 수 있다.

술은 음식을 맛있게 먹고 대화를 잘 이끌어 나갈 수 있도록 하는 일종의 분위기 메이커 역할을 한다. 술의 역할은 식사 중에 마시는 술도 그 역할을 다하지만 식사 전에 마시는 술도 그 나름대로의 역할을 한다. 식사 전에 술은 식욕촉진을 도와 음식을 더 맛있게 즐길 수 있도록 도와준다. 또한 식후에 마시는 술은 소화를 촉진하는 역할을 하여 위의 부담을 덜어주는 역할도 한다.

1) 식전주(Aperitif)

식전주는 식사 전에 마시는 술로 타액과 위액의 분비를 원활하게 하고 식욕 증진을 도와주는 술이다. 식전주를 마시는 매너는 지나치게 독한 술을 많이 마셔 취하는 일이 없도록 해야 하며 보통 한두 잔 정도가 적당하다.

■ 식전주 종류

- 버머스(Dry Vermouth)
- 달지 않은 샴페인(Champagne)
- 쉐리(Sherry)
- 칵테일 : 맨하튼, 마티니, 스크루 드라이버 등 식욕 자극하는 것

2) 식중주(Wine)

식중주는 식사 중에 마시는 술을 말한다. 일명 '반주' 개념으로 마시는 술이다. 보통 유럽에서는 식사할 때 와인을 마신다. 와인을 선택할 때에는 요리와의 조화를 고려해서 선택해야 한다. 와인은 그 자체만으로도 훌륭한 알코올 음료가 되지만 와인과 음식이 곁들어지면 서로 그 풍미를 더한다. 생선요리에는 화이트 와인, 육류 요리에는 레드와인이 잘 어울린다는 것은 일반적인 상식이다. 좀 더 세분화한다면 생선이든 고기요리든 가벼운 요리에는 가벼운 와인, 농후한 맛의 요리에는 묵직한 와인을 고르는 것이 기본이다.

3) 식후주(Dessert Wine)

식후주는 식사 후에 마시는 술로 소화를 촉진시키기 위한 술이다. 식후주로는 대개 알코올 도수가 높은 술을 많이 선택한다. 남성들은 브랜디(Brandy), 여성들은 달콤한 맛의 리큐어(Liqueur)를 즐긴다. 디저트 와인으로 권장할 만한 와인은 쏘테른, 포트, 트로겐베렌 아우스레제, 아이스바인 등이 있다.

2. 술에 대한 상식

술은 음료이다. 음료를 크게 두 종류로 분류하면 알코올성 음료(Alcoholic Beverage)와 비알코올성 음료(Non-Alcoholic Beverage)로 구분되는데 우리가 보통 알고 있는 대부분의 술이 알코올성 음료에 속하며 청량음료, 영양음료, 기호음료는 비알코올성 음료에 속한다.

술은 세부적으로 양조주, 증류주, 혼성주로 분류된다.

양조주(Fermented Liquor)는 술의 역사로 보아 가장 오래 전부터 인간이 마셔온 술로써, 곡류와 과실 등 당분이 함유된 원료를 효모균에 의하여 발효시켜 얻어지는 술을 말한다. 포도주, 맥주, 청주 등이 대표적인 양조주에 속한다.

증류주(Distilled Liquor)는 곡물이나 과실 또는 당분을 포함한 원료를 발효시켜서 약한 주정분을 만들고 그것을 다시 증류기에 의해 증류한 것을 증류주라고 한다. 증류주는 크게 위스키, 브랜디, 진, 보드카, 럼, 데킬라 등으로 분류할 수 있다. 알코올 도수는 35~60%로 높아 애주가에 어울리는 술이며 칵테일을 만들 때 베이스가 되는 술이다.

혼성주(Liqueur)는 과일이나 곡류를 발효시킨 주정을 기초로 하여 증류한 주정(Spirit)에 독특한 향기와 색깔 그리고 단맛을 가미하여 제조한 술이다. 독특한 향과 강한 색깔뿐만 아니라 단맛이 들어있어 여성들에게 매우 인기가 높으며, 칵테일에는 빼놓을 수 없는 술이다.

술의 알코올 함유량 표시는 국내와 유럽 대다수 국가에서 게이루섹(GayLussac)이 고안한 용량 퍼센트(Volume by Percent)를 사용한다. 온도 15°C

일 때 원용량 100分 중에 함유하는 에틸알코올(Ethyl Alcohol)의 용량을 도수라 한다. 미국은 술의 도수를 프루프(Proof)로 표시한다. 100 Proof는 국내의 도수로는 50도이다.

1) 맥주(Beer)

전 세계적으로 가장 많이 마시는 술이 맥주이다. 맥주는 포도주와 함께 그 역사가 오래된 발효주 중의 하나이다.

맥주는 보리, 물, 호프(Hop), 효모를 주원료로 하여 만든 탄산가스가 함유된 알코올성 음료이다. 보리를 대신하여 밀, 귀리, 녹말을 사용하여 제조하기도 한다. 특히 물은 맥주를 제조할 때 매우 중요한 요소이다. 왜냐하면 맥주는 수분 93%와 알코올 4%, 당분과 단백질 3.5%, 탄산가스 0.4%로 구성되기 때문이다. 그 밖에도 호프, 유기산, 미네랄, 비타민 등도 포함되어 있다.

맥주의 칼로리는 알코올에서 유래된 것으로 탄수화물 칼로리와는 달리 혈액촉진이나 체온상승에 영향을 주기 때문에 체내에 축적되는 일은 없다고 한다. 따라서 맥주를 마시면 살이 찐다는 이야기는 잘못된 것이다.

일반적으로 맥주를 가장 맛있게 먹는 방법은 맥주의 독특한 맛이 살아나는 온도를 잘 맞춰서 마시면 된다. 맥주의 온도는 여름철에는 4~8도, 겨울에는 8~12도 정도로 마시는 것이 좋다. 맥주의 거품 또한 맥주의 맛에 영향을 준다. 맥주 거품은 청량감을 주는 탄산가스가 새어나가는 것은 물론 맥주가 공기 중에서 산화되는 것을 막아주기 때문에 맥주를 따를 때에는 2~3cm 정도 거품이 덮이도록 하는 것이 좋다.

맥주의 유명 상표

나 라	유명 상표
독일	Loewenbraeu, Back's bier
네덜란드	Heineken
덴마크	Carlsberg, Tuborg
체코슬로바키아	Pilsen
영국	Guiness Stout
미국	Budweiser, Miller
스웨덴	Three Crown

2) 위스키(Whisky)

위스키의 원료는 보리, 호밀, 밀, 옥수수, 귀리 등의 전분질원료로 발효하여 증류시켜 통에 숙성시킨 술이다. 알코올 함유량은 43~50%이나 표준은 43.4%이다.

위스키의 전래 역사는 12세기 십자군 원정에 참여했던 카톨릭의 수도사들이 중동의 연금술사로부터 증류주 비법을 전수받아 십자군 전쟁이 끝난 직후 중동지역으로부터 돌아와 유럽에 비법을 퍼뜨렸다.

생산지역에 따라 영국 스코틀랜드의 스카치위스키, 미국의 아메리칸 위스키, 캐나다의 캐내디언 위스키, 아일랜드의 아이리쉬 위스키가 유명하다.

(1) 마시는 법

① 스트레이트(Straight)로 마시는 것이 일반적이나 개인적인 취향에 따라 소다(Soda)나 얼음을 띄워 온더락(On the Rocks)으로 마셔도 된다.

② 희석해서 마실 때는 술잔을 차갑게 만들어 놓은 후에 마시면 위스키의 향을 더욱 풍부하게 느낄 수 있다.

(2) 산지별 유명상표

① Scotch Whisky : Ballentine's(12년, 17년, 30년), Cutty Sark, Jonnie Walk(Red, Black, Blue), Chivas Regal, Old Parr

② American Whisky : Jack Daniel's, Jim Beam, I.W.Harper, Seagram's 7 Crown

③ Canadian Whisky : Canadian Club, Seagram's V.O, Crown Royal

④ Irish Whisky : Jameson, Bushmills, Midleton

3) 브랜디(Brandy)

포도를 발효한 포도주를 증류하여 숙성한 술을 브랜디라 하며 포도이외의 과일을 사용한 경우에는 브랜디 앞에 과일 이름을 붙여 부른다. 브랜디는 포도주를 생산하는 각국에서 생산하지만, 특히 오랜 역사와 품질을 자랑하는 프랑스의 꼬냑(Cognac)과 아르마냑(Armagnac)이 유명하다.

(1) 꼬냑(Cognac)

꼬냑지방은 와인으로 유명한 보르도의 북동쪽에 위치하는데, 꼬냑의 명칭은 품질과 명성을 지키기 위한 프랑스의 원산지 통제명칭법에 따라 꼬냑지방에서 생산된 브랜디만을 꼬냑이라 부를 수 있으며, 타지방에서 생산된 브랜디는 꼬냑이라는 이름을 쓸 수 없다.

꼬냑지방의 유명생산자는 Hennessy, Remy Martin, Martell, Camus 등이 있다.

(2) 아르마냑(Armagnac)

아르마냑은 프랑스에서 가장 오래된 증류주, 즉 와인으로 만든 오드비드뱅(Eau de vie de vin) 제조역사를 가지고 있다. 꼬냑의 경우 화이트 오크통을 사용하는 반면, 아르마냑은 블랙 오크통을 사용하여 브랜디의 색이 진하고 강한 이미지를 가진 남성적 브랜디이다.

아르마냑의 주요 생산자는 Chabot, Castelfort, Janneau 등이 있다.

(3) 칼바도스

칼바도스는 사과를 증류하여 만든 오드비(Eau de vie)의 일종으로 원산지 명칭법에 따라 바 노르망드(Bas Normande) 지역에서 생산된 사과증류주에 한해서 칼바도스 명칭을 사용할 수 있다.

(4) 브랜디 마시는 방법

① 브랜디 글라스에 소량의 브랜디를 붓고 손으로 감싸서 좌우로 조금씩 흔들어 가면서 마신다.

② 브랜디 글라스는 한손으로 잡을 때는 손가락 사이에 끼운다. 잔이 체온으로 인해 따뜻해지면 향이 위로 올라가면서 풍부해진다.

③ 입으로 가지고 갈 때 천천히 아주 조금씩 마신다.

(5) 브랜디 숙성 연도 기호

표시방법	숙성기간	약자해설
★	2~5	One Star
★★	5~6	Two Star
★★★	7~10	Three Star
★★★★	10년 이상	Four Star
V.O	12~15	Very Old
VSOP	20~25	Very Superior Old Pale
XO	35~50	Extra Old
EXTRA	50~70	Extra Napoleon

4) 진(Gin)

진은 네덜란드의 라이덴 대학의 실비우스(Sylvius) 박사가 약주로 개발한 것이 시초이다. 17세기 말엽에는 런던에서 만들어져 주니에브로(Genievre)를 짧게 줄여서 'Gin'이라고 부르게 되었다.

진은 네덜란드, 영국, 미국, 독일에서 주로 생산되며 세계적으로 호평을 받고 가장 애음되고 있는 London Dry Gin의 유명 상표로는 Beefeater, Gordons, Tanqueray 등이 있다. 주로 칵테일 베이스로 많이 이용되고 있으며 마티니(Martini), 진토닉(Gin Tonic), 싱가포르슬링(Singapore Sling)의 베이스가 되는 술이 진이다.

5) 보드카(Vodka)

보드카는 무색, 무미, 무취의 술로써 칵테일의 기본주로 많이 사용한다. 러시아 사람들에게는 몸을 따뜻하게 하는 수단으로 마셔왔으며, 노동자나 귀족계급 할 것 없이 누구나 즐겨 마시는 술이었다. 대표적인 보드카의 유명상표는 미국의 Smirnoff, Samovar, 러시아의 유명상표로는 Moskovskaya, Stolovaya, Stolichnaya 등이 있다.

보드카를 마실 때에는 일반적으로 스트레이트로 마신다. 나누어 마시기보다는 한 번에 다 마신다. 집에서 보드카를 즐기려면 탄산음료나 오렌지 주스 중 하나를 보드카와 섞어 칵테일로 마시는 것도 좋다. 블랙러시안(Black Russian), 스크류드라이버(Screw Driver), 치치(Chi Chi) 등이 보드카 베이스 칵테일이다.

6) 럼(Rum)

럼은 사탕수수의 생성물을 발효, 증류, 저장시킨 술로써 독특하고 강력한 방향이 있고, 남국적인 야성미를 갖추고 있으며 해적의 술이라고 한다. 주 생산지는 서인도 제도를 비롯한 중앙아메리카의 자메이카, 푸에토리코 등 열대지방에서 생산된다. 트로피컬 칵테일의 베이스로 많이 사용되며 마이타이(Mai-Tai), 피나콜라다(Pina Colada), 바카디(Barcadi) 등이 유명하다.

7) 테킬라(Tequila)

테킬라는 멕시코의 인디언들에 의해 생산되기 시작했다. 테킬라는 용설란(Agave)의 수액을 끓인 즙을 발효시켜 만든 풀케(Pulque)를 다시 증류하여 만든 술이다. 16세기 스페인이 멕시코를 정복한 후 이 풀케를 증류하여 만든 술을 메즈칼(Mezcal)이라고 하였는데, 그중에서 특히 테킬라 지방에서 생산된 것을 '테킬라'라고 불렀다고 한다. 이 술은 1968년 멕시코 올림픽을 계기로 세계적인 술이 되었다고 한다. 테킬라 베이스의 유명한 칵테일은 마가리타(Margarita)와 테킬라 선라이즈(Tequila Sunrise)가 있다.

술 이야기

❦ 코냑 · 위스키 10배로 즐기기

"21년(위스키 21년산)으로 폭탄주 했더니 맛 좋더라구. 비싼 술이 역시…."
"그래! 나도 어제 코냑 X.O로 '원샷'(단숨에 마시기) 내기 했는데, 확실히 머리가 덜 아파."

이분들이 호탕한 주당이라고? 건강과 명품, 그리고 지갑 가학증 환자일 가능성이 훨씬 높다. 좋은 술, 비싼 술은 좋은 사람들과 좋은 분위기에서 천천히 마셔야 제대로 즐길 수 있다.
와인만 마시기 까다로운 술이 아니다. 위스키와 코냑에도 음미하는 주법이 있다. 그리고 이 주법을 따라 마시면 다음날 아침 "다시는 술 안마시겠다"는, 지키지도 못할 약속을 스스로에게 할 필요도 없다.

코냑은 프랑스 코냑 지방의 와인을 원료로 만든 세계 최고급의 브랜디. 원래 튤립 모양의 글라스에 원액을 따른 후 양손으로 감싸듯이 쥐고 손바닥 온도로 조금씩 증발시켜 향기를 음미하며 마신다. 전통적인 유럽식 스트레이트(straight) 혹은 니트(neat) 음주법이다. 반면 아시아권과 미국에서는 온더록스나 칵테일로 마시는 게 유행이다. 얼음 위에 부어서 마시는 온더록스는 풍부한 코냑 향을 즐기기에 스트레이트보다 오히려 더 좋다는 평도 듣는다. 칵테일은 진저에일(생강·레몬·계피 향료가 든 탄산음료)이나 콜라 등과 섞어 마시는 방법이다.

코냑 등급 중 'V.S'가 대중주이고, 'V.S.O.P', 'Napoleon', 'X.O', 'Extra' 등으로 갈수록 숙성 기간이 오래된 고급이다. 전문가들은 숙성 기간이 짧은 코냑은 칵테일로 마셔도 좋지만, 고급일수록 온더록스나 스트레이트로 마시라고 추천한다.
특히 '리차드 헤네시'나 '루이 13세' 같은 최상급은 스트레이트가 좋다. 시가를 피우며 마실 때는 향(香)이 진한 코냑을 택해야 양쪽을 다 즐길 수 있다. 안주로는 과일이나 치즈가 어울린다.

위스키도 음용(飮用)의 기본은 비슷하다. 숙성연도가 오래된 고급일수록 첫 잔은 스트레이트가 좋다. 다른 것과 섞기에는 아깝지 않은가? 마시기 전 우선 코로 향을 느낀 후 천천히 혀로 음미한다. 위스키 맛의 80%는 코로 느낀다. 그러나 스카치 위스키나 아이리시 위스키의 향을 즐기려면 온더록스가 제격이다. 차가운 잔에 얼음 덩어리를 넣고 그 위에 위스키를 부어 마시는 순서를 지켜야 향이 제대로 우러난다.

옥수수 맛과 향이 배어있는 버번위스키는 콜라와 섞어 버번 코크로 마시는 게 인기다. 버번을 먼저 넣고 그 위에 콜라를 넣어야 참맛을 즐길 수 있다.

산토리가 일본에서 위스키를 보급하며 내세운 '미즈와리'는 위스키를 찬물, 혹은 잘게 간 얼음과 섞어 마시는 방식이다. 요사이는 '코냑 미즈와리'도 애호가가 늘고 있다.

〈출처: 조선일보 장원준〉

3. 칵테일 매너

'맘 울적한 날에 거리를 걸어보고 향기로운 칵테일에 취해도 보고…' 몇 년 전 유행한 노래가사 속에 칵테일이란 용어가 나온 적이 있었다. 칵테일글라스가 보통 4온스(Oz) 용량을 수용할 수 있는 사이즈인데, 취할 정도가 되려면 몇 잔을 먹어야 할까하고 엉뚱한 생각을 한 적이 있다.

칵테일이란 일반적으로 알코올성 음료에 또 다른 술을 섞거나 혹은 과즙류나 탄산음료 또는 향료 등의 부재료를 혼합하여 만들며, 맛, 향기, 색채의 세 가지 요소의 조화를 살린 예술적 감각의 음료이다.

이처럼 칵테일은 일정한 양의 알코올성 음료인 술이 들어가지만 첨가되는 부재료로 인하여 마실 때 목넘이가 쉬어 자꾸 마시다 보면 어느새 취기가 돌아 자칫 실수하는 일이 발생할 수도 있는 묘한 술이다.

1) 용량에 따른 분류

칵테일의 종류는 몇 천 가지나 된다. 크게 롱드링크(Long Drink)와 쇼트드링크(Short Drink)로 나눌 수 있다. 롱드링크는 위스키나 진 또는 보드카를 기본으로 물 또는 소다수 그리고 다른 음료들을 섞어 만드는 것이고, 쇼트 드링크는 주로 증류주를 베이스로 하여 한 두 가지 부재료를 첨가하여 칵테일글라스에 담겨져 나오는 것을 말한다.

(1) 롱드링크(Long Drink)

용량이 많은 8oz 이상의 글라스에 제공되는 음료를 말하는 것으로 비교적 천천히 시간을 가지고 마실 수 있는데, 피즈(Fizz), 칼린스(Collins) 등이 이에 속하며 키가 큰 글라스(Tall Glass)에 얼음을 넣어서 만든다.

(2) 쇼트 드링크(Short Drink)

용량이 적은 4oz 미만의 글라스에 제공되는 칵테일을 말하며 비교적 빠른 시간 안에 마셔야 좋다. 칵테일글라스에 제공되는 대부분의 술이 여기에 속한다.

2) 용도에 따른 분류

(1) 식전 칵테일(Aperitif Cocktail)

식사 전 식욕을 증진시키기 위해 마시는 것으로 단맛보다는 쓴맛이 강한 것을 주로 이용한다. 마티니(Martini)와 맨하탄(Manhattan)이 대표적인 칵테일이다.

(2) 식후 칵테일(After Dinner Cocktail)

식사 후 입가심이나 소화의 촉진을 돕기 위해 디저트용으로 마시는 것으로 대부분이 달콤하게 만들어진 것이 많다. 주재료는 브랜디(Brandy)나 리큐르(Liqueur)를 사용한 칵테일로 브랜디 알랙산더(Brandy Alexander), 글래스하퍼(Grass Hopper) 등이 대표적이다.

(3) 상시용 칵테일(All Day Cocktail)

식사와는 관계없이 하루 중 언제나 즐길 수 있는 것으로 위의 두 경우처럼 한 가지 맛이 강한 것은 피하는 것이 좋다.

3) 칵테일 즐기기

(1) 칵테일은 차가운 음료로 찬기가 가시기 전에 마셔야 한다.

(2) 칵테일글라스는 잔의 아래 부분 다리(Stem)를 잡고 마신다.

(3) 쇼트 드링크일 경우 짧은 시간 내에 마신다.

(4) 식사 전에 여성에게 술을 권할 때 가벼운 칵테일이 좋다.

(5) 칵테일을 한 잔 더 하고 싶을 때는 먼저 마신 것과 같은 것을 청해야 한다.

(6) 칵테일을 마실 경우 잔 표면에 이슬이 맺힐 수 있어 칵테일용 소형 종이 냅킨을 사용한다.

건배 이야기

건배를 영어로는 '토스트(toast)'라고 한다. 또 토스트는 우리나라 사람들의 '위하여!'처럼 음주자들이 술을 마시기 전에 잔을 높이 들고 외치는 건배사이기도 하다. 왜 구운 빵을 뜻하는 토스트가 건배를 의미하게 되었을까? 지금으로서는 이해하기 힘들지만, 옛날 유럽에서는 포도주 맛을 좋게 하기 위해 포도주 잔에 갓 구운 토스트 한 조각을 넣었다고 하는데, 여기에서 유래하여 그것이 건배 또는 건배사가 되었다고 한다.
음주 의식에서 가장 오래되고 중요한 것이 건배이다. 음주자들은 건배에서 서로의 우정과 그들의 좋은 관계를 확인하려 한다. 그리고 이러한 확인을 통해 더 이상 위협적인 상황은 종료된 것으로 간주한다. 여기에서 술은 건배에 의해서 결속되는 사람들의 공동체, 우정, 형제애를 보장하는 상징이 되고, 그 확인과 보장의 매개체로서 술이 신성시되는 것이다. 곧 고대 사회의 제의에서 술잔을 높이 들고 신과 소통하는 제사장의 신성한 행위의 속화된 형태가 이후에 건배로 남게 된 것이다.

그러나 건배로 상징되는 공동체적 음주 의식은 다른 기묘한 양면성을 나타내기도 한다. 앞에서 말한 것처럼 건배는 음주자들의 형제애적 결속을 다지려는 목적을 가지지만, 동시에 이 관계에는 인간들 사이에서 흔히 있을 수 있는 통제, 의무 그리고 경쟁의 특성도 개입된다. 곧 이 결속의 의도와 주된 규칙이 지켜지지 않으면 전혀 다른 돌발적인 상황을 만들기도 하는 바, 건배하며 잔을 권했는데 거부하게 되면 순식간에 분위기가 싸늘해지면서 의도했던 형제애의 결속은 물거품이 되는 것이다.

그러므로 건배의 목적과 의도를 정확히 관철하기 위해서는 음주자들이 공통으로 받아들일 수 있는, 건강을 위한 기원, 술을 시원하게 마시라는 촉구, 특정한 집단이나 일이 잘되라는 염원 등 음주자들의 최대공약수적 합의가 건배사로 무난한 것이다. 영·미 계통의 'Good health!'(건강을 위하여), 'Cheer up!'(기분을 내라), 프랑스인들의 '아보트르 상테!'(A Votre Sante·당신의 건강을 위해), 이탈리아인들의 '알라 살루테!'(Alla Salute), 스페인들의 '살루드 아모르 이페세스타스!'(Salud Amor Ypesestas·당신의 건강과 사랑과 돈을 위해서), 북유럽인들의 '스콜(건강)!'이 건강을 위한 건배사고, 잔을 비워 시원하게 마시라는 건배사로는 한국, 중국, 일본의 '건배!'(乾杯 · 중국말로는 간베이), 미국인들의 '보텀스 업!'(Bottoms up)이 있다. 또 제 식구 제 집단만 잘되기를 바라는 우리나라 사람들의 '위하여!'류 건배사도 유별나다.

건배한 뒤 술잔을 가볍게 입술에 대고 한 모금 마시는 이유는 혹시 술에 독이 들어 있을지 모른다는 불신에서 비롯된 습속으로 보기도 한다. 일찍이 서양 사회는 유목과 교역이 빈번해 항상 낯선 사람과 공존해야 하는 문화이기 때문에 상대방이 마시는 술과 똑같이 독이 없다는 것을 표시하기 위해 건배한 뒤 동시에 술을 마신다는 것이다. 그러나 술잔에 독이 들어 있지 않을까만 의심하다가는 또 다른 봉변을 당할 수도 있다. 7월 21일, 어느 자리에서 한나라당 박계동 의원은 건배하라고 따라준 맥주를 느닷없이 주빈에게 끼얹고는 잔을 던져 다른 참석자를 부상케 하였으니, 건배 때는 술잔뿐 아니라 상대방의 손놀림도 유심히 감시할 일이다.

〈출처: 한겨레, 김학민〉

4. 와인 매너

와인 한잔이 주는 매력은 부드러움이다. '신이 인간에게 내린 최고 선물'이라는 와인은 다른 어떤 술보다 값진 표현을 쓰고 있다. 와인은 서양의 식탁에서 필수적인 테이블 매너의 내용이며 와인을 사이에 두면 사람과 사람사이를 이어주며, 분위기를 부드럽고 훌륭하게 이끌어 주는 매개체이다.

최근 국내 기업들이 와인 배우기에 한창이다. 삼성그룹은 사장단 회의에서 '국제무대에서 활약하려면 와인을 마시는 매너가 중요하다'며 와인 배우기를 강조하기도 했다. 이후 삼성은 사내에 와인 아카데미를 마련해 직원들에게 와인교육을 시키는가 하면, 해외로 파견되는 직원들을 대상으로 와인 마시는 매너를 교육시키고 있다.

사회적으로 와인의 열기가 뜨거워진 이유는 와인이 주는 고급스러운 이미지와 부드러운 맛일 것이다. 상대방과 이야기 하는데 부드러운 와인만큼 좋은 것은 없다. 폭탄주와 소주, 위스키 같은 독한 술은 건강에 대한 관심 증가와 지나친 음주로 인한 각종 폐해 때문에 현대인들의 선호도가 줄어드는 추세이다. 과음하지 않고 상대방과 충분히 대화를 즐길 수 있는 독한 술보다 한잔으로도 두 시간 동안 대화를 가능하게 하는 와인을 선호하는 경향이 두드러지고 있다.

1) 와인 스트레스

와인의 인기가 상승하는데 반해 와인으로 인해 스트레스를 받는 사람도 있다. 삼성경제연구소 CEO들을 대상으로 설문조사를 한 결과 응답자(404명)의 84%가 '와인에 대한 지식이 부족해 스트레스를 받은 경험이 있다'고 답했다. 그 중 와인을 선택하라는 주문을 받았을 때가 가장 곤혹스럽다(33.9%)는 응답이 가장 많았고, 와인의 맛과 가격 등을 구분하지 못할 때(25.7%), 상대방이 말하는 와인용어를 잘 모를 때(20.5%), 와인 관련 테이블 매너를 잘 모를 때(3.7%)의 순으로 와인 스트레스를 경험한다고 답했다.

와인에 대해 상당한 호기심과 기본 지식을 갖춘 대구와인클럽(cafe.daum.net/dgwineclub) 동호회원들을 상대로 한 설문조사 역시 마찬가지였다. 2명 중 1명은 '와인을 잘 몰라서 주눅들었던 경험이 있다'고 응답했다고 한다.

각종 스트레스에 시달리고 있는 현대인들에게 와인 스트레스까지 준다는 것은 너무 잔인한 일이다. 와인도 즐겁게 마시는 음료인 술일뿐인데 익숙하지 않다는 것이 문제인 것이다. 우리가 소주나 맥주를 마시는 법을 배워서 마시는 게 아니듯, 와인도 사람과 사람들 사이에 교류하면서 즐겁게 마시다 보면 자연스럽게 그 문화를 익힐 수 있을 것이다.

와인이야기 1

• **와인, 모르면 죄**

연말연시를 앞두고 2007년 한해 많은 도움을 받았던 지인들을 레스토랑으로 초대한 중소기업 사장 박모(49) 씨. 그는 '와인' 때문에 식사 내내 얼굴빛이 평정을 찾을 틈이 없었다.

시작은 와인 주문부터였다. 온통 알 수 없는 이름들만 잔뜩 나열된 와인목록을 보고 당황한 박씨는 "이게 제일 비싼거네. 이걸로 줘 봐."라며 모면하려 했지만 웨이터는 잠시 후 와인을 들고와 "시음해보시겠습니까?"라며 잔을 내밀었다. 한 모금 크게 들이킨 박씨, "이건 내 입맛에 너무 떫어. 다른 걸로 줘봐."라고 했다가 또 한 번 얼굴이 붉어졌다. 와인이 상한 것이 아닌 이상 이미 고른 와인을 바꿔달라는 것은 실례라며 동석자들이 만류했기 때문이었다. 게다가 와인 용어는 온통 꼬부랑 말만 난무하는 것인가? "풀 바디(full body)에 부케(Bouqet)도 풍부한 것이 정말 맘에 들어요. 타닌(Tannin) 성분이 많아 드라이(dry)하고, 피니시(Finish)에 남는 맛과 향이 매력적인데요." 무슨 소리를 하는 건지 알아들을 수가 없다. "예, 예." 대충 얼버무리고 지나갔지만 기분 참 거시기하다. 사람들을 초대해 놓고 이렇게 무안을 당하다니.

• 배워도, 잘못 배워도 문제

얼마 전부터 와인의 세계에 발을 들여놓은 김주희(가명,46,여) 씨는 요즘 엄청난 와인 스트레스에 시달리고 있다. 가장 처음 부딪혔던 문제는 와인 이름 외우기. 익숙지 않은 외래어 상표이다보니 외우고 돌아서면 잊어버리기 일쑤지만 그건 메모를 통해 대충 머리의 한계를 극복하기로 마음먹었다. 하지만 결코 해결나지 않는 것이 바로 와인 맛을 감별하는 문제다. "마셔도 마셔도 비슷한 것만 같은데 도대체 뭘 어떻게 표현하야 하는건지…." 김 씨는 "와인 맛에 대해 장황한 수사를 써가며 몇 분씩이고 늘어놓는 사람들이 가장 부럽다."고 했다. 와인의 매력에 푹 빠져든 사람들조차도 배워도 어려운 것이 바로 '와인 맛 감별'과 '와인 이름 외우기'라고. 그래서 설문에 응한 대구와인클럽 회원 3명 중 1명은 '배우면 배울수록 어려워 오히려 와인 스트레스가 가중됐다'는 재미있는 응답을 했다.

워낙 깊고도 넓은 와인의 세계. 그렇다보니 얕은 지식으로 타인의 기분을 망치는 경우도 흔히 볼 수 있다. 가장 많은 사람들이 와인을 마시는 자리에서 가장 꼴불견으로 손꼽은 것이 '아는 척 하며 남을 무시하는 태도'. 대구와인클럽의 닉네임 '좋은세상'은 "맛은 주관적인 것인데 자신의 느낌을 주입하려는 자세와, 좀 안다고 남을 무시하는 듯한 태도는 안타깝다"고 했다. 닉네임

'에스프레소' 역시 같은 생각. "와인도 음식이고 문화인데 아무리 그 사람이 와인에 대해 몰라도 그 입맛까지 한심한 사람 취급하는 것은 와인을 잘못 배워서 그렇겠죠"라고 했다.

가격으로만 와인의 가치를 따지는 태도도 와인에 대한 잘못된 태도 중 하나다. 와인을 배운지 1년이 다 돼가는 박모(50) 씨는 "비싼 와인이 좋은 와인이라는 선입견을 가진 사람이 가장 꼴사납다."며 "싸고 질 좋은 와인도 많은 법인데 왜 그렇게 가격으로만 가치를 따지려는지 모르겠다."고 답답해했다.

• 그래서 싫단 말야

몰라서 무안당하는 일 많고, 알아도 쉽지 않은 것이 와인이다 보니 와인에 대한 노골적인 불쾌감을 드러내는 이들도 있다. 하모(39) 씨는 얼마 전 정말 불쾌한 경험을 했다. 모두들 와인에 대한 상당한 식견을 갖춘 사람들이 모인 자리에 하씨만이 와인 초짜. 와인에 대한 설명이 너무 장황하게 이어져 "뭐 기분 좋자고 마시는 술인데 대충 마시죠."라고 한마디 했다가 "자네가 몰라서 그렇게 무식한 소리를 하나본데 아는 만큼 맛이 느껴지는 거야."라는 따끔한 충고를 들어야 했다. 이후 자리 내내 문화에 대한 이야기는 없고 와인에 대한 이야기만이 오고갔다고. 하씨는 "와인을 마신다면 마치 굉장히 고상한 문화를 향유하고 있다는 이상한 우월감이 우리나라를 지배하고 있는 것이 문제"라며 "일부에서는 자신들만의 인적 네트워크를 강화하기 위한 '수단'으로 와인을 이용하는 경향까지 보여져 상당히 거부감을 느끼게 만든다."고 투덜거렸다.

• 그냥 마음 편히 즐기자

'와인 스트레스'라는 말은 와인을 모르면 세태에 뒤떨어진다거나, 교양 없는 사람으로 보일 수 있다는 강박증이 낳은 증상이다. 와인에다가 너무 많은 사회학적인 가치부여를 한 탓이다. 남들에게 지기 싫어하는 한국의 성향이 '와인열풍'과 함께 '와인 스트레스'까지 만들어내고 만 것이다.

와인은 즐기고 마시는 음식 그 이상도 이하도 아니다. 물론, 남들과 점잖게 한마디 맞장구 칠 수 있을 정도의 지식을 갖춰서 나쁠 것이 없다. 그렇다고 해서 대한민국 모든 사람이 와인전문가가 될 수는 없는 노릇 아닌가.

와인전문가인 세계주류 여태용 대표는 "남의 시선을 의식한 유행과 집단 쏠림 현상에 조급해하기 보다는 나의 입맛과 취향에 맞게 다양한 와인을 마음편히 즐기는 것이 가장 와인에 쉽게 가까워지는 방법"이라고 조언했다. 여 대표는 "프랑스에서 와인은 평범한 시민이라면 누구나 즐길 수 있는 술"이라며 "우리도 와인을 특별한 술로 받아들이지 말고, 와인 지식을 쌓아야 한다는 부담감에 스트레스를 받기보다 소믈리에의 도움을 받아 자신의 취향에 맞는 와인을 즐기는 것이 좋다."고 밝혔다.

〈출처: 매일경제〉

2) 와인의 상식

(1) 와인의 기원

와인은 영어로는 와인(WINE), 프랑스어로는 뱅(VIN), 이탈리아어로는 비노(VINO), 독일어로는 바인(WEIN)이라고 한다.

와인은 포도 껍질에 붙어 있는 야생효모에 의해 저절로 발효되어 만들어진다. 따라서 와인의 시작은 포도를 담는 그릇의 발명과 함께 탄생되었다고 해도 과언이 아니다. 전설에 의하면 포도를 매우 좋아하는 한 페르시아 왕이 포도를 항아리에 넣어두고 자기만 먹으려고 '독약'이라고 써놓고는 그만 잊어버렸다. 세월이 지난 후 그 왕의 한 아내가 왕의 사랑을 잃어버리게 되자 죽으려고 그 '독약'을 마셨는데 죽지 않고 오히려 기분이 매우 좋아지는 것을 알게 되었다. 그 왕비는 이것을 왕에게 마시게 하였는데 이것을 마신 왕은 기분이 매우 좋아져 다시 그 왕비를 사랑하게 되었다고 한다. 와인이 우연히 만들어지게 되었다는 것을 재미있게 표현한 이야기이다.

포도나무는 현존하는 나무 중 그 기원이 가장 오래된 나무 중의 하나이다. 포도의 재배는 흑해 남동부의 Armenia-Georgia 지역에서 B.C. 3,000년경 시작되었다. 이 지역은 특히 성경의 대홍수 이후 노아의 방주가 내려앉은 아라랏 산(Mt. Ararat)이 위치한 곳이다. 성경에는 와인에 관해 521번이나 언급되어 있으며 방주에서 나온 노아가 이 지역에서 포도를 재배하고 와인을 만들어 마신 기록이 있다.

기원전 2,500년경에는 이집트인들이 포도를 재배하였고 B.C. 1,000년경에는 그리스와 그 주변 지중해 연안에 전파되었다. 지중해 연안을 따라 그리스인은 로마로, 로마인은 옛 프랑스인 고올(Gaul)에 포도를 전파하였고 B.C. 600년경에는 프랑스의 마르세이유(Marseille), 그리고 B.C. 200년경에는 랑그독(Languedoc)지방에 진출하여 포도를 전파하였다.

전 유럽을 지배하였던 로마제국에 와서는 로마가 진출하는 곳마다 포도나무를 전파하였고 시이저(Caesar)가 현재의 프랑스를 정복한 이후에는 론(Rhone)강을 따라 비엔느(Vienne)지방, 보르도(Bourdeaux)지방과 부르고뉴(Bourgogne)지방에 포도가 전파되었다. 이후 각지로 포도재배가 확대되어 르와르(Loire)지방에 전파되었고, 독일의 모젤(Mosel)지방과 라인(Rhein)지방에 전파가 되었다.

근대에 와서는 미국의 캘리포니아와 오스트레일리아에서도 질 좋은 와인을 생산하고 있으며, 남미의 칠레는 19세기 중엽부터 상업적으로 와인을 생산하기 시작했다.

우리나라에 본격적으로 포도재배를 한 것은 1960년 이후 경제개발 정책에 힘입어 널리 퍼지게 되었다. 우리나라 와인 역사는 일제시대 때부터이나 당시의 포도주는 주정에 포도 주스를 섞어 만든 화학 포도주에 불과했다.

오늘날과 같은 의미의 와인은 1977년 OB에서 마주앙이 출시되면서부터이다. 70년대 이후 진로, 해태, 수석 등 대기업이 참여하여 와인을 생산하고 있으며 현재는 프랑스와 독일, 미국에까지 진출하여 OEM방식에 의한 와인을 생산하고 있다. 1988년 서울올림픽을 계기로 와인의 수입이 개방되자 관광호텔 및 면세점에서만 일부 소비되던 각국의 다양한 와인이 물밀 듯 들어오고 있으며 그 소비량도 해마다 크게 증가하고 있는 추세다.

(2) 와인의 포도 품종

포도 품종을 알면 와인을 더 빨리 사귈 수 있다. 포도 품종에 따라 와인의 맛과 향이 결정되기 때문에 포도 품종에 대한 정보는 와인을 배우는 사람들에게는 필수 항목이다. 와인 애호가들이 와인의 빈티지나 가격을 보기에 앞서 포도 품종을 따지는 것도 모두 이 때문이다.

그러면 지구상에 얼마나 많은 포도 품종이 분포 되어 있을까?

현재 전 세계에 걸쳐 포도의 종류는 그 수를 정확히 파악할 수 없지만 대략 8,000~10,000종이 있다. 과학의 발달로 새로운 품종이 계속 개발되고 있지만 품질 및 경제성 등을 고려해 상업적으로 재배되는 것은 이 중 600~800종에 지나지 않는다. 또 상업적으로 재배된다고 해서 모두 와인을 만드는 것은 아니다. 많은 포도가 생식용이나 건포도용 또는 주스용으로 재배되고 있으며 와인용으로 널리 재배되는 품종은 유럽종 포도, 미국종 포도, 그리고 유럽종과 미국종의 교배종에 속한 약 200여 가지 품종밖에 되지 않는다.

① 레드와인의 대표적 포도품종

■ 카베르네 쇼비뇽(Cabernet Sauvignon)

전세계적으로 재배가 가능한 품종이라 와인을 생산하는 나라면 어디에서건 재배하는 품종이다. 자갈 많은 토양과 고온 건조한 기후에 잘 적응하며, 포도 껍질이 두껍고 묵직한 느낌을 준다. 이 품종으로 만든 와인은 블랙 커런트향, 체리향, 삼나무향을 느낄 수 있다.

■ 메를로(Melot)

카베르네 쇼비뇽 보다는 타닌이 약해 전체적으로 부드러운 맛을 내는 품종이다. 포도알이 크고 껍질이 얇기 때문에 상처 나기 쉬워 재배가 어려운 결점이 있다. 서양자두(Plum)와 같은 과일향이 풍부하다. 프랑스 보르도 지방에서는 카베르네 쇼비뇽과 블렌딩 하여 와인을 양조하고 있지만 최근에는 단일 품종으로 만든 와인이 인기가 높다.

프랑스 뽀므롤(Pomerol)지역이 메를로 포도품종을 주로 재배하며 이 품종은 뽀므롤 와인이 부드럽고 오묘한 맛을 지니는데 기여한다.

■ 피노 누아(Pinot Noir)

프랑스 부르고뉴 지방과 샹파뉴 지방에서 주로 재배되는 품종이다. 부르고뉴에서는 레드 와인 양조에 사용되나, 샹파뉴지방에서는 발포성 와인 양조에 사용된다. 다른 품종에 비해 낮은 당도와 높은 산도 그리고 낮은 PH지수로 인해 섬세함과 숙성력을 동시에 보여주는 섬세하고 까탈스럽기도 하며 부드럽고 비단결 같은 우아함을 보여주기도 하는 품종이다. 재배하기가 까다로우며 기후나 토양 등의 재배 조건이 맞아 떨어지지 않으면 둔하고 무미건조한 와인이 되어 버리기 쉬운 것이 피노누아 와인이다.

■ 쉬라/쉬라즈(Syrah/Shiraz)

쉬라는 강건하고 스파이시한 맛(후추향)을 내는 맛의 골격이 워낙 튼튼해 '맹숭맹숭하다'는 이유로 와인을 싫어하는 독주족들에게 잘 먹힌다. 호주에서 시라즈로 불리며 호주를 대표하는 품종이다. 척박한 땅에 잘 자라며 기온이 높은 곳에 적합한 품종으로 검은 빛의 진한 적색을 띠고 알코올 도수가 높다.

■ 가메(Gamay)

가메는 햇와인으로 유명한 보졸레 누보에 쓰이는 품종이다. 오랫동안 보관하지 않고 단기간에 마셔야 깔끔하고 풍부한 과일향을 느낄 수 있다. 포도 껍질이 얇아 흠이 생기기 쉽고 과일향이 강하며, 타닌이 적은 편이다.

■ 네비올로(Nebbiolo)

이탈리아에서 가장 많이 재배되는 품종으로 이탈리아의 카베르네 쇼비뇽이라 불린다. 당분 함량이 많고 알코올 도수가 높으며 산도가 비교적 높은 편이다. 장기 숙성 후 장미향과 체리향, 허브향, 초콜릿향 등의 풍미가 있다.

■ 진판델(Zinfandel)

미국 켈리포니아의 대표적인 포도 품종이다. 적포도 품종이지만 화이트와인, 로제와인, 레드와인에 이르기 까지 다양하게 사용한다. 자두, 블랙베리, 향신료, 흙내음향이 난다. 맛이 강하고 진하며, 타닌이 많다.

② 화이트 와인 포도 품종

■ 샤르도네(Chardonnay)

레드와인의 대장격이 카베르네 쇼비뇽이라면 화이트 와인은 단연코 샤르도네라 할 수 있다. 전세계 어디에서나 재배가 가능하며 청포도의 대표적인 품종이다. 또한 세계적인 명품 화이트 와인의 대부분이 이 품종을 사용하고 있다. 사과나 감귤류와 같은 과일향기를 느낄 수 있고, 오크통속에서 숙성이 된 것은 바닐라향이 난다. 와인의 맛은 신맛과 깊은 맛이 조화를 이루고 고급와인일 수록 깊은 맛이 더해진다.

■ 리슬링(Riesling)

독일의 대표적인 청포도 품종으로 추위에 강하고 수확이 늦다. 현재는 세계의 여러 나라에서 재배도고 있지만 기후 조건에 따라 와인의 성격이 다르다. 산도와 당도가 매우 균형 있게 조화를 이루어 최고의 드라이하고 상큼한 맛을 내어준다. 사과향과 상큼한 라인향이 일품이고, 숙성이 진행됨에 따라 벌꿀향고 더불어 복합적인 향기가 더해진다.

■ 쇼비뇽 블랑(Sauvignon Blanc)

쇼비뇽 블랑은 샤르도네보다 좀 더 풋풋한 향과 높은 산도를 자랑하는 품종으로 보르도 화이트 와인을 만들 때 가장 많이 사용하는 품종이다. 최근 서늘한 기후의 뉴질랜드산 쇼비뇽 블랑의 인기가 매우 높아져 뉴질랜드를 대표하는 품종이라고까지 말할 정도다. 적당한 신맛의 과일향을 느낄 수 있으며, 드라이한 맛에서부터 단맛이 나는 것까지 그 종류가 다양하다.

■ 슈냉 블랑(Chenin Blanc)

프랑스 르와르(Loire)지방에서 재배되는 품종으로 높은 산도가 특징이다. 프랑스 이외에는 남아프리카, 캘리포니아, 호주 그리고 뉴질랜드에서 재배되고 있다.

■ 세미용(Semillon)

껍질이 얇아 귀부포도가 되는 특이한 품종으로 와인을 만들면 매우 달콤하다. 벌꿀향, 바닐라향, 무화과향이 느껴지며 드라이한 맛은 감귤계으 향기가 느껴진다.

■ 게뷔르츠트라미너(Gewurztraminer)

독일과 프랑스의 알자스 지방에서 주로 재배되며, 상당히 긴 일조량이 요구되어 알코올 도수가 높고, 장기 숙성이 가능한 포도 품종이다. 장미와 같은 감미로운 꽃향기와 계피, 후추 등의 향신료 향기가 느껴진다. 황금색을 띤 연한 녹색으로 드라이한 맛에서부터 스위트한 맛까지 다양한 와인이 만들어진다.

(3) 와인의 분류

① 용도에 따른 분류

- 식전주(Aperitif) : 식사를 하기 전에 식욕을 돋우기 위한 와인을 말한다. 샴페인이나 신맛이 나는 화이트 와인이 좋으며 스페인산 셰리(Sherry) 등이 적합하다.
- 식중주(Table Wine) : 식중주는 식욕을 증진시키고 분위기를 좋게 만들며, 음식의 맛을 한층 더 돋보이게 하는 역할을 한다. 주요리에 맞추어 음식과 잘 조화되는 와인을 선택하는 것이 일반적이다.
- 식후주(Dessert Wine) : 식후에 디저트와 함께 마시는 달콤한 맛의 와인이 적합하며 소화를 촉진하는 와인이다. 단맛의 포트와인, 단맛이 나는 샴페인도 적합하다.

② 색깔에 따른 분류

- 레드와인(Red Wine) : 레드와인은 적포도를 사용해 만든다. 적포도의 껍질과 씨를 통째로 발효시킴으로써 타닌과 색소가 추출되어 떫은맛과 붉은색을 띄게 된다.
- 화이트와인(White Wine) : 화이트와인은 적포도와 청포도를 사용해 만든다. 포도를 압착한 후 껍질과 씨를 분리시켜 나온 과즙만으로 발효시킨다. 포도의 껍질과 씨를 사용하지 않고 만들기 때문에 떫은맛이 없고, 상큼한 신맛의 프루티한 감촉이 매력이다.
- 로제와인(Rose Wine) : 핑크빛의 로제와인은 적포도를 사용해 만든다. 적포도의 껍질과 씨를 모두 사용해 레드와인과 같은 방법으로 발효시킨다. 발효가 어느 정도 진행되고, 발효액이 원하는 색을 띄게 된 단계에서 껍질과 씨를 분리해 과즙만 발효시켜 만든다. 일부 제조회사에서는 청포도와 적포도를 섞어서 만들기도 한다.

③ 맛에 따른 분류

- 스위트 와인(Sweet Wine): 단맛이 나는 와인을 뜻하며 레드와인보다는 화이트와인이 단맛을 띄는 경우가 많다. 프랑스의 소테른, 독일과 캐나다의 아이스와인, 독일의 트로켄베렌-아우스레제, 헝가리의 토카이 등이 있다.

- 드라이 와인(Dry Wine) : 드라이는 '달지 않다'는 뜻으로 와인에 단맛이 거의 느껴지지 않은 상태를 말한다. 일반적으로 레드와인은 대부분 드라이한데, 색이 짙을수록 드라이한 경향이 있다. 화이트와인은 색이 옅을수록 드라이한 맛을 띤다.

④ 거품에 따른 분류

- 스파클링 와인(Sparkling Wine) : 스파클링 와인은 스틸와인에 설탕과 효모를 첨가해 2차 발효시켜 탄산가스를 생성, 거품을 내게 한 발포성 와인을 말한다. 프랑스 샹파뉴 지방에서 생산되는 샴페인이 유명하다.
- 스틸와인(Still Wine) : 포도즙이 발효되는 과정에서 발생되는 탄산가스를 완전히 제거한 와인을 말한다. 보통 식탁에서 마시는 일반와인이다.

〈나라별 스파클링 와인 표기법〉

- Champagne: 프랑스 샹파뉴(Champagne) 지방
- Vin Mousseux: 프랑스 샹파뉴를 제외한 지방
- Sekt: 독일
- Spumante: 이탈리아
- Espumoso: 스페인
- Espumante: 포르투갈

⑤ **무게에 따른 분류**

- 라이트 바디(Light Body): 입안에서 매우 가볍게 느껴지는 맛으로 약간의 무게감만 있는 와인이다. 단기간 숙성시켜서 만든 보졸레 누보의 햇와인이나 캠벨리의 품종으로 만든 국산 와인 대표적이다.
- 풀바디(Full Body): 오래 숙성시킨 와인에서 나는 특유의 입안에 꽉 차는 듯한 여운을 길게 남기게 하는 와인이다. 일반적으로 알코올 도수가 높거나, 당분이 많은 경우 또는 타닌이 풍부할수록 묵직하게 느껴진다.

⑥ **저장기간에 따른 분류**

- 영와인(Young Wine): 숙성기간이 1~2년 혹은 길게 5년 미만의 와인
- 중급와인(Aged Wine): 숙성기간이 5~15년 미만의 와인
- 고급와인(Great Wine): 숙성기간이 15년 이상 된 와인

3) 와인의 등급

(1) 프랑스의 와인 등급

프랑스를 비롯한 와인을 생산하는 대표적인 나라에서는 그 나라 특성에 맞게 상급의 와인을 보호하는 차원에서 분류시스템을 정한다.

1935년 프랑스는 INAO(전국원산지 명칭협회)설립해서 AOC로 프랑스의 양질의 와인을 통제하기 시작했고, 1949년에는 AOC, VDQS를 INAO가 통제를 시작하였고, 1979년에 ONIVINS(전국 와인 동업자 연합회)에서 Vin De Pays와 Vin De Table를 통제하게 되었다.

① AOC(Appellation d' Origine Controlee) : 원산지 호칭 통제와인

프랑스에서 생산 하는 와인의 38%를 차지하고 있으며, 생산지역과 품종, 최저 알코올도수, 최대 수확량, 재배법, 양조법, 숙성조건, 분석, 시음검사 등의 분류심사를 거쳐 정해지게 된다. 프랑스 와인분류 목록에서 최상위의 레벨을 가지고 있는 와인들이 AOC등급을 받는다.

② AO VDQS(Vin Delimite de Qualite Superieure) : 상질 지정와인

프랑스에서 생산 하는 와인의 1%를 차지하고 있으며, 생산지역과 품종, 최저 알코올도수, 최대 생산량, 재배법, 양조법, 분석, 시음검사 등의 분류심사를 거쳐 정해지게 된다. 이 등급에 속한 와인들은 매우 소량이라 구경하기가 쉽지는 않는 와인이다.

③ Vin de Pays : 지주와인

프랑스에서 생산 하는 와인의 18%를 차지하고 있으며, 품종, 제한지역, 최저 알코올도수 9~10%, 분석시험검사 등의 분류심사를 거쳐 정해지게 된다. 이 등급의 와인 중에 상질의 와인들은 AOC등급으로 들어가는 경우가 많다. 가격대비 퀄리티면에서도 우수하며, 생각보다 좋은 와인들이 많이 포함되어 있는 등급이다.

④ Vin de Table : 테이블와인

이 등급에 속한 와인들은 프랑스에서 생산 하는 와인 중 가장 많은 점유율(43%)을 가지고 있다. 알코올도수가 8.5~15%를 기준으로 하여 와인을 생산하고 있으며, 대부분을 프랑스에서 자급자족형식으로 소요를 한다. 프랑스 국민들이 식사를 할 때마다 즐기는 와인으로서 프랑스 론(Rhone)지방에서 특히 많은 량을 생산한다.

(2) 이탈리아 와인 등급

이탈리아 와인 산업의 모태가 된 이 법은 30여년에 걸친 연구와 노력으로 이루어졌으며, 이탈리아 와인 등급구분의 기본 목적을 만족시킬 수 있었다. 1992년도에 개정된 이 법(The Goria Law : 이 법을 '밀어부치기'식으로 통과시킨 상원의원의 이름을 따서 지었음)은 이탈리아산 와인을 아래의 4가지 등급으로 구분하였다.

① VDT(Vino da Tavola) : 일반 테이블 와인, 외국산 포도주 혼합금지

프랑스의 Vin de Table에 해당하며 영어로는 Table Wine이다.

② IGT(Indicazione Geografica Tipica) : 포도품종명+생산지명

프랑스의 Vin de Pays에 해당하며 영어로는 Country Wine이다.

③ DOC(Denominizaione di Origine Controllata) : 원산지 통제호칭

프랑스의 AOC에 해당되는 등급이며 와인 생산에 있어서 여러 가지 규정에 의하여 통제가 된다.

④ DOCG(Denominizaione di Origine Controllata e Garantita) : 원산지 보증 통제호칭

이탈리아산 와인의 최고등급이며 현재 15개 지역에서 생산되는 와인만이 이 등급을 갖고 있다.

4) 와인 레이블

프랑스 와인 레이블 보기

① 샤또에서 병입하였음
② 와인명(와인생산 샤또)
③ 대단히 좋은 와인이라는 뜻(법적 표시사항 아님)
④ 빈티지(포도수확년도)
⑤ 포도원(샤또)의 등급(1855년 보르도 샤또의 등급)
⑥ 와인의 등급(A.O.C급)
⑦ 와인 생산지 주소
⑧ 와인생산국가

와인이야기 2

❦ 와인레이블 읽기

와인 색이야 보면서 고를 수 있지만 레이블에 마치 암호처럼 쓰여 있는 언어를 해독할 수 없을 땐 까막눈이 따로 없다. 불어, 독어, 스페인어, 이탈리아어 등등.
프랑스 와인에 자주 등장하는 몇 가지 용어만 익혀도 레이블의 암호를 해독하는 데 다소 도움이 된다.

- Blanc(블랑) : 흰색
- Noir(누아) : 검은색
- Rose(로제) : 핑크
- Rouge(루주) : 붉은색
- Cepage(세파주) : 포도품종
- Vin(뱅) : 와인
- Vendange(방당주) : 포도수확
- Millesime(밀레짐) : 빈티지
- Brut(브뤼) : 드라이
- Sec(섹) : 두(doux의 반대말)
- Demi-Sec(드미 섹) : 미디엄 드라이(즉 약간 단맛이 있음)
- Doux(두) : 달다
- Cave(카브) : 와인을 숙성 저장하는 셀러(cellar)나 와인 양조시설 (주로 지하에 있다)
- Chai(셰) : 지상에 있는 와인 보관소

보르도 지방에서 많이 쓰이는 'Chateau(샤토)'는 일정 면적 이상의 포도밭을 소유하고 양조시설과 숙성·저장시설을 갖춘 포도원을 의미한다. 부르고뉴와 같은 그 밖의 와인 산지에선 '도멘(Domaine)', 영어권에선 '에스테이트(estate)'가 같은 의미로 많이 쓰인다. 최근엔 앞의 의미 외에도 '샤토 마고'나 '샤토 라투르'처럼 와인의 브랜드 명으로도 많이 쓰인다.

- Clos(클로) : 역사적으로 담에 둘러싸인 포도밭을 일컫는 말이다. 지금은 실제로 담은 허물어지고 없는 곳이 많지만 포도밭 앞에 클로란 이름을 그대로 쓰는 곳이 많다.
- Cote, Coteaux(코트, 코토) : 언덕, 구릉
- Grand Vin(그랑뱅) : 프랑스 와인 병 레이블에서 흔히 볼 수 있는 특정 샤토나 포도원에서 생산되는 주력 와인(first wine)을 의미하지만 법적으로 효력이 있는 것은 아니다.
- Cru(크뤼) : 일반적으로 품질 좋은 와인을 의미한다. 특별히 우수한 포도원이나 마을을 의미하기도 한다.
- Grand Cru Classe(그랑 크뤼 클라세) : 보르도에서 세부 지역별로 품질이 우수한 와인을 대상으로 분류한 와인 품질 등급
- Cremant(크레망) : 프랑스 내에서 샴페인과 같은 방식으로 만든 품질 좋은 스파클링 와인
- Cuvee(퀴베) : 일반적으로는 블렌딩(blending)이라는 뜻. 또 다른 의미로는 샴페인을 만들 때 첫 번째 압착에서 얻어진 포도즙을 말하는데 섬세한 특성을 지니고 있다.
- Negociant(네고시앙) : 프랑스의 와인 중간도매상을 말한다. 포도를 사서 직접 와인을 만들거나 발효가 끝난 와인을 사서 숙성, 병입하여 팔기도 한다.
- Proprietaire(프로프리에테르) : 포도밭이나 포도원의 소유자.
- Superieur(쉬페리외) : 0.5% 또는 1% 정도 더 높은 알코올 도수를 가리킨다.

'뱅 드 타블(Vin de Table), 코트 드 본(Cote de Beaune)'에서처럼 두 단어 사이에 'de, des, du, d' 등의 단어가 들어가면 대개는 ~의 ~에 등의 의미가 된다. 얼핏 복잡해 보이지만 조금 더 알고 나면 겉으로는 까다로워 보이지만 개성이 넘치는 다양한 프랑스 와인을 조금 더 즐겁게 마실 수 있지 않을까.

〈출처: 이인순의 와인이야기〉

5) 와인 즐기기

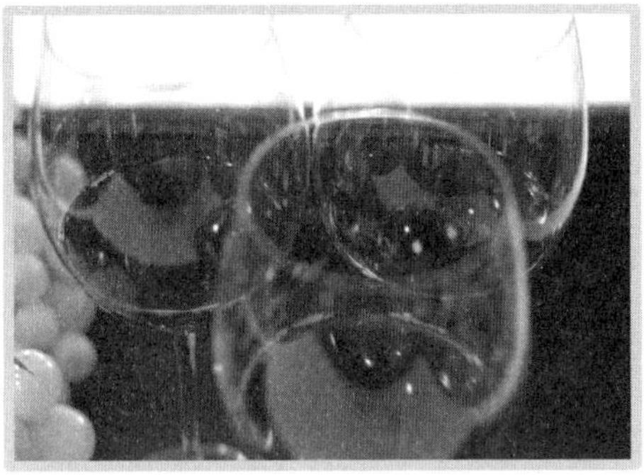

(1) 와인 에티켓

① 와인을 주문하면 소믈리에가 선택한 와인을 보여주고 와인을 딴 후 코르크를 보여준다. 이때 당황하지 말고 가볍게 코르크의 냄새를 한번 맡아보는 것으로 충분하다. 만약 코르크에서 곰팡이 냄새가 난다면 소믈리에에게 이야기하고 적절한 조치를 하게 한다.

② 와인 테이스팅은 호스트 또는 와인 주문자가 직접 한다. 보통 와인 테스팅하면 소위 전문가들이 하는 방식(잔을 여러 차례 돌린 후 향을 맡고, 입에 와인을 조금 넣고 후루룩 소리를 내며 맛을 보는)을 생각하고 따라하는데, 이 방식은 비즈니스 자리에서는 좋은 자세가 아니다. 와인잔을 가볍게 두어 번 돌린 후 한 모금 정도 마셔보는 것으로 충분하다. 와인 테이스팅의 목적은 주문한 와인이 상했는지 아닌지를 판단하기 위한 것일 뿐이다. 단지 자신의 입맛에 맞지 않는다고 'No'라고 하는 것은 잘못된 행동이니 주의해야 한다.

③ 호텔이나 큰 레스토랑에서는 대개 소믈리에가 모두 서빙을 해주므로 직접 와인을 따를 필요는 없다. 하지만 본인이 다른 사람에

게 서빙을 해 줄땐 반드시 여성에게 먼저 권하도록 한다.

④ 와인을 따라줄 때 받는 사람은 잔을 들지 않는다. 그냥 식탁위에 둔 채 받는다. 만일 따르는 사람이 손윗사람이라 예의에 어긋난다는 생각이 든다면 손을 와인잔 받침 부분에 살짝 갖다대는 것으로 충분하다. 와인 따르고 나면 감사하다는 짧은 표현 한마디를 한다.

⑤ 와인잔을 잡을 때는 와인이 담긴 볼 부분보다는 다리를 잡는 것이 좋다. 와인의 온도가 체온 때문에 변할 수 있고, 지문이 묻으면 보기에도 좋지 않기 때문이다.

⑥ 건배를 할 때, 우리나라 사람들은 잔을 보는 경향이 많은데, 외국인들은 이를 실례로 여긴다. 상대방의 눈을 보며 건배를 하도록 한다. 건배는 자주 할수록 좋다.

⑦ 와인과 음식을 함께 즐기는 방법은 음식을 씹은 후 음식물을 목안에 삼키는 동시에 와인을 마시는 것이다. 즉 와인이 입 안을 정갈하게 하는 동시에 음식의 뒷맛이 주는 여운과 어우러져 최상의 조화감을 느낄 수 있다.

⑧ 와인은 소주처럼 '원샷'하는 술이 아니다. 조금씩 마시면서 잔이 비어 있을 경우에는 소믈리에에게 부탁하여 첨잔을 받는 것이

기본자세다. 레드와인은 첨잔을 하며 화이트나 스파클링 와인은 바닥이 거의 드러날 때 따라준다.

⑨ 냅킨을 자주 활용한다. 와인잔이 음식으로 인해 더러우면 와인의 색깔을 즐기기 어렵고 테이블 매너상으로 결례가 된다. 여성의 립스틱도 마찬가지다.

와인이야기 3

와인의 T.P.O

와인을 몰라도 그 날 모임의 성격·나올 메뉴의 종류 및 소스 등을 제대로 알고 있다면 얼마든지 만족스런 만찬을 준비할 수 있다. 와인 종류를 많이 몰라도 어떤 상황에서, 어떤 사람들과 어떤 목적으로 와인을 마실 것인가에 대해서 알고 있다면 와인을 고를 때 참고가 될 수 있는 체크리스트를 만들어라. 그 체크리스트를 가지고 와인 전문점이나 와인 컨설턴트에게 문의하면 알맞은 와인을 고를 수가 있다.
특히 상사의 부탁이나 회사의 중요한 만찬 등을 준비해야 할 때 레스토랑에서 나오는 기본 와인 이외에 음식에 맞는 와인을 더 준비해야 할 때 유용하게 활용할 수 있다.

• 접대의 목적과 접대할 사람이 누구인가를 파악한다.

와인보다는 접대할 상대방이나 와인을 함께 마실 사람이 누구인가를 먼저 알아야 한다. 비즈니스 접대나 만찬과 같은 공식 모임과 개인적으로 만나는 비공식 모임 같은 경우 와인을 마시는 분위기에 큰 차이가 있다. 공식 모임이라면 와인의 레이블이나 등급에도 주의를 해야 할 것이고, 비공식적 모임이라면 와인의 지명도보다는 음식과의 무난한 조화를 중요시해야 한다.

또 외국인인 경우에는 어느 나라 사람인가도 중요하고, 성별과 연령도 중요하다. 외국인이라면 그 나라 와인을 특별히 준비해서 대접하는 것도 상대방을 기분 좋게 하는 접대법이 될 것이다. 또 여성의 경우 알코올 함량이 적고, 맛이 부드러운 와인을 준비하는 것이 상대방을 위한 배려이다.

• 장소와 분위기를 파악한다.

와인을 마실 장소와 그곳의 분위기도 매우 중요하다. 지금은 겨울이라 모든 모임이 실내에서 이루어지지만 겨울을 제외한 계절의 경우, 특히 야외라면 사람들이 다소 들떠 있을 것이므로 분위기를 한층 고조시킬 수 있는 와인이 한층 효과적이다.

또 식사와 함께 마실 와인인지 가볍게 디저트로 마실 와인인지에 따라서도 야외용으로 준비해야 할 와인이 다르다. 실내라도 고풍스런 인테리어인가, 모던하고 깔끔한 현대풍 인테리어인가에 따라 달라진다. 당일에 한 가지 더 고려한다면 그날의 날씨와 기후까지 고려하여 와인을 고르는 것이 좋다.

• 그날의 주요 요리와 주재료, 소스가 무엇인지를 파악한다.

그날의 요리가 어느 나라 요리인지 · 주재료(고기, 생선, 야채 등)가 무엇인지· 주요 소스의 종류가 무엇이며 소스 맛의 특징은 무엇인지 등을 자세하게 체크 리스트에 기록하는 것이 좋다.

특히 나라별로 특이한 소스들이 있으므로 소스들을 잘 모를 경우 나라별 전통요리를 잘 메모해 가면 와인 전문가의 도움을 적절하게 얻을 수 있다. 소스가 강한 경우에는 음식의 재료보다는 소스 맛에 따라 와인을 선택하는 것이 효과적이고 그 나라의 전통요리라면 그 나라의 와인을 준비하는 것이 위험부담이 없기 때문이다.

또 요리방법도 참고로 메모해두면 좋다. 같은 재료로 하더라도 굽기 · 튀기기 · 볶기 · 찜 등에 따라서 재료의 맛과 강도가 달라진다. 역시 와인과의 조화가 달라지므로 주요한 요리 방법이 무엇인지도 알아두는 것이 좋다.

이렇게 음식 하나 먹고 와인 한잔 마시는 것이 단순히 배부르고 취하기 위한 취식, 취음 행위로 끝나지 않고 다양한 많은 상황들을 고려한 대 사회적 관계라는 점과 참석자들을 기쁘게 해주려고 하는 주체 측의 정성어린 마음, 즉 와인 문화의 본령인 'You Attitude', 즉 상대방을 배려하는 마음이기 때문이다.

〈출처: 베스트와인〉

(2) 와인테이스팅

Looks Good!
Smells Good!
Taste Good!

와인을 평가하는데 있어서 세 가지의 기본요소가 있다. 첫째, 와인의 색이 좋아야 하고 둘째, 향기가 좋아야 하며 세 번째, 입안을 행복하게 하는 맛이 좋아야 한다.

와인이야기 4

• 와인의 색

와인의 색을 보자. 와인글라스에 와인을 약 3분의 1정도만 따르는데 절대 와인 잔의 반이 넘지 않도록 한다. 그리고 와인글라스의 다리를 잡는다. 와인의 볼(bowl) 부분을 잡는 경우를 흔히 보게 되는데 이런 경우 와인의 색을 제대로 볼 수 없고 잔이 얼룩지기 때문에 시각적인 관찰이 힘들어진다. 또한 손의 온도가 전달되어 와인의 온도가 높아지기 때문이다. 와인의 온도는 최상의 와인 맛을 내는데 있어서 중요하다.
그리고 나서 와인의 투명도를 살피기 위해 와인잔을 불빛에 비추어 보거나 흰 배경에서 와인의 색상을 본다. 이를 통해 와인이 맑은지 뿌연지를 알 수 있다. 맑은 색으로 반짝거리면 빛이 난다면 이 와인은 상태가 좋은 것이지만 흐리거나 뿌연 그림자가 있다면 이 와인은 오래 되었거나 보관상태가 좋지 않다는 것을 알 수 있다. 흰색 테이블이나 흰 종이 위에 와인 잔을 올려두고 위에서부터 똑바로 내려 보면 와인의 색상의 농도를 볼 수 있다.

와인의 색상은 너무나도 아름다워 많은 사람들이 와인의 색을 보석에 비유하기도 한다. 가령 루비 색이라든가 황금 색 등으로 표현을 한다. 와인의 색은 사용된 포도품종에 따라 그리고 기후나 지역 그리고 빈티지에 따라서도 달라진다.

그런 후 와인의 잔을 돌린다. 와인 잔 돌리기는 숙련이 되지 않으면 많이 어색할 수 있다. 심지어 와인이 밖으로 튕겨 나와 옷에 얼룩을 주기도 하기에 조심해야 한다. 이렇게 와인 잔을 돌리는 것은 후각적인 관찰을 위한 것이다. 잔을 돌리기 가장 쉬운 방법은 와인 잔을 테이블 위에 놓고 엄지와 검지손가락으로 잔의 다리를 잡고 부드럽게 돌린다. 가능한 한 시계 반대 방향(오른손잡이라면)으로 돌리면 옆의 사람에게 와인이 튈 염려가 없을 것이다.

와인이 글라스 입구까지 다다를 정도로 소용돌이 치면 멈춘다. 와인이 잔의 표면을 따라 불규칙 적으로 흘러내리는 것을 볼 수 있는 데 이것을 와인의 "눈물" 또는 "다리(leg)"라고 부른다. 와인 전문가들이 종종 여기에 심오한 의미를 붙이기도 하나 사실 이것은 단지 와인의 알코올 농도가 높을수록 더 많이 흘러내릴 뿐이다.

- **와인의 향**

와인 잔을 돌리는 것은 와인이 병 속에서 잠자고 있었던 향기를 공기접촉을 통해 잠에서 깨우는 역할을 한다. 와인이 글라스에서 소용돌이쳐 공기와의 접촉이 충분히 되면 와인의 향기를 맡아 보자. 최대한 코를 와인 잔 속으로 넣어 자신의 후각적인 감각을 최대한 살려 와인의 향기를 깊이 맡아 본다. 잠에서 깬 와인은 그 속에 숨어 있었던 갖가지 아로마(Aroma)와 부케(Bouquet)를 발산한다. 와인 테이스팅을 즐기는 사람들은 이 과정에서 연관되는 향기를 찾아내면서 즐거워하는 경우를 많이 보게 된다. 사실, 와인은 단순히 포도로만 만들었는데도 지구상의 모든 향기가 화학적인 반응을 통해 나타난다는 것이다.

와인의 향기는 시음에 있어서 지극히 중요한 역할을 하는데 우리의 후각은 뇌로 바로 전달되어 기억과 감정을 자극한다. 와인의 향기는 과거에 경험했거나 맡았던 냄새라든가 특정 장소 내지는 추억들을 연상하기도 한다.

와인을 만들 때 사용되는 품종은 매우 다양한데 그 종류가 1,000여 가지가 넘으며 자주 사용되는 품종만 해도 500여 가지가 된다. 우리가 자주 접하는 대표적인 포도품종에 따라 나타나는 일반적인 향기들은 아래와 같다.

❧ 화이트 와인

- Chardonnay : 배, 사과, 파인애플, 멜론, 레몬, 바닐라, 클로버
- Chenin Blanc : 배, 복숭아, 잘익은 멜론, 레몬, 셀러리
- Gewurztraminer : 장미, 리치향
- Riesling : 녹색사과, 살구, 복숭아, 꿀
- Sauvignon Blanc: 자몽, 레몬, 신선향 허브향, 잔디향, 연기, 부싯돌
- Semillion : 잔디, 레몬, 땅콩, 버터

❧ 레드 와인

- Cabernet Sauvignon : 나무, 시가 박스, 민트, 블랙 커런트, 클로버, 계피향, 고추, 올리브, 초콜릿, 크림향
- Gamay : 신선한 딸기, 딸기소다, 계피 크림
- Merlot : 초콜릿, 바이올릿, 오렌지, 자두, 블랙
- Pinot Noir : 나무연기, 습기찬 토양, 버섯, 딸기, 헛간냄새, 크림향
- Sangiovese : 담배, 연기, 매운향, 건포도
- Sirah : 검은 후추, 블랙베리쨈, 블랙베리, 오렌지, 자두
- Tempranillo: 토양, 버섯, 나무
- Zinfandel : 라스베리, 초콜릿, 블랙체리, 클로버. 검은후추

❧ 변질된 와인

식초 향, 흙, 고무, 석유, 양배추, 황, 생선, 메니큐어, 강한 코르크 향, 곰팡이 냄새.

● 와인의 맛

와인의 맛을 통해 우리는 와인 테이스팅의 절정에 도달한다. 후각으로 느낀 와인의 향기를 그대로 느끼면서 와인을 약간 마셔 본다. 와인 맛의 비밀을 알아내려면 바로 삼키면 안 된다. 와인을 입안 모든 접촉 가능한 부분에 닿을 수 있도록 입안에서 굴려본다. 혀가 가지고 있는 다양한 부분별 맛은 다르기

때문이다. 떫은 맛의 타닌(Tannin)은 뺨 뒤쪽에서 느껴지고 단맛은 혀끝에서 느껴진다. 알코올의 타는 듯한 느낌은 목 뒤쪽에서 느껴진다.

이러한 맛의 지각 강도는 전문적인 기술에 의해 증폭될 수 있는데 사실 이런 경우는 전문적인 테이스팅 장소에서나 어울릴 것이다. 그러나 식탁에서도 너무나 훌륭한 와인이 있다면 이렇게 시음하고 싶을 지도 모르겠다.

첫째, 입안에 와인을 문 채 입술을 오므리고 입으로 살짝 숨을 들이마신다. 아마도 "후르루" 하는 소리가 날지도 모르겠다. 이는 기화작용을 통해 와인 아로마를 강화시키게 한다. 그리고 나서 혀로 와인을 굴리기도 하고 씹기도 하는데 이것은 와인의 풍미와 뉘앙스를 느끼기 위함이다. 마지막으로 와인을 삼키고 난 후 부드럽게 그리고 천천히 코와 입을 통해 숨을 내쉬는 것을 잊지 말자. 목과 코를 연결하고 있는 코 뒤쪽의 통로는 아로마를 느낄 수 있는데 와인을 삼키고 나서도 한동안 아로마가 남아있는 곳이다.

좋은 와인일수록 더욱 복합적이고 심오하며 잔향이 오래 남는다는 것을 알 수 있을 것이다. 이것을 우리는 피니쉬(Finish) 라 하는데, 오래 여운이 남을수록 훌륭한 와인으로 인정하는데, 이 여운은 그 어떠한 술이나 음료에서도 느낄 수 없기에 최고의 순간이라 할 수 있다.

〈출처: 중앙일보〉

(3) 재미있는 와인이야기

① 온도에 따라 마시자.

보통 'White Wine은 차게, Red Wine은 실내온도에 맞추어서 먹는다'라는 말이 있다. 이것은 와인에 대한 아주 기초적인 상식이며 대부분의 사람들이 알고 있는 내용일 것이다. 하지만 왜 그래야 할까?

먼저 화이트 와인은 차게 해서 마셔야 한다. 화이트 와인은 사과산이 함유 되어 있어서 온도가 차가우면 Fresh한 맛을 느낄 수가 있기에 서빙 온도를 낮게 맞추어 마시는 것이 좋다.

레드와인은 유산이 함유되어 있어서 발효에 의해 생성 온도가 높을 때(약20도) 좋은 맛을 느낄 수가 있다. 또한 온도가 높으면 단맛을 느낄 수 있는 성질을 가지고 있어 보다 더 스위트하게 와인을 즐길 수 있지만 온도가 낮으면 떫은맛이 강하게 난다. 그리고 무엇보다 온도가 높으면 와인의 복합적인 향기가 살아나 기분을 좋게 한다. 마지막으로 레드와인의 가장 중요한 부분인 타닌은 온도가 낮을수록 훨씬 더 쓴맛을 느끼게 하는 특징을 가지고 있기 때문에 적정한 온도에 와인을 마시면 보다 더 맛있게 와인을 즐길 수 있을 것이다.

② 타닌(Tannin)을 알자.

타닌(Tannin)은 여러 종류의 나무껍질이나 열매에 함유돼 있는 매우 복합적인 화학성분이다. 포도의 경우 이 타닌은 주로 포도의 씨, 줄기, 껍질에 함유되어 있으며 기본적인 특성은 떫은맛을 보이고 있다. 타닌은 포도주의 숙성(Aging)에, 그리고 구조(Texture, Structure)와 형체(Shape)의 유지에 필수적인 요소이기도 하다. 마치 흰 포도주에 산(Acidity)이 반드시 있어야 하는 것과 같은 이치이다.

제대로 익지 않고 거칠게 다루어진 포도로 양조한 경우, 풋풋한 풀내음이 진하게 나면 떫은맛이 한결 더 세다. 또한 포도주가 설익은 경우(Young)에도 이와 같은 현상이 나타난다.

타닌이 가장 풍부하게 함유된 포도의 종에는 보르도(Bordeaux)의 까베르네 소비뇽(Cabernet sauvignon), 까오르(Cahors)의 꼬(Cot, Malbec), 마디랑(Madiran)의 타나(Tannat), 꼬드 로티(Cote Rotie)의 시라(Ssyrah) 등이 있다.

잘 숙성된 훌륭한 와인에 용해된 타닌은 진정 와인의 세계를 한결 미묘하고도 우아하게 이끌어 주기도 한다.

③ 와인 변질에 대한 진실과 오해

- 코르크가 위로 약간 올라와 있다.

온도가 높은 장소에서 오래 보관하면 나타나는 현상. 코르크가 병 안쪽으로 들어간 경우도 있는데, 이는 외부에서 힘으로 눌렀다는 증거이다.

- 코르크에 곰팡이가 생겼다.
  보통 곰팡이가 끼면 와인이 많이 상한 게 아닐까 우려하기 십상이지만, 이는 습도가 충분한 장소에서 보관되었다는 표시로 안심해도 된다.

- 플라스틱 포일이 헐겁다.
  와인 포일은 손으로 돌리면 돌아가야 정상. 돌아가지 않는다면 와인이 흘러넘쳐 딱딱히 굳어 포일에 붙었기 때문이다.

- 와인이 많이 새어 나왔다.
  와인이 새어나와 알루미늄 포일 아래로 흐른 자국이 남은 것은 온도가 높은 곳에서 보관했다는 증거다.

- '울라지'가 넓다.
  포일 끝선과 와인의 선 사이를 전문 용어로 '울라지(Ulage)'라 하는데, '울라지'가 넓을수록 와인이 변질됐을 가능성이 높다. 그만큼 와인이 산화해 증발했거나 흘러넘쳤다는 얘기. 가장 이상적인 울라지는 1mm이다.

- 병속에 찌꺼기가 둥둥 떠다닌다.
  오크통 안에서 와인을 숙성시킬 때면 반드시 거치는 과정이 '정제'다. 이는 달걀흰자 등을 통 안에 넣어 각종 불순물을 응고시켜 바닥에 가라앉히는 것을 일컫는다. 이렇게 생겨난 찌꺼기는 보통 필터링 작업을 통해 없애지만, 고급 와인은 이 과정을 거치지 않는 경우가 많다.
  따라서 병 속의 찌꺼기는 와인의 변질과 아무런 상관이 없다.

- 와인의 빛깔이 탁해졌다.

  사실 빛깔이 탁해질 만큼 와인이 상하려면 상당히 나쁜 조건에서 보관돼야 하고 시간도 오래 걸린다. 특히 레드 와인은 빛깔로 그 상태를 감별하기가 무척 어렵다. 화이트 와인이 그나마 쉽게 눈에 들어오는 편인데, 황금빛 화이트 와인은 변질되면서 점점 주황빛으로 변한다.

- 라벨이 깨끗하지 않다.

  이 경우 주로 보관이 잘못된 와인으로 취급하지만, 꼭 그런 것만도 아니다. 같은 상자에 보관된 다른 와인이 흘러넘쳐 다른 와인의 라벨에 묻어 자국이 남은 경우도 있기 때문이다.

- 라벨이 바랬다.

  와인이 햇볕에 많이 노출됐다는 증거. 와인이 변질됐을 가능성이 높다.

- 바닥에 침전물이 가라앉았다.

  지극히 정상 상태의 완인이라는 증거. 이 침전물은 모두 주석산염이다.

  와인에는 여러 종류의 산이 있는데, 가장 많이 들어 있는 것이 주석산과 사과산이다. 이중 주석산이 발효와 저장기간 중 와인에 들어 있는 칼슘이 칼륨과 결합해 주석산염을 형성하는 것.

  대부분 제조과정에서 제거되지만 미세한 입자는 와인이 병에 담긴 뒤에도 결정을 이루어 바닥에 가라앉는다.

- 빈티지가 너무 오래됐다.

  고급 와인을 제외한 일반 와인의 보존 연한은 보통 5년이다.

  이 기간이 지나면 와인이 서서히 변할 가능성이 생긴다. 하지만 보관 상태만 좋다면 크게 문제되지 않는다.

와인이야기 5

❦ 와인글라스

와인을 제대로 된 와인잔에 마신다는 것은 와인을 만든 사람에 대한 예의다. 차를 마실 때 아무 그릇이나 대접에 마실 수 없듯이 와인을 좀 더 즐기기 위해선 적당한 잔을 갖추는 게 좋다.

와인잔이 사람들 사이에 화두로 떠오른 계기는 대통령의 방북 기념 만찬에 쓰인 거대한 잔이 TV화면에 등장하면서부터이다.

리델 사의 와인잔은 이제 어느 정도 격식을 갖춰 와인을 파는 곳이면 항상 구비돼 있을 만큼 대중적이 됐다. 그렇다면 와인을 마실 때 잔은 왜 중요할까. 또 좋은 잔에 와인을 마셔야 제 맛을 볼 수 있는 걸까. 이 물음에 대한 답은 와인별로 가장 잘 어울리는 잔이 따로 있다는 것이다.

와인잔을 고를 때 중요한 체크포인트는 다음과 같다.

첫 번째, 맑고 투명해야 한다. 겉이 요란한 크리스탈은 아름다운 와인의 색을 볼 수 있는 즐거움을 가로막는다. 때문에 색을 통해 와인의 정보(예: 오래됐거나 산화된 정도)를 잘 읽을 수 없다.

두 번째, 와인의 종류에 따라 알맞은 크기와 모양의 잔을 골라야 한다는 것이다. 이는 와인 고유의 풍미를 만끽하기 위해서다. 잔을 고르기 전에 와인의 개성부터 알아야 하는 것은 이 때문이다.

하지만 와인의 종류는 셀 수 없이 많기 때문에 와인 잔 제조사들은 선 잔 모양을 연구하고 단순화해 몇 개의 표준을 선보였다. 이것이 샴페인잔과 화이트잔, 보르도잔, 그리고 버건디 잔이다. 그래서 와인 산지에 상관없이 샴페인은 샴페인 잔에, 보르도는 보르도 잔에 마시게 됐다.

- 샴페인은 아름다운 버블감을 최대한 즐길 수 있도록 목이 긴 튤립 모양의 잔에 마신다.
- 여러 품종을 섞어 만든 보르도 스타일의 와인을 마실 땐 묵직한 향을 서서히 느낄 수 있도록 끝이 많이 오므라지지 않은 잔이 쓰인다.
- 단일 품종인 피노누와로 만든 버건디 와인은 섬세한 풍미를 만끽할 수 있도록 향을 많이 모아주는 형태의 잔에 마신다.

- 화이트 와인은 풍미가 덜 복잡한 편이어서 오목하고 작은 크기의 잔을 사용한다.

이 같은 와인과 잔의 모양 간 상관관계는 오랜 연구의 성과다. 그런 만큼 와인의 종류에 맞는 잔을 골라 그 느낌을 공유해 보자.

끝으로 잔의 두께는 얇을수록 좋다. 잔 모양이 같다면 잔 끝의 두께는 얇아야 와인의 풍미를 좀 더 섬세하게 느낄 수 있다. 두께에 따라 잔과 혀가 닿는 정도가 달라지기 때문이다. 잔 끝이 얇으면 혀의 일부분만 와인과 접하게 되어 혀의 느낌을 높이는 것이다.

〈출처: 포도플라자, 김혁〉

6) 유럽의 유명 와인

(1) 와인의 대명사, 프랑스

① 보르도 메독지구

메독(Medoc)이란 '중간에 위치한 땅'이라는 뜻이다. 보르도 메독지역은 지롱드강 좌안에 위치하며 강의 중상류지역은 오메독(HAUT MEDOC)이라 표시하며, 하류지역은 바메독(BAS MEDOC)라 표기하는데 양질의 와인은 오메독(HAUT MEDOC)에서 많이 생산된다.

이 지역이 세계적인 명성을 얻고 있는 것은 오랜 기간 숙성시켜 부드러운 맛과 깊고 그윽한 향내를 느낄 수 있는 최상품 와인이 많이 생산되기 때문이다. 메독지구의 토양은 자갈, 모래, 석회질 및 점토질 토양이고 척박하지만 배수가 뛰어나다. 최고급 와인 품종인 까베르네 쇼비뇽과 까베르네 프랑, 메를로와 블렌딩용인 쁘띠 베르도(Petit Verdot)로 오래 보존할 수 있는 훌륭한 레드와인들을 생산한다.

메독의 주요 A.O.C를 생산하는 곳은 오메독(HAUT MEDOC)에 위치한 6개의 작은 와인생산지역이다.

- ST-ESTEPHE(쌩떼스떼프) : 산이 강한 느낌의 와인을 생산
- PAUILLAC(뽀이약) : 메독지역 중 가장 많은 A.O.C를 보유하고 있으며, 까베르네 쇼비뇽의 생산이 가장 훌륭한 곳으로써 양질의 와인이 많이 나오며 세계적으로 유명와인이 많이 생산되고 있는 곳. 대표적 와인은 CH. LAFITE ROTHSCHILD, CH. LATOUR, CH. MOUTON ROTHSCHILD가 있다.
- ST-JULIEN(쌩줄리앵) : ST-ESTEPHE와 MARGAUX의 중간 성질을 가지고 있는 곳으로 이곳의 유명와인으로 CH.TALBOT가 있다.
- MARGAUX(마고) : 부드럽고 섬세한 와인을 생산하는 곳으로써, 메독지구 와인 중 가장 여성적인 와인을 생산하는 곳, 프랑스의 와이너리중 손꼽히는 샤또 마고라는 와이너리로 유명함.
  이곳의 유명와인으로 CH MARGAUX가 있다.

그밖에 • MOULIS와 • LISTRAC-MEDOC가 있다.

② 부르고뉴(버건디) 와인

부르고뉴는 샤블리(Chablis), 꼬뜨 도르(Cotes d'Or), 꼬뜨 샬로네(Cotes Chalonnaise), 마코네(Maconnais)의 4개 지역으로 구분되어 있다. 과거에는 보졸레를 포함하였으나 품종과 토양이 달라 부르고뉴와 구별하는 것이 일반적이다.

이곳의 특성은 한가지의 포도품종으로 와인을 생산한다. 부르고뉴의 좋은 양조년도를 가지는 최상의 와인은 색이 깊고 진하며, 잘 익은 피노누아종의 포도향과 부케가 풍부하다. 타닌이 적어 보르도 와인보다 숙성이 빠르며, 와인의 질과 넘김이 아주 부드럽다. 음식과 얘기를 하자면 부드러운 불고기(얇은 고기)음식과는 부르고뉴의 와인이 잘 어울리며, 목살과 생등심(두꺼운 고기)은 보르도 와인과 잘 어울린다.

- 샤블리(CHABLIS) : 부르고뉴 최북단에 위치한 지구로써 특수한 토양(미네랄 성분이 풍부)으로 석회질과 화석이 혼합되어 있는 토양을 가지고 있다. 샤블리 와인은 대부분 샤도네 포도를 이용한 드라이한 화이트 와인들과 스파클링 와인 그리고 끄레망 드 부르고뉴(Cremant de Bourgogne)가 생산된다.

이곳의 와인은 밝은 녹색이 나는 황금색을 띠며, 산미와 떫은맛이 잘 조화를 이룬다. 대표적 와인은 샤블리(CHABLIS)이다. 기름이 많지 않은 회나 해산물, 특히 굴과 절묘한 조화를 이루는 와인이라고 할 수 있다.

- 꼬뜨 도르(Cotes d'Or): 세계와인의 표본이라 할 수 있는 완벽한 품질의 와인을 생산하고 있으며, 생동력과 원숙함이 조화를 이루

고 있는 점이 특징이다. 생산량이 많지 않기 때문에 매년 비싼 가격으로 구하기 힘들만큼 희귀성을 지닌 것으로 유명하다.

유명와인으로는 로마네 꽁티(Romanée Conti), 몽라쉐(Montrachet), 뮈지니(Musigny), 클로 드 부조(Clos de Vougeot) 등이 있다.

- 꼬뜨 샬로네(Cotes Chalonnaise) : 최근 인기가 상승하고 있는 신선한 와인을 만들고 있는 지역이다. 가장 유명한 것은 샤르도네 품종 100% 사용하는 생산하는 뿌이 퓌세(pouilly-Fuisse)가 있다.
- 마코네(Maconnais) : 와인 스타일이 이탈리아와 비슷하다. 남부 지중해 연안으로 여름이 덥고 겨울이 춥지 않기 때문에 포도의 당분 함량이 높고 이것으로 만든 와인은 알코올 함량도 높다. 유명와인으로는 코트 로티에(Cote Rotie), 타벨(Tavel) 등이 있다.

(2) 와인의 원조국, 이탈리아

이탈리아는 남북을 합친 1,200km의 이르는 전 국토에서 포도나무 재배가 가능하다. 이런 이유로 다양한 토양에서 여러 가지의 포도 품종이 나오는 장점을 가지고 있다. 와인의 원조국가로 프랑스를 꼽는 사람이 많지만 사실 와인 원조국은 이탈리아이다. 이탈리아 와인의 기원은 이탈리아 남부에 정착한 그리스인들이 포도를 키워 소규모로 술을 담그던 것을 B.C. 2세기 즈음 로마인들이 양조법을 체계화하고 대량생산한 것이 오늘날의 와인 산업의 효시이다.

이탈리아의 와인 산업은 오랜 역사와 전통을 가지고 있었음에도 불구하고 1950년대 전까지만 하더라도 그리 알려지지 않았다. 이탈리아 전 지역에 걸쳐 와인이 생산되었는데, 모두 자기들만의 독창적인 와인을 생산한다는 자부심 때문에 이를 전국적, 전 세계적으로 마케팅을 하지 않았던 것이다. 또한 프랑스처럼 정부의 강력한 통제 및 지원도 없었기 때문에 프랑스처럼 유명해지지 않았다.

와인산업에 대한 중요성을 뒤늦게 인식한 이탈리아 사람들은 1963년에 와인생산에 관련된 법률(D.O.C법 : 프랑스의 A.O.C와 같은 규정)을 제정했고, 1966년 발효를 했으며, 1992년에 개정을 하게 되었다.

이때부터 현재까지 이탈리아는 와인의 전성기를 누리고 있다.

현재 DOCG와인는 24개이고, DOC 와인은 294개로 총 318개의 상급와인이 있다. 그리고 참고로 슈퍼 투스칸 와인 중 그 품질과 세계시장에서 인정받는 것을 고려해서 최초로 DOC등급을 받는 와인이 있다. 그게 바로 이탈리아의 페뚜리스라고 불리우는 'SASSICAIA'이다.

① 와인재배 지역

이탈리아 와인은 맛이 풍부하고 다양한 것이 특징이다. 이탈리아 전역에서 와인이 생산되지만 특히 이탈리아 북부에 위치한 베네토와 피에몬테, 그리고 이탈리아 허리중심부에 위치한 토스카나를 3대 와인 생산지로 꼽는다.

■ 피에몬테(Piemonte)

피에몬테는 '산기슭에 있는 땅'이란 의미를 지닌 곳이다. 프랑스에서 이탈리아로 가는 도중 몽블랑산 아래의 터널을 지나면 아름다운 산악지대가 나오는데, 이 지역이 피에몬테 지역이다. 피에몬테의 최고의 레드 와인은 바를로(Barolo)와 바르바레스코(Barbaresco)이다. 바를로는 현시점에서 이탈리아 최고급 와인을 대표하는 이름이며, 이탈리아 와인 중 가장 고가로 꼽히는 와인은 바르바레스코이다. 또한 피에몬테 남부의 아스티(Asti)지역에서 생산되는 모스카토 다스티(Moscato d' Asti)는 디저트 와인으로 유명하다.

■ 토스카나(Toscana)

토스카나는 한국에서 가장 친숙한 지역일 것이다. 한국에서도 적지 않는 팬을 갖고 있는 키안티 생산지이기 때문이다. 브루넬로 디 몬탈치노(Brunello di Montalciano), 비노 노빌레 디 몬테풀치아노(Vino Nobile di Montepulciano) 같은 대중화에 성공한 와인도 이 지역에서 생산된다.

■ 베네토(Veneto)

베네토는 베니스 근처 알프스 산맥 기슭에 위치한 곳이다. 이 지역에 소재한 소도시 베로나는 이탈리아 와인 수출의 중심지로 이탈리아 최대 와인 전시회인 비니탈리(VINITALY)를 매년 4월에 개최하는 것으로 유명하다.

② 이탈리아의 유명 와인 레이블

(3) 5대 샤또 와인 과 레이블

① 5대 샤또 와인

와 인 명		지 역
Chteau Haut-Brion(Graves)	샤토 오 브리옹	Pessac
Chteau Lafite-Rothschild	샤토 라피트 로칠드	Pauillac
Chteau Latour	샤토 라투르	Pauillac
Chteau Margaux	샤토 마고	Margaux
Chteau Mouton-Rothschild	샤토 무통 로칠드	Pauillac

② 5대 샤또 레이블

MIS EN BOUTEILLE AU CHATEAU
CHATEAU LAFITE ROTHSCHILD
1985
PAUILLAC
75cl

SPECIMEN
CHATEAU HAUT-BRION
1996
CRU CLASSÉ DES GRAVES
13% vol
75 cl
Pessac-Léognan
Appellation Pessac-Léognan Contrôlée
Premier Grand Cru Classé en 1855
PRODUCE OF FRANCE

CHÂTEAU MARGAUX
GRAND VIN
SPECIMEN
1982
PREMIER GRAND CRU CLASSÉ 1855
MIS EN BOUTEILLE AU CHATEAU
FRANCE
APPELLATION MARGAUX CONTROLÉE
SOCIÉTÉ CIVILE AGRICOLE CHATEAU MARGAUX

SPECIMEN
Château
Mouton Rothschild
1982
ma 60ème vendange
tout en bouteille au Château
PAUILLAC
75cl

MIS EN BOUTEILLE AU CHATEAU
GRAND VIN
DE
CHATEAU LATOUR
PREMIER GRAND CRU CLASSÉ
12% vol.
PAUILLAC
1977
75 CL
APPELLATION PAUILLAC CONTROLÉE

(4) 세계 50대 블루칩와인(고가와인)

나 라 명	와 인 명
France	Château Mouton-Rothschild Château Lafite-Rothschild Château Latour Château Margaux Château Haut-Brion Château d'Yquem Château Ausone Château Cheval Blanc Château Leoville-Las-Cases Château Pichon Lalande Château La Mission Haut-Brion Château Ducru-Beaucaillou Pétrus Château le Pin Château l'Evangile Château l'Eglise-Clinet Château Lafleur Romanée Conti / Dom.Rom.-Conti La Tâche / Dom. Rom.-Conti Montrachet / Dom. Rom.-Conti Montrachet / Comtes Lafon Musigny / Comtes de Vogue Clos de Vougeot / Domaine Leroy Richebourg / Méo-Camuzet Chateauneuf-de-Pape / Rayas Hermitage La Chapelle / Jaboulet Hermitage / Jean-Louis Chave Cornas / Auguste Clape Côte Rôtie La Mouline / Guigal Montus Cuvée Prestige / Brumont Champagne Clos de Mesnil / Krug Champagne Grand Cru / Selosse Champagne Vielles Vignes / Bollinger Champagne Cuvée S / Salon Champagne Cristal / Roederer

나 라 명	와 인 명
Italy	Sassicaia / Tenuta San Guido Ornellaia / Tenuta dell' Ornellaia Solaia / Marchesi Antinori Sori San Lorenzo / Gaja Barolo Ris. Monfortino G. Conterno
Spain	Unico / Vega Sicilia Pesquera Res.Janus / A.Fernandez
포 르 투 칼	Vintage Porto / Taylor's
호 주	Grange / Penfolds Hill of Grace Shiraz / Henschke
미 국	Opus One / Robert Mondavi Dominus / Christian Moueix
오스트리아	Grüner Veltliner Smaragd M / F.X. Pichler Grande Cuvée / Alois Kracher
독 일	Riesling Eiswein / Egon Müller

부 록

1. 식음료 용어

A

Abbreviation

호텔의 종사원, 수납원, 주방과 미리 약속된 메뉴의 약어.
ex) STEAK / STK, COFFEE / COF etc

A la carte

일품요리(고객 임의대로 선택할 수 있는 음식).

A la mode

각종 파이류에 아이스크림을 얹어서 제공하는 후식의 일종.

American Plan

1일 3식 식사대금과 객실 요금이 포함된 호텔 숙박비.

American Breakfast
계란요리와 주스, 빵, 커피 또는 차가 제공되며 베이컨, 햄, 소시지 등을 선택하여 먹는 아침식사.

Aperitif
식사 전에 식욕을 증진시키기 위하여 마시는 술.

B

Beef Stock
쇠고기, 양고기, 송아지고기, 닭고기 등의 육류를 여러 가지 야채와 향료 등을 함께 끓여 찌꺼기를 걸러낸 국물로 수프와 소스를 만드는데 사용되며, 음식의 맛을 내게 하는 중요한 요소이다.

Beverage
알코올성, 비알코올성 음료의 총칭.

Bill of fare
메뉴의 의미.

Brochette
육류나 가금류에 송이, 피망, 양파 등을 꼬챙이에 꿰어 요리한 것.

Brunch
아침과 점심 사이에 먹는 아침 겸 점심 식사.

Bus boy
식사가 끝난 후 웨이터를 보조하는 호텔 종사원.

Blanc
흰색 또는 맑은 것을 의미한다. Vin Blanc은 백포도주, White Sauce, 백색의 린넨, 계란의 흰자, 화이트 미트White Meat를 의미.

Blend
두 가지 이상의 재료를 혼합하는 것을 말한다. 즉 Blended Whisky라 하면, Malt Whisky와 Grain Whisky의 두 가지를 혼합한 위스키를 말한다.

Barbecue
육류나 가금류 등을 통째로 소스를 발라 가면서 굽는 요리.

Basil
향료의 일종으로 이란과 인도가 원산지이고, 이탈리아, 남프랑스, 아메리카가 주산지이다. 주로 어린잎을 적기에 따내어 사용하는 일년생 식물로 높이 45cm까지 자란다. 엷은 신맛을 낸다.

Bacardi
칵테일의 일종으로 1936년 뉴욕의 법원으로부터 그들 특유의 이름을 부여받았고 그때부터 모든 바나 음식점에서 Bacardi Rum 이외의 Rum을 사용하여 만들어진 칵테일은 Bacardi라 사칭할 수 없게 규제되었으며 Bacardi 칵테일은 꼭 Bacardi Rum을 사용하게 되었다.

Bartender
칵테일 조주를 위시하여 주류 전반에 대한 서비스를 담당하는 사람.

Bun

무게 60~225g Sweet Bun포함의 빵으로써 Sweet Bun, Hamburger Bun, Anko Bun등이 있다.

Beluga

Caviar의 일종으로 철갑상어 중 가장 큰 상어에서 추출되는 알로서 가장 크며 색은 회색으로 3~4%의 염분을 함유하고 있다.

Bagel

이스라엘의 대표적인 빵으로, 물에 한 번 삶았다가 오븐에 구워내는 독특한 방법으로 만든다. 반으로 잘라서 구워 제공하며 훈제된 연어와 크림치즈를 함께 곁들여 먹기도 한다.

Bouillon

진한 고기국물로서 쇠고기를 재료로 한 것.

C

Captain

식당에서 손님의 음식 주문 받는 일을 수행하면서 웨이터와 함께 정해진 서비스 구역의 서비스를 책임지는 호텔 종사원.

Castor set

테이블에 놓은 소금과 후추 세트 등의 양념세트.

Ch taeubriand

Filet의 가운데 부분을 4~5cm 가량 잘라서 석쇠구이를 하여 제공하는 것으로 중년 이상의 고객층이 즐겨 찾는 연하고 맛있는 스테이크(Steak)의 최고품. 이 스테이크의 이름은 프랑스 혁명전 귀족 샤또브리앙이 즐겨 먹었던데 유래함.

Charcoal broiler

숯불구이 요리.

Chaser

주정이 강한 술을 마실 때 곁들여 마시는 청량음료.

Chinaware

각종 도자기 접시류.

Claret

최상급의 브르도산 와인을 부를 때 사용하는 용어.

Choux

구워진 형태가 흡사 양배추 갈다하여 프랑스어로 슈라 부르는 케이크로 속에 여러 가지 크림을 채운다. 디저트로 매우 유명하다.

Complaint

고객의 불평.

Continental breakfast

커피, 홍차, 주스, 코코아, 우유 등의 음료와 버터나 잼을 바른 빵으로 하는 간단한 아침식사.

Cradle
적포도주를 제공할 때 쓰이는 철로 된 바구니.

Celery
셀러리의 독특한 맛과 향으로 매우 인기 있는 야채, Relish, Salad, 생선 요리에 사용된다.

Crab
게는 식욕이 왕성하고 육식을 하는 갑각류로서 종류는 다양하며 양쪽에 각각 5개의 다리가 있고 몸체는 칼슘 분비로 딱딱한 껍질로 덮여 있으며, 성장하는 과정 동안 껍질을 벗는다. 육질은 조직이 거칠고 부패되기 쉬우나 맛이 대단히 좋다.

Cinnamon
중국, 인도네시아, 인도차이나가 원산지로 상록수 잡목과 비슷하며 높이는 9m 정도이다. 가장 얇은 외피를 가진 것이 우수품종이며, 두께가 굵어질수록 상품 가치가 떨어진다. 이 껍질의 향은 아카시아 나무보다 순하며 붉은 색을 띤다.

D

Daily special menu
주방장이 제공하는 그날의 특별 메뉴.

Drapes
연회행사에 쓰이는 테이블용의 길게 드리우는 덮개.

Dry
주조상의 용어로 드라이라고 할 때는 당분이 없다는 뜻이며, Dry Wine 이라고 할 때는 단맛이 없는 포도주를 뜻함.

Dressing
소스의 일종으로 모든 샐러드에 곁들이거나 혼합해서 고객에게 제공된다. 또한 풍미와 맛을 증진시키고, 때로는 결합체의 장식 또는 음식의 가치를 높여 주며 부드럽게 해주는 윤활유로, 소화를 촉진시켜 주는 소화촉진제로서의 작용도 함.

Demi Tasse
보통 커피잔보다 반 정도의 용량을 가진 작은 컵.

Demi Tasse Coffee
일반적으로 식후에 먹는 양이 보통 커피잔보다 1/2 크기이고 농도가 짙은 커피를 말한다. 가루 커피에 스팀을 통하는 에스프레소(Espresso)법으로 만듦.

Dinner
하루 중에 가장 호화롭고 풍부한 식사로서 와인이 곁들여지는 저녁식사를 뜻함. 만찬 혹은 정식이라고 하면 디너를 의미한다.

Decaffeinated Coffee
카페인을 없앤 커피.

Dish Warmer

접시를 데우기 위해 만들어진 전열기구이며 이동하기 쉽도록 바퀴가 부착되어 있고 온도조절도 되며 주로 프랑스 식당의 비품으로 사용됨.

Dessert Wine

주(Main)식사가 끝나고 디저트(Dessert)를 먹을 때 같이 먹는 와인(Wine)으로서 주로 Sweet Wine이 쓰이며, Port Wine, Sweet Sherry, Sweet Red Wine, Sweet White Wine 등이 Dessert Wine으로 많이 애용되고 있다.

Decanter

액체류를 담은 그릇이나 병을 기울여 맑은 웃물을 다른 용기에 옮기는 것을 말한다. 또는 식탁용의 유리병을 지칭한다.

Daiquili

1890~1900년 초 사이 Cuba의 Santiago 근교에 있는 구리 탄광의 엔지니어 Jennings Cox에 의해 만들어진 술이다. Rum과 Lime Juice 그리고 설탕을 배합하여 만든 것으로 이 술을 마신 그의 친구가 맛을 칭찬하면서 그 기쁨을 표시하여 Daiquili라 이름지었다고 한다.

Doyley

작은 내프킨으로서 식탁위에 깔고 세팅을 할 때 쓰는, 약간 무늬가 있는 것과 물, 주스, 맥주 등을 서브할 때 밑받침으로 사용되는 원형의 도일리가 있다.

Doyley Paper

케이크, 빵 등을 잴 때 밑에 까는 종이.

E

Entree
주요리로 제공될 수 있는 육류 종류.

Equipment
식당, 주방, 연화행사에 필요한 각종 장비.

F

Finger bowl
식후에 손을 간단히 씻어내는 그릇으로서 레몬과 꽃잎조각을 띄워서 제공된다.

Flatware
테이블에 쓰이는 은제 식기류의 총칭.

Full course
모든 코스가 다 제공되는 정식 코스로서 때로는 음료나 주류가 함께 제공된다.

G

Garnish
먹을 수 있는 식재료로 음식물을 보기 좋게 장식하는 일.

Garden Party

호텔의 레스토랑에서 개최하는 각종 축하연회를 호텔 또는 가정의 정원에서 개최하는 연회형식이다. 입식형식의 파티로서 돌아다니면서 음식을 먹는 것으로 연회장 중앙이나 한쪽 편에 테이블을 놓고 그 위에 요리를 준비해 자기 식성대로 선택하여 먹도록 한다.

Galliano

이탈리아의 밀라노(Milano)지방에서 생산되는 오렌지와 바닐라향이 강하여 독특하고 길쭉한 병에 담긴 리큐어를 말한다.

Garlic Bread

프렌치 브레드를 두께 1cm 정도로 얇게 자른 다음, 버터에다 마늘을 찧어 넣고, 실파 등을 썰어 만든 것을 발라서 오븐에 파삭파삭하게 구운 빵을 말한다.

Gourmand

맛있는 음식을 좋아하는 사람, 미식가.

Goose

거위는 검은색 육질의 가금류로 거위간은 Trrines, Loaves Pie로 이용하는 고기는 Roast Braise속에 Stuffed하여 사용한다.

Goblet

손잡이가 달린 글라스류를 말한다.

Gueridon

프렌치 서비스에 사용하는 작은 service wagon.

H

Hollowware
서비스용 각종(copper, sauceboat 등의) 기물류를 말한다.

Host
연회 등의 주최자.

L

Linen
테이블보, 냅킨, 트랩스 등을 총칭하여 부르는 말.

Liqueur
혼성주의 총칭.

Long drink
8온스 이상의 하이볼, 글라스에 제공되는 칵테일.

M

Margarita
소금을 Glass Rim에 발라내는 칵테일의 이름.

Marmalade

신선한 오렌지나 레몬 종류의 껍질과 속을 같이 설탕에 조린 것으로 껍질과 씨에서 쓴맛이 나고 그 쓴맛과 단맛이 어울린 것이 마말레이드의 특징이다. 조식에 있어 토스트Toast에 발라 먹는다.

Marble Cake

마블이라는 대리석이라는 뜻으로 제조자의 뜻대로 모양을 선택하는데 식빵 틀이나 구겔후프형틀 또는 철판을 사용한다. 마블 케이크류는 흰색과 검은색의 반죽을 엇갈리게 넣어 대리석의 자연무늬와 비슷한 모양이 되도록 제품하는 것이다.

Mayonnaise

계란 · 식초 · 레몬 · 소금 · 설탕 · 오일 등을 넣어 만든 크림형태의 소스

Macaroni

이탈리아 국수.

Martini

드라이진과 드라이 베르무트를 3 대 1 비율로 섞어서 만든 칵테일.

Manhattan

위스키 1과 1/3온스, 스위트 베르무트 1/3온스, 앙고스 튀라 비터 1 Dash를 혼합하여 체리를 넣은 후 제공되는 칵테일.

Muddler

Long Drinks 종류를 휘젓는 막대로 설탕이나 과일의 과육을 으깨는데 사용하기도 한다. 재질도 나무, 플라스틱, 유리, 스테인레스제 등 다양

하며 모양도 가지각색이나 차가운 음료에는 아무 것이나 사용해도 좋으나 Hot Drinks에서 나무제나 플라스틱제는 적합하지 않다.

Muffin

옥수수가루 따위를 넣어서 구운 둥글납작한 작은 빵(Small Quick Bread)으로 버터와 베이킹카우더, 소다를 섞어 부풀려 즉석에서 구운 빵이나 비스킷을 말한다.

Medoc

프랑스의 Bordeaux 와인을 생산하는 지구의 하나로 특히 Haut-Medoc에서 명주가 많이 난다.

Melba Toast

흰 식빵을 엷게 썰어 오븐에 갈색이 나도록 바삭바삭하게 구워낸 소형 토스트빵.

Mozzarella Cheese

연질의 Plastic-Curd Cheese이다. 이탈리아가 원산지로 원래는 소젖을 사용하여 New York과 California에서 많이 사용하고 있다. 이것은 고무와 같은 조직을 가지고 있어 피자파이 요리에 사용하면 적당하다. 색깔은 순백색으로 온화한 풍미를 낸다. 유사한 제품으로는 Scarmorza Cheese가 있다.

Mocha

Mild 커피의 일종으로 흔히 아라비아라고 부르는 예멘 지방에서 생산되며, 원두는 황록색이다. 신맛과 단맛이 좋으며 뛰어난 향기를 지니고 있어 "커피의 귀족"이라고 불리운다.

Mousse
계란, 생크림, 설탕, 럼(Rum)을 혼합한 다음 글라스에 차갑게 한 것이며, 첨가되는 부재료에 따라 다양하게 만들어진다.

Minestrone Soup
베이컨, 양파, 샐러리, 당근, 감자, Tomato Paster를 볶아 스톡Stock에 넣은 후 향료를 첨가하여 끓인 야채스프의 일종이다.

Mignon
미뇽. 쇠고기 안심 스테이크용으로 썰어서 베이컨을 감은 것. 일반적으로 필레 미뇽이라는 이름으로 판매되고 있다.

Miscellaneous
식음료부에 필요한 각종 소모품의 총칭.

O

On the rock
술에 얼음을 넣어서 마시는 형태를 말한다.

Operation hour
식당의 영업시간.

Order pad
주문서를 말하며 주문서는 보통 수납원용, 바 혹은 주방용, 종사원용의 3매로 되어 있다.

P

Petit four
식후에 커피와 함께 제공되는 작은 케이크류.

Place plate
식탁 장식용 접시.

R

Recipe
요리나 음료의 적량 목표.

S

Station
종사원에게 주어진 서비스 구역.

Side Dish
주요리에 곁들여 내는 요리.

Salami
돼지고기나 쇠고기를 원료로 레드 와인과 진한 양념을 넣어 만든 이탈리아식 훈제 소시지의 일종.

Sirloin Steak

소의 허리등심 고기를 말한다. Sirloin Steak의 유래는 영국왕인 찰스 2세가 명명한 것으로, 왕은 등심인 Lion Steak를 얼마나 좋아했던지 그 스테이크에다 남작의 작위를 수여했다고 한다.

Sevruga

거의 멸종된 상어의 종류로서 상대적으로 선호도가 높으며 흑갈색이며 특유의 풍미를 지니고 있다.

Saint-Emillion

Red Wine의 명양지로 이곳의 Red Wine은 약간 흐린 Ruby색이며, 섬세하고 강건하므로 보루도(Bordeaux)의 Burgrundy라고도 한다.

Sherbet

과즙·설탕·물·술·계란흰자 등을 사용하여 만드는 저칼로리 식품으로서 시원하고 산뜻하여 주요리 전에 제공하거나 후식으로 제공하는데, 이는 소화를 돕고 입맛을 상쾌하게 해 주기 때문이다.

Soda Water

탄산가스와 무기염류를 포함한 천연광천수와 인공제품이 있다. 소화제로 마시기도 하나 주로 위스키와 배합하여 조주 된다.

Sausage

곱게 다진 고기에 양념과 야채를 섞은 것을 송아지, 돼지 등의 창자 속에 넣고 삶아서 만든 음식을 말한다. 초대형 소시지인 볼로냐(Bologna), 훈제한 소시지(Smoked Sausage), 소, 돼지고기를 섞어 만든 프랑크푸르트(Frankfurter) 등이 있다.

Short Drink
보통. shaker, 즉 칵테일 따위를 만들기 위한 음료혼합기를 사용하여 만든 칵테일을 말하며, 5분 이내에 마셔야 제 맛을 즐길 수 있다.

Scallop
조개의 일종으로 껍질은 넓으며, 뚜껑이 되는 부분은 붉고 평평하나 반대쪽은 움푹하다.

Sherry
스페인산 백포도주를 말한다. 이것은 포도 수확기에 포도의 잎을 쳐서 일광에 오래 건조시켰다가 통속에 담가 플로르(Flor)라고 하는 효모를 발효하여 양조한 포도주이다. 엷은 짙색을 Dry하고 짙은 Brown색은 Sweet하다.

Sweet Roll
미국의 단과자 빵류로써 여러 종류의 충전물과 모양에 따라서 제품이 다양하게 만들어 진다. 제품의 모양에 따라서 이름이 다르며, 반죽방법은 일반 빵반죽법과 동일한 경우가 대부분이며, 설탕과 유지가 많이 사용되어 크림법을 사용하기도 한다.

Scotch
스코트랜드에서 생산하는 술을 말한다. 대부분 Malt Whisky와 Grain Whisky를 각기 따로 만들어 4년 이상을 저장한 다음 혼합하여 담그는데, 혼합비율은 Malt Whisky를 30% 이상으로 하고, Grain Whisky를 70%미만으로 하여 섞은 혼합주이다.

Scallopini
송아지고기를 엷게 저민 것.

Screw Driver
오렌지주스에 보드카를 혼합하여 만든 칵테일.

Stout
상면발효맥주의 일종으로 약 6도의 알코올도수를 가진 살균 흑맥주를 말하는데, 영국인이 즐겨 마신다.

Stock
쇠고기 · 양고기 · 송아지고기 · 닭고기 · 생선 · 야채 등을 주재료로 하여 서서히 끓여 영양과 향이 용해된 국물이다. 수프와 소스를 만드는 원료가 되며, 음식의 맛을 내게 하는 중요한 요소이다.

Straight
아무 것도 혼합하지 않은 순수한 주류.

Still Wine
포도주란 양조주의 대표적인 술로서 포도를 원료로 하여 만들어지는데, 빵과 함께 오랫동안 주식이 되어 온 포도주의 역사는 지금으로부터 약 5,000년 전으로 거슬러 올라간다.

Sparkling Wine
발포성 와인을 뜻하는데 2차 발효를 병 속에서 하는 동안 자연적으로 탄산가스가 생기게 한 것과 인위적으로 주입시키는 것이 있다.

Singapore Sling
싱가포르의 Rafiles 호텔에서 처음 만들어진 칵테일. 1900년대 초반에 여러 종류의 Recipe가 알려지기 시작한 Straits Sling에서 유래된 Singapore

Sling이라 이름지어졌다고 한다.

T

Table d hote

정식(定食)을 말함.

Trolley

음식을 운반할 때 쓰는 바퀴 달린 wagon.

Tequila

용설란과의 아가베(Agave)를 원료로 한 발효주인 Pulque를 Pot Still로 두번 증류하여 White Oak 통에 약 한달 가량 숙성시킨 후 활성탄으로 정제하고 시판하는 것이 White Tequila이고 드물게는 장기간 저장하였다가 시판하는데 이를 Gold Tequila라 한다.

Tournedos

작고 둥글게 저민 살코기 스테이크로 필레(Filet)의 끝을 잘라서 버터를 바르고 베이컨(Bacon)을 감아서 조리한다.

U

Utensil

주방용 각종 기물류.

V

Vineger

조미료의 일종으로 4% 가량의 초산이 들어 있는 시고 약간 단맛을 가진 액체로 양조초와 합성초가 있는데, 양조초가 맛이 좋다.

Vodka

러시아의 대표적인 술이며, 곡류나 고구마류에 보리몰트를 가해서 당화발효시켜 만든다. 무색·무취·무미의 술로서 칵테일의 기본주로 많이 사용된다.

Vinaigrette Dressing

오일과 식초에 삶은 계란과 케이퍼(caper)향·양파·파슬리 등을 넣어 만든 드레싱이다. 영어의 비니거 드레싱과 같다.

Veal

3개월 미만의 송아지 고기를 말한다.

Vermouth

와인을 기주로 약제를 가미한 혼성주의 일종이다. 머무스의 명칭은 독일어의 Wermut 혹은 앵글로 색슨어의 Wermod에서 유래되었으며, 그 뜻은 향쑥(wrom wood)을 의미한다.

Vermouth Dry

감미가 없는 방향성 아페리티프 와인으로서 주로 칵테일 조주 시 사용된다. 일명 프렌치 버무스라고도 한다.

Vermouth Sweet
감미가 있고 방향성이 높은 적색 아페리티프와인으로서 주로 칵테일 조주시에 사용된다. 일명 이탈리안 버무스라고 한다.

2. 와인 용어

A

AC/AOC(Appellation controlee-AC/AOC)
프랑스 정부에서 규정한 와인의 특정지역, 생산자에 따른 와인의 품질 규정이다.

Acidity(산도)
와인이나 음식에서 느끼는 시큼한 맛. 주로 포도가 주는 산도는 주석산이고 풍부한 능금산으로 섬세한 와인을 만드는 데에 많은 기여를 한다.

Aftertaste(에프터 테이스트)
와인을 한 모금 마시고 나서 입안에 남아있는 맛의 느낌으로 와인 테이스팅 때 추가적으로 느껴지는 와인의 특질이나 결점을 감지할 수 있어 중요하다.

Aging(숙성)
최상의 와인으로 완성하기 위해 어떤 특정한 환경 속에서 와인을 보관하는 것을 말하다. 주로 레드와인 경우에는 오랜 기간 동안 오크통에서 와인을 숙성시키며 화이트 와인이든 레드 와인이든 좀 더 복잡 미묘한 맛을 발달시키기 위해 병 속에서 숙성시키는 경우가 많다.

Aleatico(알레아티코)

주로 달콤한 디저트 와인으로 많이 사용되는 포도품종으로 무스캇(Muscat) 포도품종과 같은 향이 있다. 이탈리아산 비노.

Aligote(알리고떼)

화이트 와인 포도품종으로 많은 나라에서 다양한 블랜딩에 사용되고 있다. 특히 프랑스 버건디 지역에서 생산되는 과일 맛이 강하고 가벼운 성격의 와인으로 잘 알려져 있다.

Angelica(안젤리카)

달콤한 디저트 와인이다. 주로 호박색이고 독특한 향이 별로 없다. 종종 캘리포니아에서는 와인을 만들다 남은 모든 포도들을 모아서 만들게 된다. 역사적으로는 교회 성찬식에 팔렸던 와인이다.

Aperitif wine(아페리티프 와인)

식전에 마시는 와인.

Appellation(아펠라시용)

특정 포도가 재배되는 포도원의 위치를 세분화한 명칭으로 라벨에 표기된다.

Aroma(아로마)

포도의 원산지에 따라 맡을 수 있는 와인의 냄새 혹은 향기를 의미한다. 또 다른 말로 "부케(bouquet)"라고 하는 경우에는 와인의 제조처리 과정이나 숙성 방식에 따른 향기를 의미한다.

Astringency(수렴성)
와인에 있는 타닌에 의해 느껴지는 맛의 감각을 의미하는데 주로 표현되는 말로는 입안에서 '드라이(Dry)하다', '쓰다' 혹은 '떫다'라는 표현을 많이 쓴다.

Auslese(아우스레제)
독일 말로 "선택된"이란 의미이다. 독일 와인 법규에서 아우스레제는 잘 익은 포도송이만을 골라서 만들어진 와인이라는 특별한 의미가 있다.

B

Bacchus(바커스)
로마시대의 와인의 신. 로마시대 이전의 그리스의 와인의 신이었던 디오니소스(Dionysus)와 다르다.

Balance(발란스)
와인 평가를 할 때 사용되는 주관적인 용어이다. 산도, 당분, 타닌, 알코올 도수와 향이 좋은 조화를 이루는 맛을 느낄 때 발란스가 있다고 말한다.

Barbera(바베라)
주로 이탈리아의 피에몬떼(Piedmont) 지역에서 생산되는 것으로 잘 알려진 적포도주 품종.

Beerenauslese(베렌아우스레제)
독일 말을 그대로 풀어 쓰면 "선택된 열매"라는 뜻이다. 베렌아우스레제는 포도 송이째 골라 따기 보다는 좋은 포도 알을 각각 골라 딴 포도로 와인을 만든다. 최상의 와인을 만들기에 많은 노력이 들어간다. 그래서 이 와인의 가격은 저렴할 수가 없다.

Berry(베리)

포도 알 낱개.

Blanc de Blancs(블랑 드 블랑)

이 용은 주로 프랑스 와인 라벨에 많이 사용되는데 청포도 품종으로 만든 화이트 와인을 뜻한다. 즉 거의 대부분의 화이트 와인 "Blanc de Blancs"라 쓰여 있는 경우가 많다. 실질적으로 샴페인과 많이 관련되어 있는데 대부분의 샴페인은 적포도(피노누아 와 피노 메뉴어)와 청포도 품종(주로 샤도네)로 만들어지는데, Blanc de Blancs 샴페인은 순수하게 샤도네만을 사용한다.

Blanc de noir(블랑 드 누아)

적포도 (피노누아 - Pinot Noir 혹은 피노메뉴어 - Pinot Meunier) 품종으로 화이트 와인을 만드는 샴페인을 주로 말한다.

Blending(블랜딩)

2가지 이상의 포도 품종들을 혼합하는 것을 말한다. 조화로운 블랜딩은 와인의 특징을 이상적으로 향상시킨다.

Body(바디)

맛의 점성도, 진한정도와 농도 혹은 질감의 정도를 표현하는 와인 테이스팅 용어이다. 바디가 있는 와인은 주로 좀 더 높은 알코올이나 당분이 더 많은 편이다.

Botrytis cinerea(보트리티스 시네리아)
어떤 특정한 기후 환경 속에서 포도가 무르익을 때 포도껍질에 생성되는 일종의 곰팡이로 포도에 좋은 영향을 주어 훌륭한 디저트 와인을 만들기에 노블롯(noble rot-귀부병)이라 불린다.

Bouquet(부케)
주로 와인 생산과정이나 숙성과정에 의해 생기는 와인의 냄새 혹은 향기를 말한다.

Brandy(브랜디)
와인을 증류하여 만든 술.

Brut(브뤼)
프랑스 용어로 가장 드라이(가장 달지 않은)한 샴페인.

C

Cabernet Sauvignon(까베르네 소비뇽)
레드와인 포도품종으로 전 세계적으로 가장 많이 사용되며 사랑 받고 있다. 4개의특징으로 쉽게 구분이 되는데, 작은 포도알, 깊은 어두운 색, 두꺼운 껍질, 많은 씨앗이 특징이다.

Carbonic Maceration(탄소 메서레이션)
포도알 전체를 으깨지 않고 발효하는 과정을 말한다. 이 과정은 주로 가볍고 포도의 성격이 강한 와인일 경우 병 속에서 숙성 시키지 않고 빨리 마셔버리는 와인에 많이 사용된다. 주로 프랑스지역의 보졸레 누보를 생산할 때 많이 쓰이는 제조방식이다.

Catawba(카토바)

미국 동부 지역에서 대체적으로 생산되는 혼성포도 품종이다. 주로 발포성 와인, 로제 와인 혹은 과일 성향이 강한 화이트 와인을 만들 때 사용된다.

Chablis(샤블리)

미국에서 일상적인 화이트 테이블 와인들을 말할 때 쓰이는 총칭.

Chablis(샤블리)

중부근처에 있는 마을이라는 뜻. 프랑스 중부에 있는 와인 생산 지역으로 아펠라시용(appellation-명칭)의 규정에 따라 100% 샤도네 포도품종만 생산된다.

Champagne(샴페인)

프랑스 샹빠뉴(Champagne) 지역에서 생산되는 발포성 와인. 협정에 의해 다른 나라에서 생산되는 발포성 와인을 샴페인이라 부를 수 없다.

Character(캐릭터)

맛의 스타일을 이야기하는 와인 테이스팅 용어.

Chardonnay(샤도네)

전 세계에서 가장 훌륭한 화이트 와인 포도 품종. 샤도네 품종으로 전 세계적으로 가장 많은 훌륭한 화이트 와인, 샴페인과 같은 발포성 와인을 생산한다.

Chateau(샤또)

원래 프랑스 어로 "성(Castle)"이라는 뜻이다. 보르도에서는 "포도원/제조원"이라는 용어로 주로 사용된다. 실제로 예전에는 성에서 주로 포도가 생산이 되었다.

Chenin Blanc(슈넹블랑)

전 세계적으로 널리 재배되고 있는 화이트 포도품종이다.

Chianti(끼안띠)

중간 바디(Medium body)에서 풀 바디(Full body) 테이블 레드와인으로 이탈리아 토스카나 지역에서 생산되는 와인이다. 끼안띠는 블랜딩을 하는 와인이지만 사용되는 주 포도품종은 산지오베제(Sangiovese)이다.

Clarity(투명성)

와인을 평가할 때 와인에 침전물이나 뿌연 느낌이 없이 투명한 경우에 사용되는 용어이다.

Cognac(꼬냑)

프랑스 꼬냑 지방에서 생산되는 브랜디 와인(Brandy Wine).

Cork(콜크)

콜크 오크나무의 두꺼운 껍질을 실린더 모양으로 잘라진 조각으로 탄력이 뛰어나 와인이 산화되지 않고 숨을 쉬게 도와주기에 와인 병마개로 사용된다.

Corky(콜키)

콜키 와인(Corky Wine)은 케케묵은 콜크향으로 와인의 냄새를 나쁘게 한다. 이런 향이 날 경우의 와인은 버리고 다른 와인을 마시는 것이 좋다.

Cru(크뤼)
와인 재배에 쓰이에 쓰이는 프랑스 말. 크뤼 클라세(Cru Class-특등급)와 같은 높은 품질의 포도원을 말한다.

D

Decanting(디켄팅)
병에 있는 와인의 침전물 없애기 위해 조심스럽게 와인을 따라 다른 깨끗한 병(디켄터-Decanter)으로 와인을 옮겨 따르고 뒤에 남은 찌꺼기는 버리면 된다. 디켄팅은 주로 와인을 서빙하기 1시간 전에 한다.

Demi-sec(데미 섹)
샴페인 용어로 중간정도 달다(medium-sweet)라는 뜻이다.

Dionysus(이오니소스)
그리스의 와인의 신. 바쿠스를 참고하기 바람.

E

Earthy(토양적인)
와인을 평가할 때 사용되는 테이스팅 언어로 토양, 버섯류 혹은 곰팡내를 연상하는 냄새 혹은 맛이 나는 와인.

F

Fermentation발효(발효)

원래 말은 “열을 가하지 않은 상태에서 끓인다”라는 뜻이다. 이 방법은 포도주스나 다른 설탕이 들어있는 용액에 이스트를 첨가하면 이 설탕이 에틸알코올과 CO_2로 변하게 된다. CO_2는 거품형태로 일어나기에 외형으로는 열없이 끓는 것처럼 보인다.

Fining(정제)

와인의 불필요한 구성요소를 없애기 위해 정화하는 것을 말한다.

Finish(피니쉬-마무리)

와인을 테이스팅 할 때 입안에 남는 와인에 대한 마지막 느낌을 뜻한다.

Flat(플랫)

와인 테이스팅 용어로 산미와 또렷한(Crispness) 생동감이 결여된 와인을 플랫 와인이라 한다. 플랫 와인들은 향이 좋다 하더라도 마시기가 어렵다. 발포성 스파클링 와인에서 플랫이라는 뜻은 와인에 탄산가스가 결여되었다는 뜻이다.

Fruity(프루티)

와인 테이스팅 용어로 발효과정에서 포도의 신선한 향을 유지한 와인을 뜻한다.

Fume Blanc(푸메 블랑)
소비뇽 블랑과 비슷한 테이블 화이트 와인 포도품종 이름으로 대체적으로 좋은 와인인 경우 드라이하다.

H

Hard(하드-견고한)
와인 테이스팅 용어로 지나치게 타닌이 많고, 쓰거나 수렴성(떫은맛)이 강할 때 표현하는 용어이다.

Hectoliter(헥토리터)
유럽 포도주 양조장에서 와인을 측량하는 표준 단위이다. 1헥토리터는 100리터(liters)이다.

Hybrid(하이브리드)
포도 재배학에서 두개의 다른 포도품종을 접목하여 새로운 품종이 되는 것.

I

Ice Wine / Eis Wein(아이스바인) 혹은 아이스 와인
얼은 포도로 와인을 만드는 것으로 포도가 언 상태에서 압착을 하여 주스를 짜내어 발효를 한다. 아이스 와인은 항상 달콤한 디저트 와인이 되며 주로 가벼우면서도 섬세하다.

J

Jeroboam(제로보엠)

평균 사이즈보다 큰 사이즈의 와인 병을 이야기한다. 그러나 정확한 사이즈는 표준화되지 않았다. 생산자에 따라 750ml 보다 4, 5, 6배 정도 큰 사이즈인데 프랑스 샹파뉴와 미국 캘리포니아의 경우에는 3리터, 보르도의 경우 3.75리터 그리고 영국에서는 4.5리터 정도를 이야기한다.

Jug Wines(저그와인)

1.5리터 사이즈 혹은 더 큰 와인용기에 담아서 적당한 가격으로 파는 와인들에 대한 속칭.

K

Kabinett(카비넷)

독일 와인 품질 등급에서 슈페트레제(Spaetlese)보다 한 단계 아래 등급의 와인이다. 카비넷은 비교적 저렴하지만 생산과정에서 절대로 설탕을 첨가하지 않는 품질을 가지고 있다.

L

Loiore Valley(루아르 벨리)

프랑스의 루아르(Loire) 강을 따라 위치한 큰 규모의 와인 지역이다. 주요 지역은 앙쥬(Anjou), 뮈스까데(Muscadet) 그리고 뚜랭(Touraine)이다.

M

Maceration(메서레이션)

주스를 발효하기 이전에 특정 기간동안 포도와 포도즙이 잘 섞이도록 하는 행위.

Madeira(마데이라)

아틀란타 내 포르투갈 섬에서 생산되는 쉐리(sherry) 와 같은 디저트 와인.

Magnum(매그넘)

표준 와인 병 750ml 사이즈 병 보다 두 배로 큰 와인 병 사이즈. 멜로(Merlot): 보르도의 훌륭한 포도품종 중의 하나이다. 또한 캘리포니아, 칠레, 호주 등 많은 곳에서 좋은 레드와인을 만들고 있다. 종종 까베르네 소비뇽 포도품종과 블랜딩을 한다.

Malbec(말벡)

보르도의 5개의 레드와인 주요 포도품종 안에 들어가는 포도품종이다.

Malo-lactic fermentation-젖산 발효(말로렉틱 발효)

박테리아 발효로 때로는 1차 이스트 발효 후 새로운 와인에서 발생한다. 말로렉틱은 자연적으로 능금산에서 젖산과 CO_2로 변하게 하는 2차 발효과정이다.

Medoc(메독)

전 세계적으로 최고의 레드와인들을 생산하는 프랑스 보르도의 내에 있는 레드와인 지역이다.

Methode Champenoise(샹파노아즈 방식)

발포성 와인을 만들 때 병속에서 발효하는 방식이다.

Mildew(노균병균)

포도나무에서 발생하는 질병.

Muscatel(뮈스까데)

뮈스깟(Muscat) 포도품종으로 일반적으로 달콤하고 알코올 도수가 높다.

N

Napa(나파)

샌프란시스코 북부 지역의 마을로 캘리포니아의 최상급 와인들이 생산된다. 현제 약 200여개의 포도원 양조장이 있다.

Noble Rot(노블롯)

주로 보트리티스 시네리아(Botrytis cinerea)라고 하는데, 극소량의 훌륭한 디저트 와인을 만드는 유익한 곰팡균이다.

Nouveau(누보)

보졸레 와인으로 영(young)하고 신선하며 과일 맛이 뛰어나며 오래 숙성시키지 않고 즉시 마셔버리는 와인을 말한다.

O

Oak(오크)

주로 와인 베럴을 만들 때 사용하는 나무의 종류. 오크 베럴에서 숙성된 와인인 경우 좋은 타닌과 바닐라 향을 느낄 수 있다.

P

Phylloxera(필록세라)

포도나무 뿌리에 살고 있는 미세한 진딧물로 뿌리의 주스를 빨아먹고 산다. 포도나무에 나쁜 영향을 미친다. 유럽의 포도나무를 죽이는 나쁜 영향을 미치는데 미국의 포도나무 뿌리는 저항력을 가지고 있다.

Pinot(피노)

포도품종의 한 계열로 가장 유명한 것은 피노누아이다. 청포도 품종으로 피노블랑이 있다.

Polyphenols(폴리페놀)

와인에서 생기는 화학적인 성분으로 떫은맛과 쓴맛, 입안이 마르는 듯한 느낌을 준다. 폴리페놀은 포도의 타닌과 포도 껍질의 색소에서 주로 발견되는 성분이다.

Port(포트)

포르투갈의 오포르토(Oporto) 지역에서 나오는 풍부하고 달콤하며 풀바디(full bodied) 디저트 와인이다.

Powdery mildew(흰가루병)

포도나무에 생기는 곰팡이 균의 일종으로 건조한 기후에서 주로 발견되는 이 질병은 전 세계적으로 있는데 캘리포니아에서 가장 많이 발견되는 골치 아픈 질병이다.

R

Rhine(라인)

독일의 가장 유명한 와인이 있는 강 이름이다. 모든 독일의 유명 와인들은 이 라인강을 따라 있는 포도원에서 생산된다.

Rhone(론)

프랑스 남부 주요 강으로 스위스와 지중해 쪽으로 흐르는 강이다. 이 강을 따라 있는 포도원에서 생산되는 와인들에 이 지역 이름을 쓴다.

Riesling(리즐링)

독일에서 주로 생산되는 포도품종 이름.

Rioja(리오하)

스페인의 가장 잘 알려진 테이블 와인 생산지역.

Rose(로제)

프랑스말로 핑크색 와인이라는 뜻으로 전 세계적으로 사용되는 용어이다.

S

Sauternes(소떼른)

프랑스 서부 지역에서 생산되는 고급 디저트 와인이다. 샤또 디껨(Chateau Y'Quem)이 가장 유명하다.

Sauvignon blanc(소비뇽 블랑)

청포도 품종으로 샤도네 다음으로 전 세계적으로 많이 사용되는 테이블 와인용 포도 품종이다. 주로 세미용과 블랜딩 되는 경우가 많다.

Secondary fermentation(2차 발효)

2차 발효는 첫 번째 이스트 발효가 끝난 후에 이루어진다. 이는 말로렉틱(Malo-lactic) 2차 발효로 주로 레드 와인에서 이루어지고 극소수의 화이트 스틸 와인에서 이루어진다. 또 다른 2차 발효가 있다면 이스트 발효로 스틸 와인에서 발포성 와인으로 변환시키는 발효 방식이 있다.

Sekt(젝트)

독일 말로 발포성(sparkling) 와인이라는 뜻이다.

Semillon(세미용)

그라브(Graves) 혹은 소떼르네(Sauternes)와 같은 보르도(Bordeaux)지역에서 주로 생산되는 고급 화이트와인 포도품종 중의 하나이다.

Seyval Blanc(슈발블랑)

프랑스의 French Hybrid 포도품종으로 대부분이 프랑스와 미국 동부지역에서 재배된다.

Soave(소아브)

이탈리아 화이트와인의 좋은 유형 중의 하나이다. 항상 여러 포도품종과 블랜딩하게 되고 주로 북부 이탈리아에서 생산된다. 소아브는 특히 병입 후 1~2년 이내에 마시는 것이 좋다.

Sommelier(소믈리에)

와인이 있는 고급 레스토랑에서 와인을 전문으로 하는 웨이터를 말한다.

Sonoma(소노마)

나파 벨리와 버금가는 캘리포니아의 최고의 와인을 생산하는 지역으로 샌프란시스코의 북부해안에 위치한다.

Sour(신맛)

신맛을 느끼는 테이스팅 용어로 타닌이 약간 있는 쓴맛과 혼돈될 수 있다.

Spicy(스파이시)

와인의 맛을 표현할 때 쓰이는 테이스팅 용어로 게뷰르쯔트레미너(Gewurztraminer) 포도품종으로 만든 와인일 경우 스파이시 하다는 표현을 주로 쓴다.

Spumante(스푸만떼)

이탈리아어로 발포성 와인을 뜻한다.

Still wine(스틸 와인)

발포성(Sparking)이 아닌 와인을 말한다. 즉 와인에 탄산가스가 없다.

Supaetlese(슈페트레제)

독일어로 "늦은 수확"이라는 뜻이다. 이 와인들은 주로 달콤하고 품질이 좋으며 일반등급보다 좀 더 비싼 와인들이다.

T

Table Wine(테이블 와인)

규정에 의하면 14% 미만의 알코올 도수를 함유한 모든 와인들을 이 범주에 넣고 있다. 와인은 식사할 때 함께 즐길 수 있는 음식이라는 의미이다.

Tannin(타닌)

자연적인 폴리페놀 물질로 쓴 맛 혹은 수렴성이 있어서 입안에서 떫은 맛을 느끼게 한다. 타닌은 포도의 껍질과 줄기 그리고 씨앗에서 생기게 되고 베럴에서 숙성할 때 나무와의 접촉에서도 이 물질이 생긴다.

Tastevin(따스트방)

주로 은으로 만들어진 컵으로 와인 테이스팅을 하기 위해 쓰인다. 프랑스의 버건디 지역에서 사용하기 시작했는데, 지금은 널리 사용되어지고 있는데 레스토랑에서 소믈리에가 이것을 많이 사용한다.

Trockenbeerenauslese(트로켄 베렌아우스레제)

독일에서 생산되는 비싼 디저트 와인이고 가장 당도가 높은 범주에 속하는 감미로운 음료이다. 독일어로 "건포도의 선택"이라는 뜻을 가진 이 와인은 거의 건포도가 될 정도로 농축된 포도를 하나씩 골라서 만든 와인이다.

V

Vin(뱅)
프랑스어로 와인이라는 뜻이다. 전 세계적으로 널리 사용되는 용어이다.

Vina(비나)
스페인어로 포도원이라는 뜻이다. 캘리포니아에서도 포도원의 이름으로 널리 사용하기도 한다.

Vinifera(비니페라)
와인 제조 때 주로 사용되는 용어로 비티스(Vitis-포도나무) 라는 최초 포도종의 학명이다. 현재 전 세계에 분포되어 있는 대부분의 좋은 포도종은 비티스 비니페라(Vitis vinifera)에 속한다.

Vinification(포도주 양조)
와인 제조에서 일어나는 모든 과정을 이야기한다.
Vino Santus(산투스)가 이 포도품종으로 만들어진다.

Vintage(빈티지)
포도가 성장하는 계절 혹은 그 "해"를 의미한다. 빈티지 와인은 적어도 95% 이상이 같은 해에 수확된 포도로 생산되었을 경우이다.

Viognier(비오니어)
프랑스 론 벨리(Rhone Valley)지역에서 생산되는 화이트 와인 포도품종이다. 표현하기가 힘들 정도로 독특한 성격을 가지고 있다.

Viticulture(포도재배학)
포도재배의 과학, 예술, 연구이다.

W

Weingut(바인긋)
독일어로 독일에서 와인이 생산되는 포도원을 말한다.

Wine (와인)
포도주스의 이스트 발효에 의해 생산된 알코올이 있는 음료.

Winemaker(와인 메이커)
포도주 양조장에서 와인제조를 책임지고 있는 사람으로 와인 메이커는 주로 포도주의 발효, 숙성 그리고 병입작업까지 책임진다.

Winery(와이너리-포도주양조장)
와인이 만들어지는 장소.

Wood tannin(우드 타닌)
나무에서 생산된 타닌으로 오크통에서 숙성된 경우이다.

Woody(우디)
와인을 테이스팅 할 때 주로 쓰는 용어로 오랜 기간동안 나무통 속에 보관된 경우 일반적으로 나무 향과 맛이 강해진다.

Z

Zinfandel(진판델)

캘리포니아에서 널리 생산되고 있는 포도품종이다.

참고문헌

국내문헌

김세웅·강명옥, 글로벌 시대의 이해와 국제매너, 2007, 피스북.
김의겸, 소믈리에 실무, 2007, 백산출판사.
김은희·김명숙·조주은, 현대사회와 국제매너, 2004, 두양사.
금한나, 이미지와 국제매너, 2007, 한올출판사.
데일 카네기, 카네기 인관관계론, 2004, 씨앗을 뿌리는 사람.
미래서비스아카데미, 글로벌매너, 2009, 새로미출판사.
박정민, 이미지메이킹과 서비스매너, 2008, 정림사.
박준형, 볼프강의 글로벌 비즈니스 에티켓, 2000, 김영사.
박한표, 글로벌 문화와 매너, 2009, 한올출판사.
박한표·최호열·손일락, 현대인과 국제매너, 1999, 한올출판사.
서진우·김옥기, 이미지 메이킹 & 국제매너, 2009, 대왕사.
손일락·이채안·홍미선, 국제매너의 이해, 2006, 한올.
손일락, 에티켓을 먹고 매너를 입어라, 2009, 웅진리빙하우스.
신강현·김왕상, 글로벌매너 테크, 2001, 형설출판사.
우지은, 목소리 누구나 바꿀 수 있다, 2009, 위즈덤 하우스.
원융희, 국제매너, 2002, 백산출판사.
원융희, 글로벌 에티켓, 1999, 자작나무.
이영희·박소연·박혜윤, 현대인의 생활매너, 2008, 백산출판사.
이원복, 와인의 세계, 2009, 김영사.
정지수, 파티플래너 정지수의 이미지메이킹 파워, 2009, 백산출판사.
조영대, 디지털시대의 고품위 서비스 실무, 2006, 갈채.
조인환, 국제매너, 2009.
최기종, 매너와 이미지메이킹, 2009, 백산출판사.
최병호·유도재, 호텔식음료실무론, 2009, 백산출판사.

최해수·서진우·김지윤, 매너 & 서비스 실무, 2009, 대왕사.
한국관광대학 교재개발위원회, 관광서비스인을 위한 매너와 에티켓, 2007, 새로미.
향을 사랑하는 사람들, 향 향수이야기, 2000, 도서출판 한송.
허은아, 매너가 경쟁력이다, 2008, 아라크네.
홍두표, 글로벌 비즈니스 매너, 2009, 한올출판사.

국내논문 & 기타자료

박현옥, 전통 바늘땀을 모티브로 활용한 넥타이 디자인, 2004.
오영호, 플라워 모티브를 활용한 자카드 넥타이 패턴디자인 연구, 2009.
조혜윤, 웰 루킹(Well looking)족 커리어 우먼을 위한 핸드백 디자인 연구, 2005.
장미, 호텔 레스토랑 팁핑에 대한 비교문화적 인식, 2003.
우혜련, 향수 구매 행동에 관한 실증적 연구, 2005.
호텔현대 테이블매너 자료집.
호텔현대 Service Manual.

Web Site

대한항공
미국대사관
인천국제공항(www.airport.kr/iiac/)
드림비전 방송아카데미
www.bumo 2.0.co.kr
www.finejapan.com
www.hotelpass.com
www.hyundaihotel.com
www.lottehotelbusan.com

www.grandhyattseoul.co.kr
www.lottehotelseoul.com
www.bestwine.co.kr
www.podoplaza.com
www.segye.com
www.chosun.com
www.hani.co.kr
www.mk.co.kr
www.joins.com
www.hankyung.com
www.ecard21.co.kr
http://weekly.donga.com/docs/magazine/weekly
http://cafe3.ktdom.com/thailove/gb/bbs/board.php?bo_table=myinfo&wr_id=19191
http://cafe.daum.net/unohomme/3nBq/24
http://gtaxi.tistory.com/trackback/59
http://blog.naver.com/sky7045/80096740686et/9thCompany/Jdwq/178
http://blog.naver.com/99681088/130072307712
http://tong.nate.com/neoqueen/48744287
http://net.segye.com/
http://kr.blog.yahoo.com
http://blog.naver.com/whatedj/120059862984
http://hyun257.tistory.com
http://cafe.daum.net/wineSommelier
http://blog.naver.com/lens_see/90073669237
http://http://blog.naver.com/prada8027/80027506876
http://blog.naver.com/jg_max79/130017277401
http://blog.naver.com/leeyngseok/110009446428
2008.07.09 연합뉴스
2008.07.19 조선닷컴

저 자

이 향 정

경희대학교 관광경영학 석사
경희대학교 호텔관광학 박사
전) 대한항공 객실승원부 선임사무장(1989~2007년)
대한항공 객실훈련원 서비스강사 겸임
경희대학교 출강
현) 백석대학교 관광학부 항공서비스학과 주임교수

오 선 미

한국 항공대학교 경영대학원 경영학 석사
세종대학교 호텔관광경영학과 박사과정
전) 대한항공 객실승무원(1990~2007년)
한국관광대학교 겸임교수
백석문화대학교 관광학부 출강
현) 충청대학교 항공호텔관광학부 전임교수

김 효 실

경주대학교 호텔외식경영학과 경영학 석사
순천향대학교 관광경영학과 박사과정
전) 호텔현대(경주) 근무(1994~2005년)
남서울대학교 호텔학부 출강
경주대학교 관광학부 출강
현) 백석대학교 관광학부 외래강사

매너지수를 높이는
글로벌 매너 글로벌 에티켓

2010년 3월 6일 초 판 1쇄 발행
2017년 1월 10일 개정판 1쇄 발행

지은이 이향정 · 오선미 · 김효실
펴낸이 진욱상
펴낸곳 백산출판사
교 정 편집부
본문디자인 편집부
표지디자인 오정은

저자와의 합의하에 인지첩부 생략

등 록 1974년 1월 9일 제1-72호
주 소 경기도 파주시 회동길 370(백산빌딩 3층)
전 화 02-914-1621(代)
팩 스 031-955-9911
이메일 edit@ibaeksan.kr
홈페이지 www.ibaeksan.kr

ISBN 978-89-6183-301-1
값 16,000원